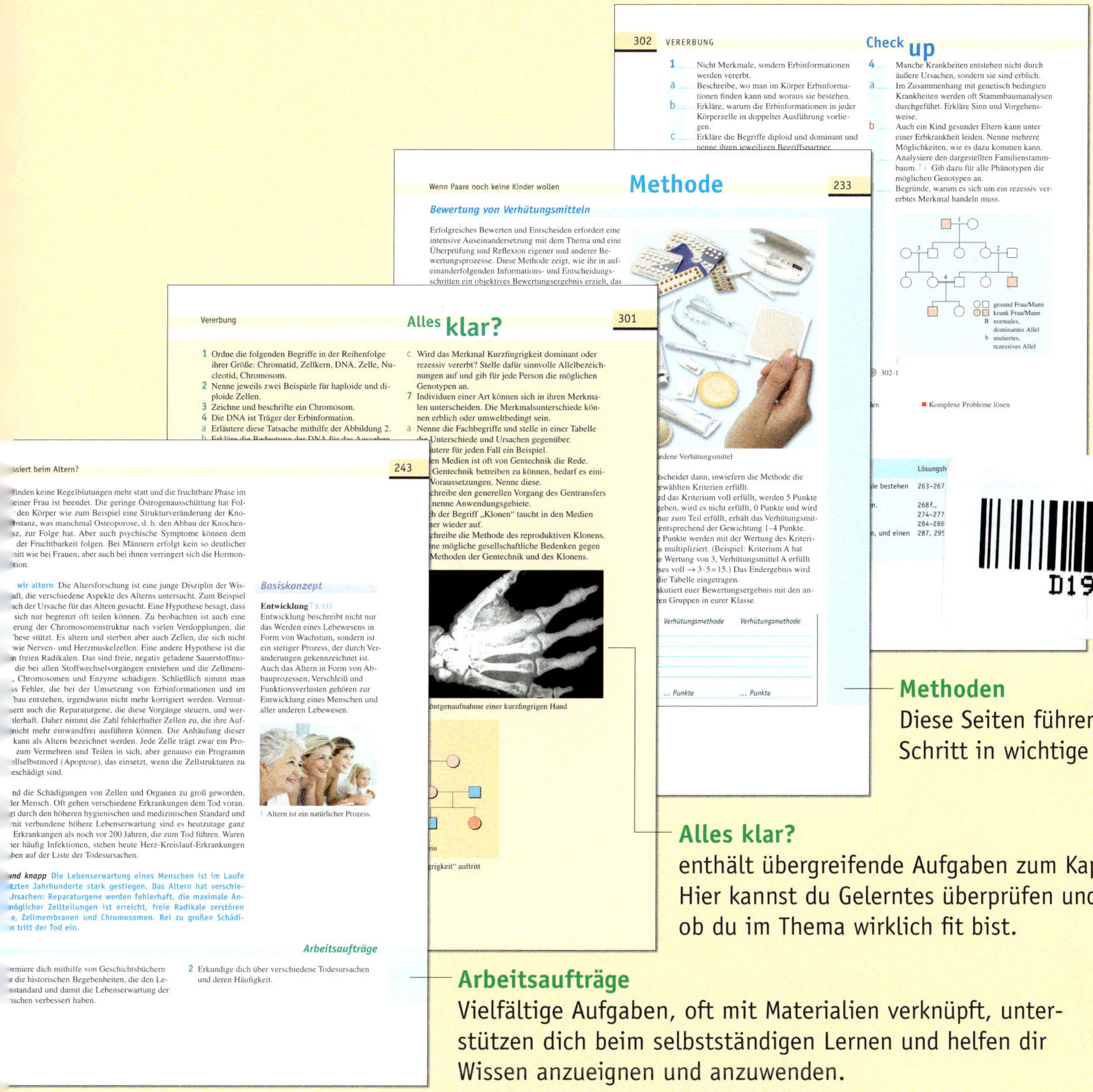

Check-up

Hast du den Inhalt des Kapitels verstanden? Kannst du dein Wissen anwenden? Mit den Aufgaben auf dieser Seite kannst du dich selbst einschätzen. Die Lösungen findest du am Ende des Buches.

Methoden

Diese Seiten führen dich Schritt für Schritt in wichtige Arbeitsweisen ein.

Alles klar?

enthält übergreifende Aufgaben zum Kapitel. Hier kannst du Gelerntes überprüfen und merkst, ob du im Thema wirklich fit bist.

Arbeitsaufträge

Vielfältige Aufgaben, oft mit Materialien verknüpft, unterstützen dich beim selbstständigen Lernen und helfen dir Wissen anzueignen und anzuwenden.

urz und knapp

ie wichtigsten Inhalte erden am Ende ines Kapitels usammengefasst.

asiskonzept

ier werden biologische rinzipien erläutert und Bezüge u anderen Kapiteln hergestellt.

Einstiegsseite

Sie vermittelt einen ersten Eindruck vom Thema des Kapitels. Mit einem kurzen Text und Fragen soll sie auf den nachfolgenden Inhalt neugierig machen.

Fokus *Biologie*

Band 3

Gymnasium

Nordrhein-Westfalen

Cornelsen

Autorinnen und Autoren: Julia Budde, Meerbusch; Gabriele Gräbe, Sprockkövel; Dr. Udo Hampl, Pörnbach; Simone Jentsch, Wuppertal; Dr. Walter Kleesattel, Schwäbisch Gmünd; Dr. Wulf-Dieter Lepel, Greifswald; Dr. Sabine Müller, Minden; Dr. Ursula Pälchen, Berlin; Dr. Peter Pondorf, Pellheim; Wolfgang Ruppert, Dreieich; Nicole Schaller-Picard, Wuppertal; Dr. Philipp Schmiemann, Essen; Kristina und Dirk Schnelle, Düsseldorf; Dr. Frank Scholz, Priesendorf; Harald Seufert, Düsseldorf; Prof. Dr. Ulrike Spörhase, Kirchzarten; Silke Telschow-Malz, Berlin

Redaktion: Maria Bley, Christine Braun, Maren Glindemann, Andrea Weber

Beraterinnen und Berater: Delia Nixdorf, Velbert; Dr. Philipp Schmiemann, Essen

Bildrecherche: Kathrin Kretschmer

Illustrationen und Grafik: Günther Biste, diGraph, Peter Hesse, Jörg Mair, Karin Mall, Heike Möller, Lutz-Erich Müller, Klaus Vonderwerth

Umschlaggestaltung und Layoutkonzept: Wolfgang Lorenz

Layout: Sabine Matthes

www.cornelsen.de/fokus-biologie
Unter dieser Adresse befinden sich multimediale Zusatzangebote.
Die Buchkennung ist: BFK012957

www.cornelsen.de

1. Auflage, 1. Druck 2010

Alle Drucke dieser Auflage sind inhaltlich unverändert
und können im Unterricht nebeneinander verwendet werden.

Druck: CS-Druck CornelsenStürtz, Berlin

ISBN 978-3-06-012957-7

Inhalt gedruckt auf säurefreiem Papier aus nachhaltiger Forstwirtschaft.

Inhalt

* Zusatzangebot zur Erweiterung und Vertiefung des Unterrichts

* Zusatzangebot zur Erweiterung und Vertiefung des Unterrichts

Erkennen und Reagieren

Das Nervensystem ist das komplexeste System unseres Körpers. Es findet sich in allen Körperteilen und ist an der Steuerung sämtlicher Körperfunktionen beteiligt. Nur mit seiner Hilfe können wird uns in unserer Umwelt orientieren und in jeder Situation angemessen reagieren.

Signale senden, empfangen und verarbeiten

Mit unseren Sinnesorganen können wir die Umwelt erfassen. Doch erst im Gehirn werden diese Eindrücke verarbeitet. Das Gehirn sendet dann über die Nerven Signale zum Beispiel zu den Muskeln, wo diese Signale in Bewegung umgesetzt werden. Im Gehirn werden aber auch Pläne geschmiedet und Neues gelernt. Darüber hinaus steuert das Gehirn zahlreiche wichtige Körperfunktionen, wie beispielsweise die Atmung, Herzfrequenz, Nahrungsaufnahme und den Schlaf.

1 Der Mountainbiker und das Eichhörnchen sind darauf angewiesen, in Gefahrensituationen blitzschnell reagieren zu können. Wie aber können Reaktionen im Bruchteil einer Sekunde gesteuert werden und was leistet unser Nervensystem dabei?

2 Alles, was wir wissen und können, steckt in unserem Gehirn. So zum Beispiel auch die Fähigkeit des Fahrradfahrens. Wie kommt dieses Wissen und Können in unser Gehirn?

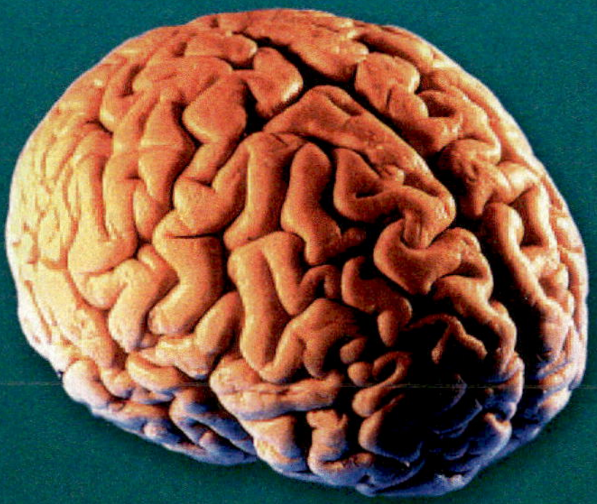

3 Im menschlichen Gehirn arbeiten entfernt gelegene Bereiche eng zusammen. Wie ist das menschliche Gehirn aufgebaut und welche Gehirnteile können unterschieden werden?

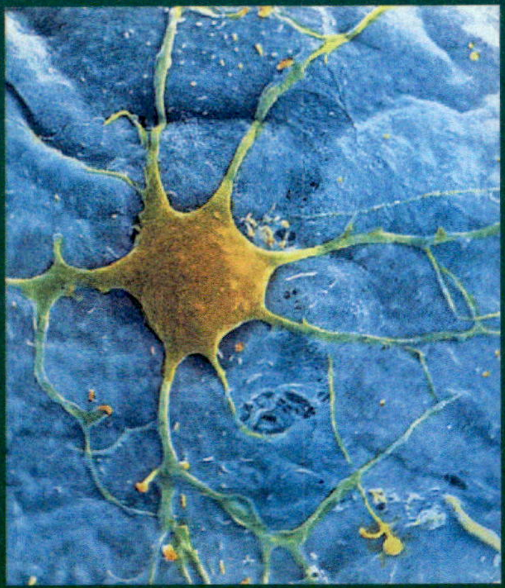

4 Eine Nervenzelle – welche Aufgaben übernimmt sie und wie kann sie diese erfüllen?

5 Bei „Sportspielen" auf der Spielkonsole muss man Situationen gut einschätzen und entsprechend reagieren. Wie koordiniert das Nervensystem die Sinneseindrücke und Muskelbewegungen?

Vom Reiz zur Reaktion

Luis wirft einen Korb und holt zwei Punkte für seine Mannschaft. Was auf den ersten Blick so einfach erscheint, erfordert tatsächlich den Ablauf sehr komplexer Prozesse.
Was aber passiert dabei?

1 Basketballspiel

Beobachten Untersuchen Experimentieren

Basketball aus Sicht des Biologen

Zunächst nimmt Luis Reize aus seiner Umgebung auf: Er sieht den gegnerischen Korb und hört die Rufe seiner Mitspieler. In seinen Sinnesorganen kommt es nun zu einer Reizumwandlung: Die verschiedenen Reize werden in elektrische Signale übersetzt. Danach werden sie ins Gehirn geleitet und dort verarbeitet. So werden beispielsweise die Position der Mitspieler, der eigene Abstand zum Korb und die mögliche Flugbahn des Balls abgeschätzt. Die Analyse der Daten führt zu der Entscheidung, einen Wurf zu wagen. Das Gehirn sendet nun Befehle in Form elektrischer Signale an die Körperorgane, es erfolgt also eine Reizbeantwortung. Die ausgesendeten Signale führen zum Zusammenziehen der Muskeln im Oberarm, der Arm hebt sich, die Muskulatur der Finger wird aktiviert, um auch die Hand in die richtige Abwurfstellung zu bringen. Die Beinmuskulatur wird auf einen Sprung vorbereitet. Gleichzeitig erfolgt die Feinkoordination, damit Luis auch beim Sprung sein Gleichgewicht halten kann. Es kommt insgesamt also zu einer Reaktion. Da Luis diese Art der Bewegung viele Stunden lang trainiert hat, denkt er über all dies nicht mehr bewusst nach. Alles läuft in wenigen Sekunden ab. Er springt, trifft den Korb und macht den Punkt.

1 In dem Text wird am Beispiel Basketball das sogenannte Reiz-Reaktions-Schema erläutert.

a Schreibe alle wichtigen Fachbegriffe heraus und fertige mit den Begriffen ein allgemeines Fließdiagramm an, das sich auf andere Beispiele übertragen lässt.

b Erläutere mithilfe deines Fließdiagramms das Reiz-Reaktions-Schema an einem selbst gefundenen Beispiel.

2 Bei einem geübten Basketballspieler wie Luis kommt es im Spielverlauf bei nahezu 90 Prozent aller Korbleger zu einem Treffer. Ungeübte Spieler kommen gerade einmal auf eine Trefferquote von 20 Prozent. Finde Erklärungen für diesen Sachverhalt.

3 Luis sagt: „Als ich den Korbleger gemacht habe, war ich so konzentriert, dass ich nichts anderes um mich herum wahrgenommen habe.“ Hat Luis tatsächlich nichts wahrgenommen? Begründe deine Meinung.

Der Körper reagiert auf Reize

Reizaufnahme Reize sind Informationen aus der Umwelt, die wir wahrnehmen können. Für jeden Reiz besitzt der Mensch ein Sinnesorgan mit spezialisierten Sinnes- oder Rezeptorzellen. So können die Sehzellen im Auge bestimmte Wellenlängen des Lichts aufnehmen, die Hörsinneszellen nehmen Schallwellen auf und Riechzellen in der Nasenschleimhaut reagieren auf bestimmte Moleküle in der Luft. Eine Sinneszelle reagiert nur auf einen ganz bestimmten Reiz, den adäquaten Reiz. Zudem muss die Reizstärke stimmen. So hören wir sehr leise Töne gar nicht, zu laute Töne können Schmerzen oder sogar Schäden der Hörzellen verursachen. Nicht alle Umweltreize können vom Menschen erfasst werden. So haben wir im Gegensatz zu Vögeln keinen Sinn, mit dem wir das Magnetfeld der Erde wahrnehmen können.

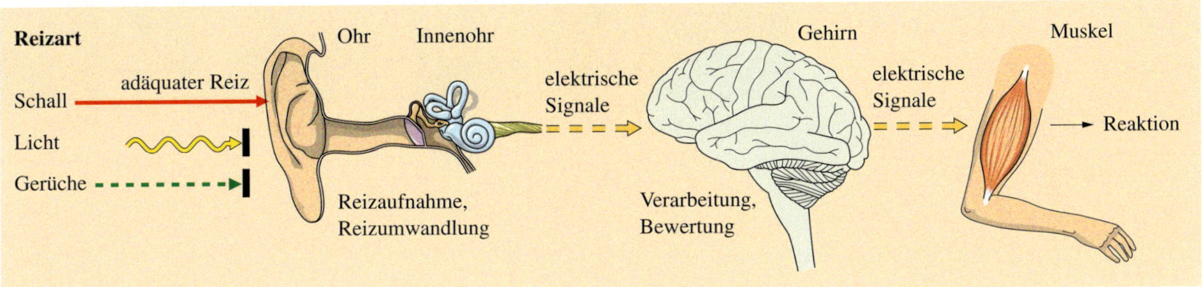

2 Vom Reiz zur Reaktion

Signalumwandlung, -weiterleitung und -verarbeitung So unterschiedlich Sinneszellen auch sind, so ist doch allen gemeinsam, dass ein ausreichend starker Reiz immer in ein elektrisches Signal umgewandelt wird. Die Signale werden über das Nervensystem an unser Gehirn weitergeleitet, gebündelt und analysiert. Die dabei ablaufenden Prozesse sind so kompliziert, dass sie bis heute nur in Ansätzen erforscht sind. Klar ist jedoch, dass alle eintreffenden Signale immer mit bereits im Gehirn gespeicherten Informationen (Signalmustern) verglichen werden. Je bekannter diese sind, desto schneller läuft deren Bearbeitung ab. Störreize wie laute Geräusche beim Lesen behindern und verlangsamen die Bearbeitung der eintreffenden Signale.

Reizbeantwortung und Reaktion Nach der Analyse der ankommenden Signale beantwortet das Gehirn diese und sendet Befehle ebenfalls in Form von elektrischen Signalen an die ausführenden Körperteile. Dies können Muskeln oder auch Drüsen (z. B. Schweißdrüsen) sein. Die ankommenden Signale rufen in diesen Organen eine entsprechende Reaktion hervor. So kontrahiert im Fall unseres Basketballspielers der Armmuskel, um den Arm in die richtige Position zu bringen.

Kurz und knapp **Umweltreize werden durch Sinnesorgane wahrgenommen, die diese in elektrische Signale umwandeln. Über das Nervensystem werden die Signale an das Gehirn weitergeleitet, wo sie verarbeitet werden. Das Gehirn sendet Befehle, die in den ausführenden Organen eine Reaktion hervorrufen.**

Reizaufnahme – die Leistungen unseres Auges

Beim Fußball sind unsere Augen besonders gefordert. Der Spieler muss beispielsweise den Abstand zum Mitspieler einschätzen, um ihm den Ball präzise zuspielen zu können. Die Trikotfarbe zeigt auch über größere Entfernungen, welcher der Spieler in der eigenen Mannschaft ist.
Was geschieht dabei im Auge und wie kommen die Informationen ins Gehirn?

1 Beim Fußballspielen sind die Augen ständig im Einsatz.

Beobachten Untersuchen Experimentieren

168-1

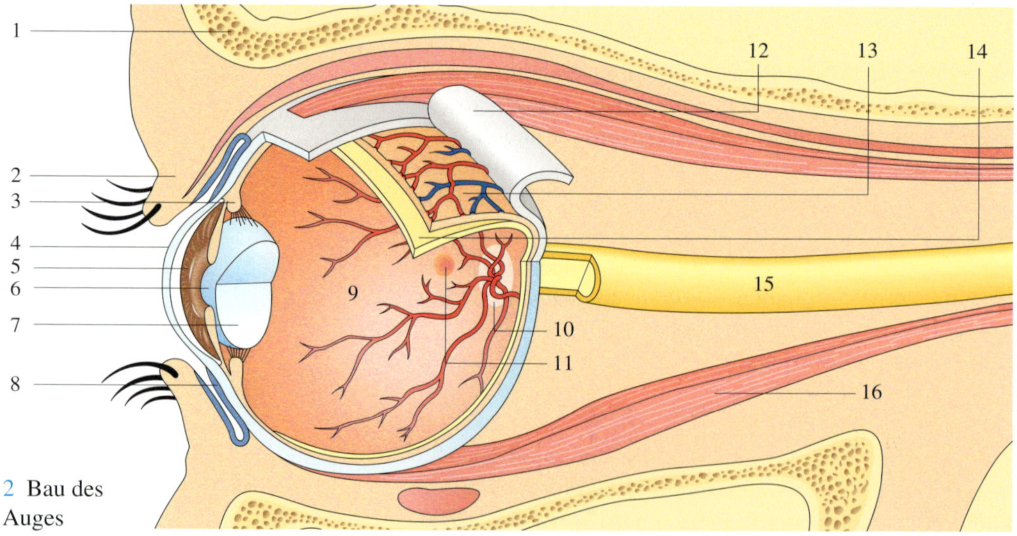

2 Bau des Auges

Der äußere Aufbau des menschlichen Auges
Um sich näher mit den Leistungen unseres Auges zu beschäftigen, muss man zunächst den äußeren Aufbau betrachten. Diesen hast du bereits in der Unterstufe kennengelernt. Hier kannst du testen, wie viel du von dem Unterrichtsstoff behalten hast.

1 Schreibe die Zahlen aus Abbildung 2 in dein Heft und ordne dann folgende Begriffe zu: Linse (I), Augenlid (L), Aderhaut (E), Lederhaut (G), Pupille (R), Augenbindehaut (CH), Iris (S), Ringmuskel (L), Hornhaut (E), Netzhaut (L), Glaskörper (T), blinder Fleck (I), Sehnerv (Ö), Augenmuskel (ST), Schädelknochen (A), gelber Fleck (G).
Bei richtiger Zuordnung ergeben die Buchstaben hinter den Begriffen einen Lösungssatz.

2 Lege eine Tabelle an, in der du den Bestandteilen des Auges ihre jeweilige Funktion zuordnest.

Bau und Funktion des menschlichen Auges 169-1

Das Auge – ein komplexes Sinnesorgan Das menschliche Auge ist ein Organ, das sich aus vielen verschiedenen Gewebeschichten zusammensetzt, die spezielle Aufgaben erfüllen. Augenlid und Wimpern dienen dem Schutz des Auges vor Schmutz und anderen Fremdkörpern. Unter der Hornhaut liegt die ringförmige Iris, in deren Mitte sich eine Öffnung, die Pupille, befindet. Die Iris enthält winzige Muskelfasern, die den Durchmesser der Pupille verändern. Dadurch wird der Lichteinfall ins Auge kontrolliert. Hinter der Pupille liegt die Linse, die über Linsenbänder mit den Ringmuskeln verbunden ist. Durch Kontraktion oder Entspannung der Ringmuskeln wird die Form der Linse verändert. So kann sie auf verschieden weit entfernte Objekte scharf stellen.
Das Licht, das ins Auge fällt, trifft im Augenhintergrund auf die Netzhaut, in der die Lichtsinneszellen liegen. Hier findet die Reizaufnahme statt. Die entstehenden Signale werden über die ebenfalls in der Netzhaut liegenden Nervenzellen bis zum Gehirn transportiert. Die Nervenfasern sind dabei im Sehnerv gebündelt, der hinten aus dem Auge austritt. Da an dieser Stelle die Netzhaut durchbrochen wird und sich dort keine Lichtsinneszellen befinden, spricht man auch vom „blinden Fleck". Die Netzhaut wird durch die dahinterliegende Aderhaut mit Sauerstoff und Nährstoffen versorgt.

3 In der Netzhaut entsteht eine ähnliche Folge von Bildern wie auf dem Foto.

Sehen mit Auge und Gehirn Zwar nimmt das Auge Lichtreize auf, doch findet das Sehen im Gehirn statt, indem dort vom Sehnerv eingehende elektrische Signale verarbeitet werden. So ist das Foto mit den Heißluftballons zweidimensional. ↑4 Man erkennt aber, dass sich einer der Ballons im Vordergrund befindet und die anderen weiter hinten liegen. Wir haben also den Eindruck eines dreidimensionalen Raums, weil unser Gehirn auf die Erfahrung zurückgreift, dass weiter entfernte Gegenstände immer kleiner erscheinen. Hilfreich ist dabei auch, dass wir mit den beiden Augen jeweils unterschiedliche Ausschnitte eines Bilds sehen. Aus ihnen berechnet das Gehirn ein einziges räumliches Bild. ↑5 und 6
Auch das Bewegungssehen läuft im Gehirn ab. Treffen Einzelbilder sehr schnell hintereinander auf unsere Netzhaut, so können wir diese nicht mehr unterscheiden und es entsteht der Eindruck eines fließenden Ablaufs. ↑3

4 Groß und klein – nah und fern

5 Blick mit dem linken Auge

6 Blick mit dem rechten Auge

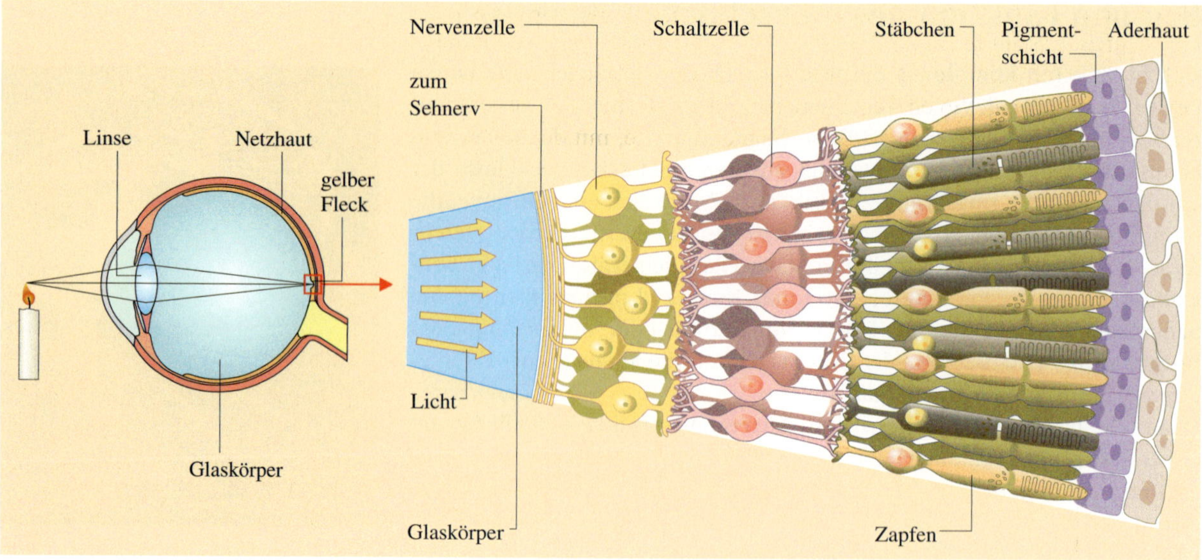

1 Schichtenaufbau der Netzhaut

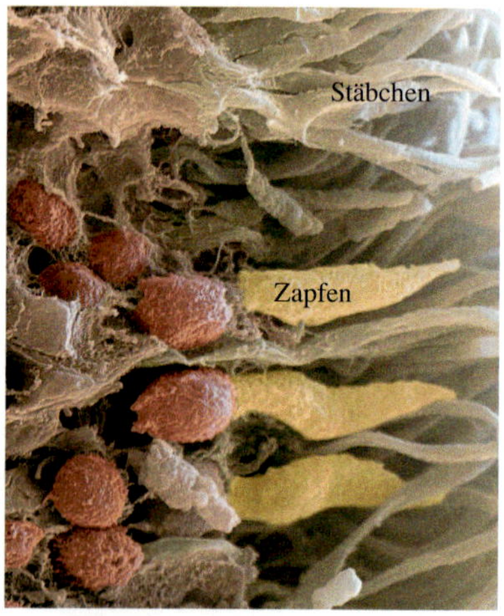

2 Zapfen und Stäbchen (elektronenmikroskopische Aufnahme; 400-fache Vergrößerung)

Aufbau und Funktion der Netzhaut Die Netzhaut ist ein Gewebe, das sich aus vier verschiedenen Zellschichten zusammensetzt: den Nervenzellen, den Schaltzellen, den Lichtsinneszellen und den Zellen der Pigmentschicht. ↑1 Nur die Lichtsinneszellen reagieren auf Lichtreize. Man unterscheidet dabei die schlanken Stäbchen und die etwas breiteren Zapfen. Die Lichtsinneszellen liegen auf der dem Licht abgewandten Seite. Da die Nervenzellen und Schaltzellen jedoch nahezu transparent sind, entstehen dadurch keine Nachteile. Die Pigmentzellen enthalten einen dunklen Farbstoff, der eine Reflexion des Lichts und damit eine Lichtstreuung verhindert.

Die Stäbchen sind besonders lichtempfindlich und nehmen auch noch sehr geringe Lichtreize, zum Beispiel Dämmerlicht, auf. Die Zapfen sind weniger lichtempfindlich, mit ihrer Hilfe können wir dafür aber Farben wahrnehmen. Es gibt drei verschiedenen Zapfenarten, die auf jeweils unterschiedliche Wellenlängen des Lichts reagieren. Je nachdem, welche Zapfenart wie stark angeregt wird, ergeben sich für uns unterschiedliche Farbeindrücke. Nachts oder abends, wenn nur sehr wenige Lichtreize auf unsere Netzhaut treffen, sehen wir ausschließlich Abstufungen von hell und dunkel, denn die Zapfen werden durch geringe Lichtintensitäten nicht angeregt.

Die Lichtreize werden in Stäbchen und Zapfen auf ähnliche Weise in ein elektrisches Signal umgewandelt. In allen Lichtsinneszellen ist Sehpigment enthalten, ein lichtempfindliches Molekül. Dies verändert beim Auftreffen von Licht seine Form, wodurch über mehrere Zwischenschritte in den Stäbchen und Zapfen schließlich ein elektrisches Signal entsteht. ↑3 Dieses wird an die Schaltzellen weitergeleitet. Die Schaltzellen bündeln die ankommenden Signale und geben sie an die Nervenzellen weiter.

Der Mensch besitzt etwa 125 Millionen Stäbchen, aber nur etwa 7 Millionen Zapfen, die ungleichmäßig in der Netzhaut verteilt sind. So befinden sich am äußeren Rand der Netzhaut besonders viele Stäbchen. Im Bereich des gelben Flecks, der in der Nähe des blinden Flecks liegt ↑S.168/2, findet man besonders viele Zapfen. Am Tag ist es die Stelle, mit der wir besonders scharf sehen. Auf nur einem Quadratmillimeter befinden sich hier 150 000 Zapfen.

Kurz und knapp **Das Auge ist ein komplexes Sinnesorgan. Lichtreize werden durch Lichtsinneszellen in der Netzhaut aufgenommen. Die Stäbchen dienen dem Hell-Dunkel-Sehen, die Zapfen zur Farbwahrnehmung. In den Sinneszellen werden die Lichtreize in elektrische Signale umgewandelt und durch Nervenzellen zum Gehirn weitergeleitet. Erst die Verarbeitung der eintreffenden Signale im Gehirn führt zu einem Seheindruck.**

Beobachten Untersuchen Experimentieren

1 Sehen mit beiden Augen

a Halte einen Stift mit ausgestrecktem Arm in Augenhöhe. Betrachte ihn nun abwechselnd nur mit dem linken bzw. nur mit dem rechten Auge und beschreibe deine Beobachtungen.

b Stelle den Stift senkrecht auf den Tisch. Schließe ein Auge und versuche den Stift mit der Fingerspitze zu berühren. Wiederhole den Versuch, wobei du einmal das andere Auge schließt und einmal mit beiden Augen hinsiehst. Führe jeden der drei Versuchsansätze zehnmal durch, vergleiche deine Ergebnisse mit dem Nachbarn und erkläre sie mithilfe des Textes.

2 Die verschwundene Maus

Halte dein Buch gerade mit ausgestrecktem Arm von dir weg und betrachte das Bild mit der Maus und der Katze. ↑4 Verkürze nun langsam den Abstand und beobachte, was passiert. Erkläre deine Wahrnehmung mithilfe des blinden Flecks.

3 Was passiert in den Lichtsinneszellen?

a Erläutere das Schema in Abbildung 3.

b Schaut man direkt in den Blitz eines Fotoapparats, kann man danach für kurze Zeit nichts mehr sehen. Erkläre dies mithilfe der Abbildung 3.

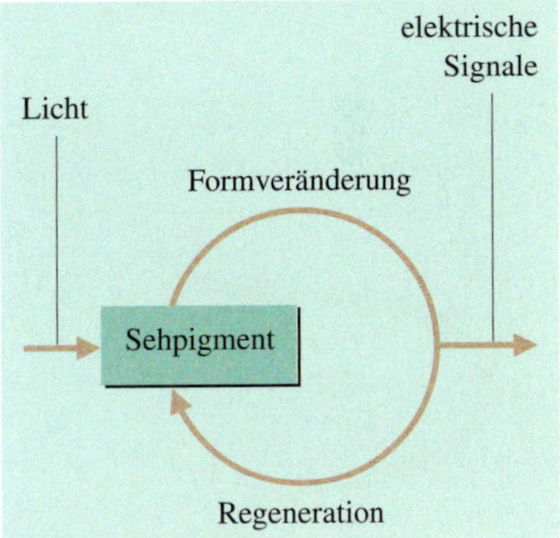

3 Wirkung von Licht auf die Sinneszellen der Netzhaut

4

4 Farbensehen im Dunkeln

Dunkelt den Raum so weit ab, dass nur noch Dämmerlicht herrscht. Ein Mitschüler wird nach draußen geschickt. Klebt in der Zwischenzeit ein rotes, ein grünes und ein blaues Papier nebeneinander an die Tafel. Der Mitschüler wird wieder hereingebeten und soll erkennen, um welche Farbe es sich handelt. Schafft er es? Erläutert das Versuchsergebnis anhand eurer Kenntnisse über die Vorgänge in der Netzhaut.

Signale werden weitergeleitet

Immer wieder werben Firmen mit Elektrostimulationsgeräten zum Muskelaufbau. Bei diesen Geräten werden geringe elektrische Impulse über Elektroden, die auf die Haut gelegt werden, in den Körper transportiert.
Doch funktioniert das? Was bewirken die elektrischen Impulse im Körper? Reagieren Muskeln auf elektrische Impulse?

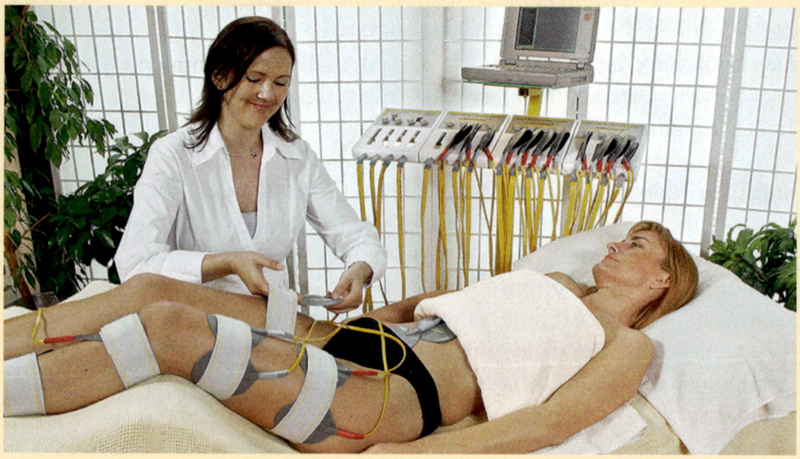

1 Kann das funktionieren?

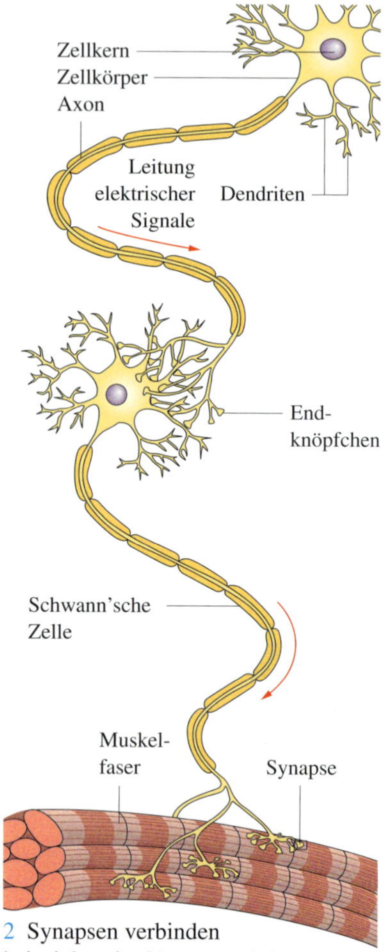

2 Synapsen verbinden beispielsweise Nerven- mit Muskelzellen.

Aufbau und Funktion von Nervenzellen

172-1

Grundbauplan Alle Nervenzellen haben den gleichen Grundbauplan. Sie besitzen einen relativ kleinen, kugeligen Zellkörper, ein Büschel kleiner, verzweigter Ausläufer, die Dendriten, und einen langen Zellausläufer, der als Axon bezeichnet wird.
Im Zellkörper liegen der Zellkern und die Zellorganellen, die für den Zellstoffwechsel notwendig sind. Die Dendriten sind in der Regel sehr stark aufgefächert und haben daher ihren Namen (griech. *dendron:* Baum) erhalten. Sie dienen als Empfangsstation für elektrische Signale, die von anderen Nervenzellen oder Sinneszellen gesendet werden. Sind diese Signale stark genug, so werden sie gebündelt und über das Axon an die nachfolgenden Nervenzellen weitergeleitet. Axone haben einen Durchmesser von nur 0,01 Millimeter und können bis zu 1 Meter lang werden. In regelmäßigen Abständen sind sie von Schwann'schen Zellen umgeben, die das Axon wie eine Bandage umwickeln. Sie isolieren das Axon elektrisch und können so die Signalweiterleitung sehr stark beschleunigen. Die Leitungsgeschwindigkeit unserer Nervenfasern ist außerordentlich hoch und beträgt bis zu 120 m/s!
Am Ende verzweigt sich das Axon häufig und endet in kleinen knopfförmigen Verdickungen, die als Endknöpfchen bezeichnet werden. Diese stellen eine Verbindung zu anderen Zellen her.
Axon und Schwann'sche Zellen bilden zusammen eine Nervenfaser. Bündel von mehreren parallel verlaufenden Nervenfasern, die von einer gemeinsamen Bindegewebshülle umgeben sind, bezeichnet man als Nervenfaserbündel. Mehrere davon bilden dann einen Nerv.

Synapsen Die Endknöpfchen stellen die Kontakte zu anderen Nervenzellen her. Allerdings liegen sie nicht direkt auf der anderen Zelle auf. Zwischen dem Endknöpfchen und dem Dendriten der folgenden Nervenzelle bleibt ein sehr schmaler Spalt, den man als synaptischen Spalt bezeichnet. Das Endknöpfchen, der synaptische Spalt und die Membran des Dendriten werden zusammen als Synapse bezeichnet. ↑3
In den Endknöpfchen befinden sich kleine Bläschen, die Überträgerstoffe enthalten. Erreicht ein elektrisches Signal das Endknöpfchen, wandern die gefüllten Bläschen an den Rand der Zelle und schütten die Überträgerstoffe in den synaptischen Spalt aus. Die Nachbarzelle hat auf ihrer Seite des synaptischen Spalts Rezeptoren, an die sich die Überträgerstoffe nach dem Schlüssel-Schloss-Prinzip anlagern. Die Anlagerung führt im Dendriten der Nachbarzelle dann wieder zu einem elektrischen Signal, das über den Zellkörper weitergeleitet wird. Der gesamte Prozess, vom Ankommen eines Signals bis zur Weiterleitung des Signals, läuft unfassbar schnell ab: Er dauert nur eine fünftausendstel Sekunde.
Die Überträgerstoffe im synaptischen Spalt werden sehr schnell wieder abgebaut, sodass eine neue Signalübertragung stattfinden kann. Aufgrund der Funktionsweise der Synapsen können die elektrischen Signale immer nur in eine Richtung weitergegeben werden.

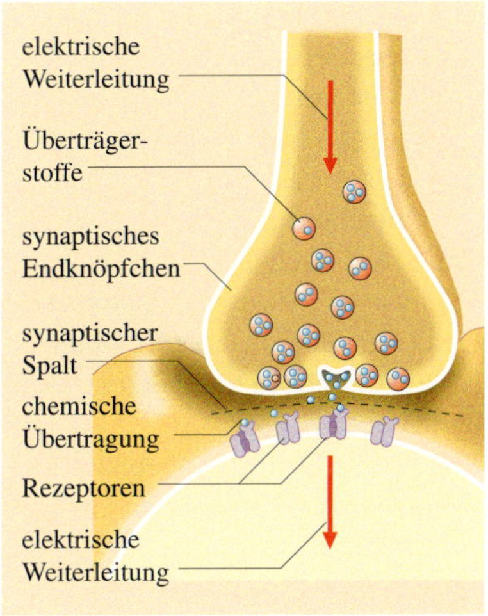

3 Elektrische und chemische Vorgänge an einer Synapse

Kurz und knapp **Nervenzellen sind spezialisierte Zellen, die aus einem Zellkörper, Dendriten und einem Axon bestehen. Das Axon wird von Schwann'schen Zellen ummantelt. Die Nervenzelle empfängt elektrische Signale über die Dendriten und gibt sie über das Axon weiter. Synapsen sind Kontaktstellen zu anderen Nervenzellen. Hier wird das Signal durch Überträgerstoffe weitergeleitet.**

Arbeitsaufträge

1 Manche Stoffe können das Ausschütten der Überträgerstoffe in den synaptischen Spalt verhindern oder setzen sich an die Rezeptoren. Erläutere, welche Folgen das haben könnte. Äußere eine Vermutung, wozu man solche Stoffe nutzen könnte.

2 Man kann die Übertragungsgeschwindigkeit der Nerven mit der Geschwindigkeit von Fahrzeugen vergleichen: Fahrrad ca. 30 km/h, Auto ca. 200 km/h, Verkehrsflugzeug ca. 900 km/h. Berechne anhand der Angaben im Text, mit welcher Geschwindigkeit eine Nervenübertragung abläuft.

3 In den Naturwissenschaften veranschaulicht man komplizierte Strukturen und Zusammenhänge oft mit Modellen. Ein Modell, das für die Funktionsweise von Nervenzellen verwendet werden könnte, zeigt Abbildung 4. Vergleiche Modell und Nervenzelle. Erläutere, welche Bestandteile des Modells denen der Nervenzelle entsprechen. Welche Eigenschaften der Nervenzellen sind besonders gut dargestellt, welche werden gar nicht berücksichtigt? Bewerte, ob es sich bei der Steckdose um ein sinnvolles Modell handelt.

4 Erläutere mithilfe des Textes, was bei der Elektrostimulation im Körper des Anwenders passiert. ↑1 Diskutiere anschließend mit deinem Nachbarn, ob man die Elektrostimulation tatsächlich zum Aufbau von Muskeln einsetzen kann.

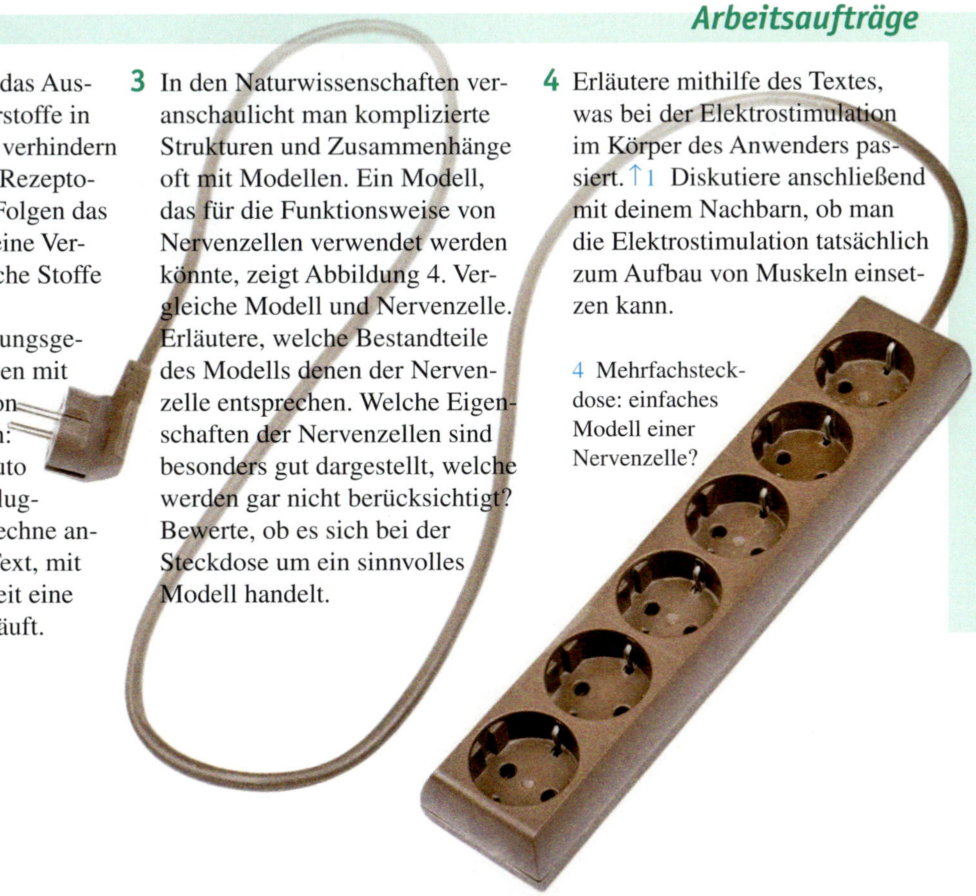
4 Mehrfachsteckdose: einfaches Modell einer Nervenzelle?

Signale verarbeiten – der Großrechner in unserem Kopf

Ob beim Sport, in der Schule oder beim Schlafen: Unser Gehirn ist immer aktiv. Bis heute gibt das von einigen Wissenschaftlern als kompliziertestes Gebilde des Universums bezeichnete Organ Rätsel auf. Sicher ist, dass es der Ort unseres Bewusstseins, unserer Gedanken und unserer Handlungen ist und die oberste Schaltzentrale in unserem Körper.
Wie ist das Gehirn aufgebaut? Wo werden welche Signale im Gehirn verarbeitet?

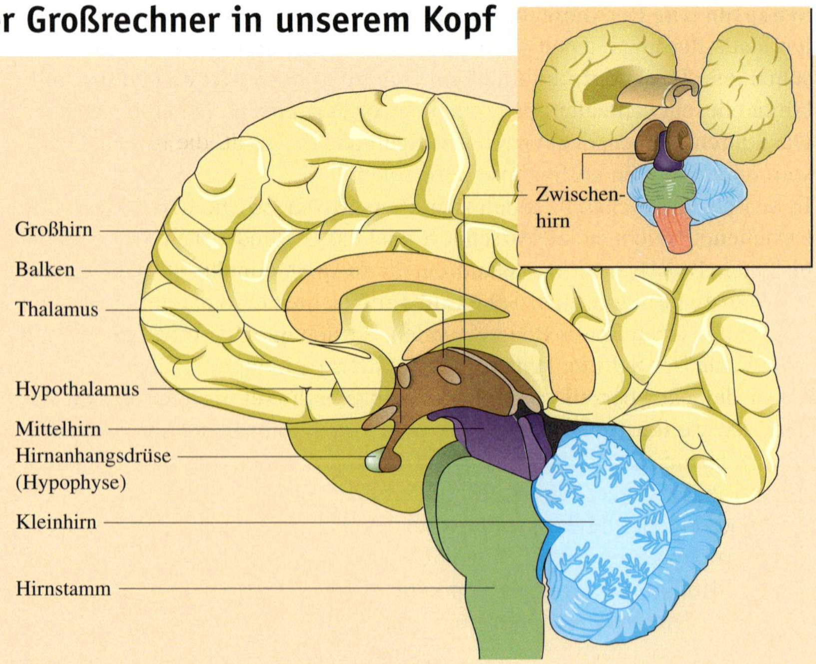

1 Menschliches Gehirn (Aufsicht auf eine Gehirnhälfte von der Hirnmitte)

Beobachten Untersuchen Experimentieren

174-1

Wie arbeitet das Gehirn?
Mit moderner Technik ist es heute möglich, dem Gehirn bei der Arbeit regelrecht zuzuschauen. Bei der Positronen-Emissions-Tomografie (PET) werden besonders aktive Gehirnareale sichtbar gemacht. ↑2

1 Vergleiche die Gehirnaktivität bei den genannten Aktivitäten und beschreibe, was dir auffällt.

2 Welche Schlussfolgerungen lassen sich aus dieser Untersuchung ziehen?

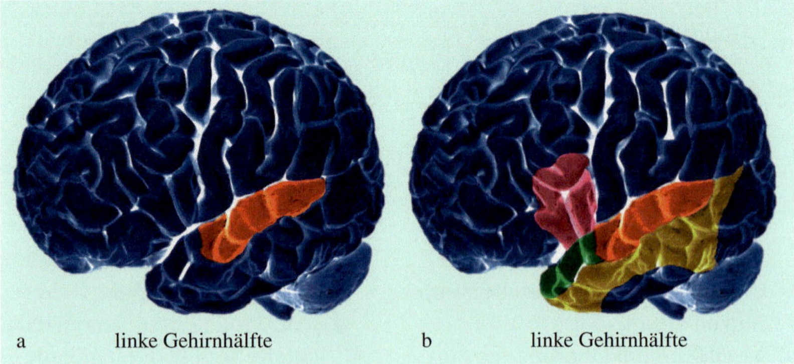

2 Gehirnaktivität beim Hören einer unbekannten Sprache (a) und einer bekannten Sprache (b); rot und grün: Areale für das Hören; pink: Areal für die Sprachbildung; gelb: Areal für die Verarbeitung bekannter Wörter

Das menschliche Gehirn

174-2

Das menschliche Gehirn besteht wie das aller Wirbeltiere aus Nervenzellen und ist in unterschiedliche Bereiche aufgeteilt. Diese arbeiten jedoch sehr eng zusammen, sodass nur eine grobe Einteilung der einzelnen Aufgabenbereiche möglich ist. Tatsächlich sind viele Prozesse wie das räumliche Sehen oder Lesen über weite Teile des Gehirns verteilt. Die genauen Arbeitsabläufe im Gehirn sind bis heute in vielen Fällen noch unklar.

Großhirn Das Großhirn macht den größten Teil des menschlichen Gehirns aus. Im Querschnitt sieht man, dass es aus grauer und weißer Substanz besteht. ↑3 Die graue Substanz enthält die Dendriten und die Zellkörper der Nervenzellen, die weiße Substanz die Axone. Das Großhirn wird durch eine tiefe Furche in zwei Hälften unterteilt, die über den Balken miteinander in Verbindung stehen.
Das Großhirn ist der Sitz aller unserer kognitiven Fähigkeiten wie Lernen, Entscheiden und bewusstes Denken. Auch unser Gedächtnis ist im Großhirn angesiedelt. Alle Informationen, die in Form von elektrischen Impulsen von den Sinnesorganen hier ankommen, werden verarbeitet. Zudem steuert das Großhirn unsere bewussten Bewegungen. Die Aufgaben sind unterschiedlich auf die beiden Gehirnhälften verteilt.
Durch die vielen Furchungen und Windungen, die für unser Großhirn charakteristisch sind, kommt es zu einer enormen Vergrößerung der Oberfläche. So haben deutlich mehr Nervenzellen Platz.

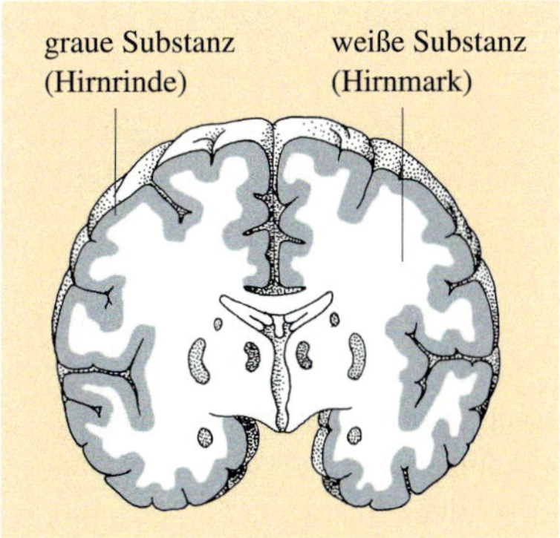

3 Querschnitt durch das Gehirn

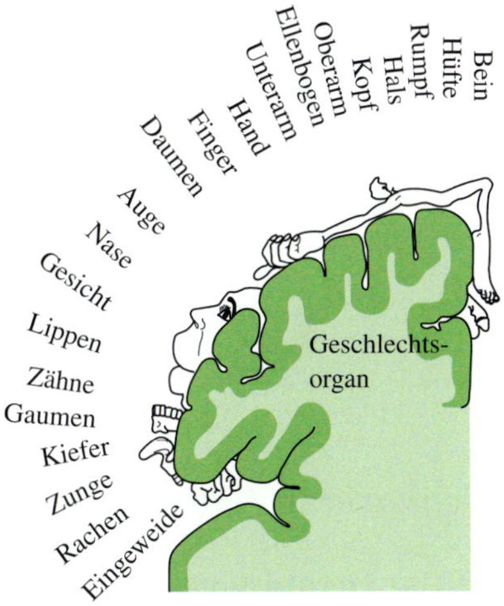

4 In der Körperfühlsphäre des Gehirns repräsentierte Körperteile

Zwischenhirn Das Zwischenhirn besteht im Wesentlichen aus Thalamus und Hypothalamus. Der Thalamus ist die Anlaufstation für ankommende Signale der Sinnesorgane, die von hier zum Großhirn weitergeleitet werden. Der Hypothalamus ist nur wenige Gramm schwer, doch ist er ein wichtiges Kontrollzentrum für viele lebenswichtige Körperfunktionen. Hier werden Hunger und Durst, der Blutdruck, die Körpertemperatur oder die Funktion der inneren Organe gesteuert. Der Hypothalamus ist zudem die übergeordnete Kontrollinstanz unseres Hormonsystems. Über die an ihn angebundene Hypophyse werden Hormone ins Blut abgegeben.

Kleinhirn Das Kleinhirn koordiniert unsere Bewegungen und ist wahrscheinlich auch am Erlernen neuer Bewegungsabläufe beteiligt. Menschen, deren Kleinhirn durch eine Verletzung beeinträchtigt ist, fällt es daher deutlich schwerer, neue Bewegungen, wie zum Beispiel die Choreografie von Tanzschritten, zu erlernen.

Hirnstamm Der Hirnstamm hat eine glatte Oberfläche und bildet die Verlängerung des Rückenmarks. Er enthält damit alle Nerven, die vom Gehirn zum Rückenmark und umgekehrt verlaufen. Alle ankommenden und ausgehenden Signale werden hier koordiniert. Eine wichtige Funktion des Hirnstamms ist auch die Regulierung unseres Schlaf- bzw. Wachzustands.

Kurz und knapp **Das Gehirn wird in verschiedene Areale unterteilt: Großhirn, Kleinhirn, Zwischenhirn und Hirnstamm. Jedes Areal hat spezielle Aufgaben, viele Körperfunktionen werden aber auch von allen Arealen gemeinsam koordiniert.**

Arbeitsaufträge

1 Abbildung 4 zeigt einen Querschnitt durch die Großhirnrinde. Forscher haben herausgefunden, dass bestimmte Areale im Gehirn, in der alle Informationen von den Sinneszellen der Haut zusammenlaufen, den menschlichen Körper wie eine Landkarte abbilden. Allerdings ist diese Karte nicht maßstabsgetreu. Beschreibe die Abbildung und finde eine mögliche Erklärung.

2 Lege eine Tabelle an, in der du die Gehirnbereiche ihren jeweiligen Funktionen gegenüberstellst.

Reagieren – wenn das Gehirn Befehle gibt

Die Nationalspielerin hört das Anfeuern ihrer Mannschaft und weiß, dass mit diesem Ball das Spiel entschieden wird. Ihr Herz klopft, sie schwitzt. Sie konzentriert sich auf den Ball, springt hoch und erreicht ihn im letzten Moment, um ihn ins gegnerische Feld zu schlagen.
Wie koordiniert das Gehirn der Spielerin in dieser Situation die von den Sinnesorganen eingehenden Signale? Welche Befehle werden vom Gehirn zu den Muskeln und den inneren Organen geschickt? Welche Teile des Nervensystems sind beteiligt?

1 Schnelle Reaktion beim Volleyballspiel

Beobachten Untersuchen Experimentieren

Sport – Hochleistung unseres Nervensystems
Beim Volleyballspiel sind viele Bereiche im Körper aktiv. Sie alle werden durch das Gehirn koordiniert.

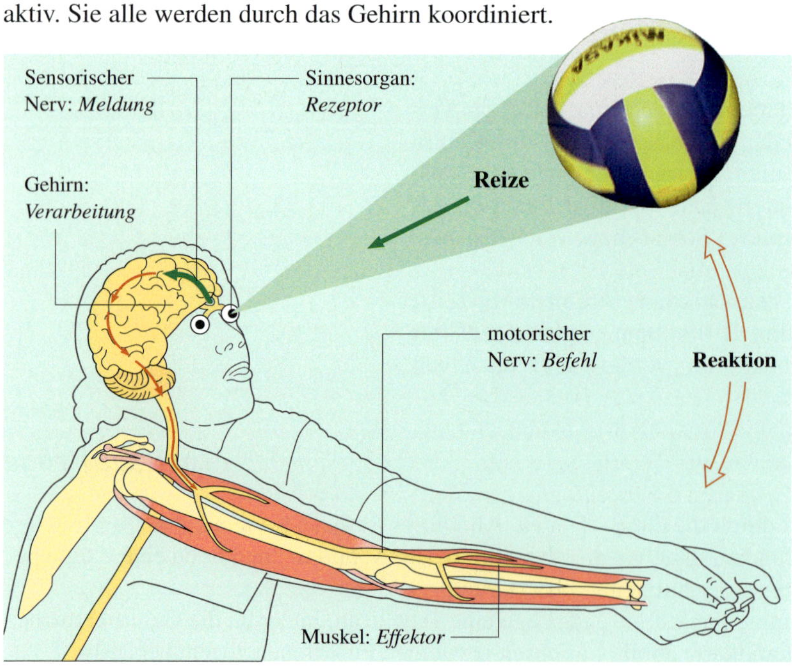

2 Vom Reiz zur Reaktion

1 In diesem Kapitel hast du bereits den Weg vom Reiz zur Reaktion kennengelernt. Hier geht es darum, noch einmal einen Überblick über alle dabei ablaufenden Prozesse zu erhalten. Beschreibe dazu den Weg vom Reiz zur Reaktion in einem kurzen Text und verwende dabei die Begriffe aus der Abbildung 2.

2 Nenne weitere Bereiche im Körper, die über das Gehirn und die Nerven gesteuert werden. Zeichne die Abbildung in dein Heft und ergänze die entsprechenden Bereiche.

3 Recherchiere in einem Fremdwörterbuch die Herkunft und Bedeutung der Wörter „Effektor“, „sensorisch“ und „motorisch“.

Das Nervensystem im Überblick

177-1

Die Teile des Nervensystems arbeiten zusammen Wie gelingt es der Volleyballspielerin, in der beschriebenen Situation schnell zu reagieren? Die Sinnesorgane erfassen die Reize, wie zum Beispiel die Bewegungen der Mitspielerinnen und die Rufe der eigenen Mannschaft, wandeln sie in elektrische Signale um und senden diese ans Gehirn. Nerven, die zum Gehirn hinführen, werden als sensorisch bezeichnet. Das Großhirn analysiert die ankommenden Signale und gibt entsprechende Befehle ebenfalls in Form von elektrischen Signalen über motorische Nerven an die Muskeln weiter.

Es erfolgt eine Reaktion, hier ein Sprung in Richtung des Balls: Die Arme werden gestreckt. Gleichzeitig erfordert die körperliche Anstrengung auch eine verbesserte Durchblutung der Muskulatur, die Herz- und Atemfrequenz wird erhöht und zur Kühlung des Körpers werden auch die Schweißdrüsen aktiviert. Auch diese unbewussten Körperreaktionen werden vom Gehirn gesteuert. Allgemein bezeichnet man die ausführenden Organe oder Drüsen als Effektoren.

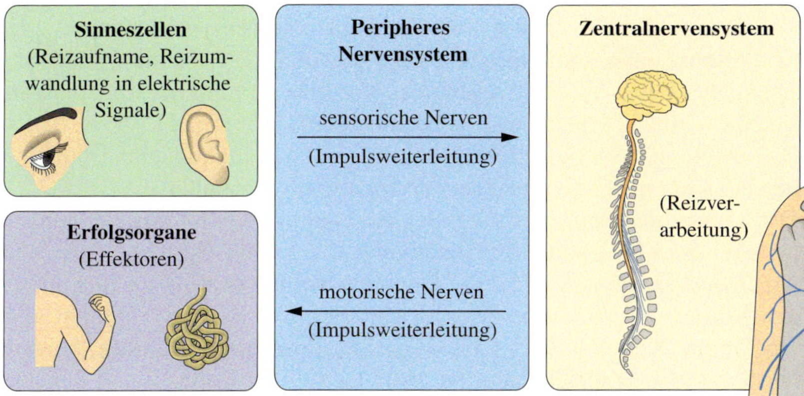

3 Vom Reiz zur Reaktion: Zusammenwirken von PNS und ZNS

Einteilung des Nervensystems Man teilt das Nervensystem in verschiedene Bereiche ein. Gehirn und Rückenmark bilden zusammen das Zentralnervensystem (ZNS), alle übrigen Nerven bilden das periphere Nervensystem (PNS).

Das PNS wird nochmals in eine sensorische und eine motorische Untereinheit unterteilt. Dabei leiten sensorische Nerven die Signale von den Sinnesorganen weiter. Zudem leiten sie auch die Signale weiter, die von körperinneren Reizsensoren ausgesendet werden. Auf diese Weise erhält das Gehirn Informationen über den aktuellen Status der inneren Organe. So besitzt beispielsweise unsere Muskulatur Rezeptoren, die die Dehnung des Muskels messen und diese Informationen ans Gehirn weiterleiten.

Motorische Nerven leiten Signale vom Gehirn an die Effektoren, zum Beispiel an Muskel- oder Drüsenzellen, weiter. Alle motorischen Nerven, die unsere bewussten Bewegungen, also die Skelettmuskulatur, steuern, werden als somatisches Nervensystem zusammengefasst. Die Gesamtheit aller motorischen Nerven, die die unbewussten Abläufe in den inneren Organen steuern, bezeichnet man dagegen als vegetatives Nervensystem.

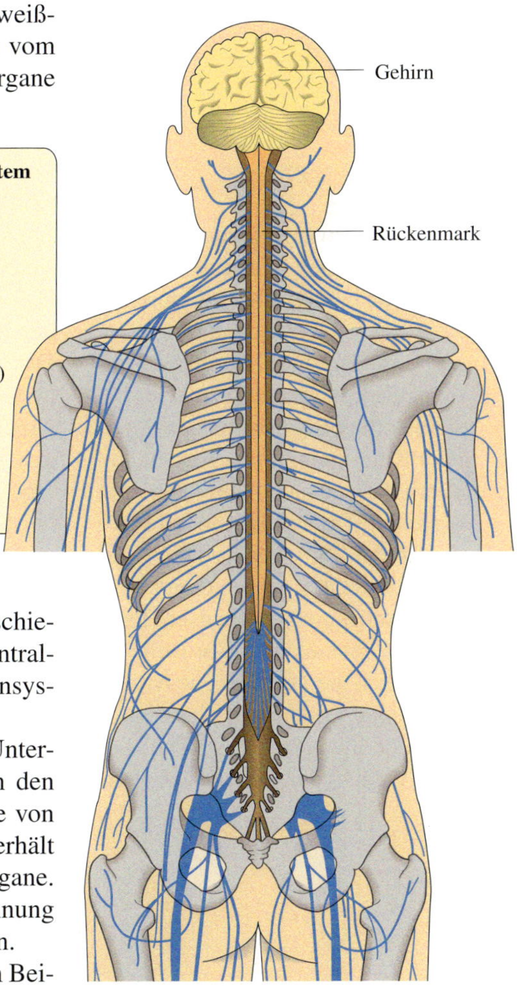

4 Organisation von ZNS (gelb, orange) und peripherem Nervensystem (blau)

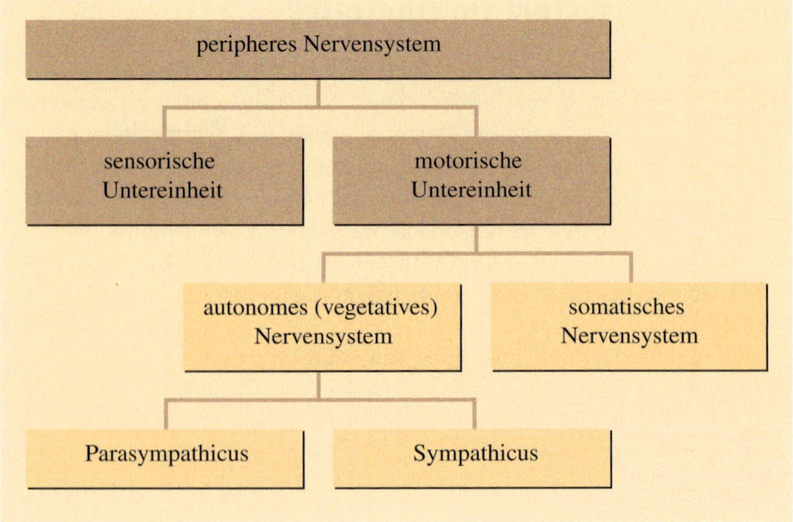

1 Überblick über das Nervensystem

Basiskonzept

Steuerung und Regelung ↑S.180
Alle Lebewesen halten bestimmte Zustände in ihrem Körper durch Regulation aufrecht und reagieren auf Veränderungen. Im menschlichen Körper werden zum Beispiel Atmung, Wasserhaushalt oder Körpertemperatur fortlaufend durch das periphere Nervensystem gesteuert. Die Informationen werden an das ZNS weitergeleitet und dort verarbeitet. Neben dem Nervensystem spielt auch unser Hormonsystem eine wichtige Rolle. Nur durch die gemeinsame Arbeit der beiden Systeme ist eine fortlaufende Steuerung und Regelung aller Vorgänge im Körper möglich.

Autonomes Nervensystem Das autonome Nervensystem steuert alle Körperfunktionen, die unbewusst oder unwillkürlich ablaufen. Man bezeichnet es daher auch als vegetatives Nervensystem. In der Regel lassen sich diese Abläufe nicht bewusst beeinflussen.
Das autonome Nervensystem lässt sich in zwei funktionelle Untereinheiten gliedern, den Sympathicus und den Parasympathicus. ↑2
Der Sympathicus wirkt leistungssteigernd auf unseren Körper. So werden zum Beispiel bei sportlicher Betätigung Lunge und Herz aktiviert. Wir atmen mehr Sauerstoff ein, unser Herz transportiert diesen schneller durch den Körper und so können unsere Muskeln mehr leisten. Da nicht alle Organe des Körpers gleichzeitig Höchstleistung bringen können, hemmt der Sympathicus gleichzeitig die Aktivität von Verdauungs- und Sexualorganen.
Die Wirkung des Parasympathicus ist genau entgegengesetzt, denn dieser Teil des Nervensystems zielt auf eine Regeneration ab. Nach einem Volleyballspiel sorgt der Parasympathicus dafür, dass sich die Atmung und der Herzschlag der Spielerinnen wieder normalisieren und die Muskeln sich erholen können. Zeitgleich wird die Leistung der anderen inneren Organe heraufgesetzt, sodass diese nun optimal arbeiten können.
Sympathicus und Parasympathicus arbeiten als Gegenspieler. Man bezeichnet sie daher als Antagonisten. Nur durch das wechselseitige Zusammenspiel der beiden Teilsysteme ist eine optimale Funktion der inneren Organe gewährleistet.
In den Nervenbahnen des Sympathicus sind 25 Doppelnervenknoten eingebettet, die links und rechts der Wirbelsäule liegen. Die Nervenknoten des Parasympathicus befinden sich in den Organen, die er versorgt. ↑2

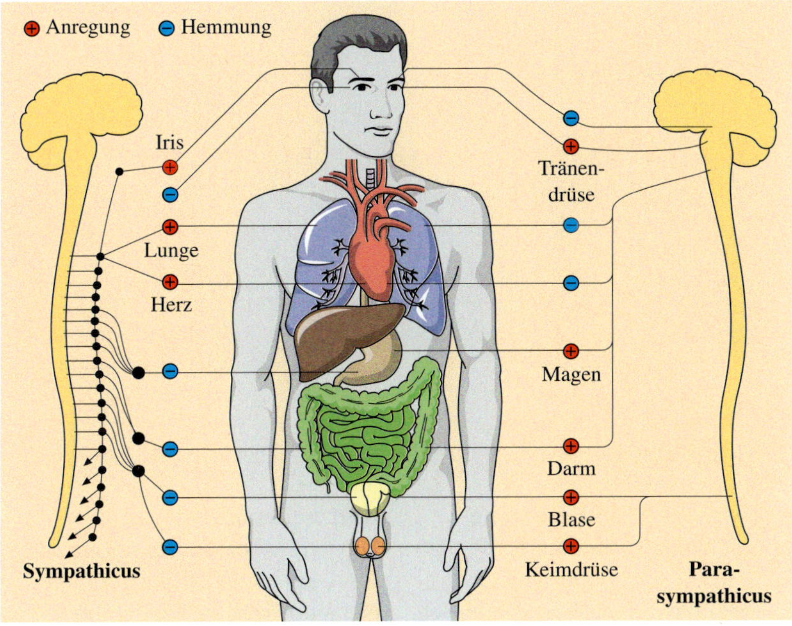

2 Wirkung von Sympathicus und Parasympathicus

Kurz und knapp **Das Nervensystem wird in funktionelle Einheiten untergliedert. Die Steuerung und Koordination aller Körperfunktionen wird durch das Zentralnervensystem (ZNS) geleistet, das aus Gehirn und Rückenmark besteht. Das periphere Nervensystem (PNS) überträgt hingegen die Signale zwischen ZNS und dem Körper. Das PNS teilt sich nach Richtung der Signalleitung in sensorische und motorische Nerven. Bei den motorischen Nerven lassen sich das somatische Nervensystem, das die willkürlichen Reaktionen steuert, und das vegetative Nervensystem, das unwillkürliche und unbewusste Reaktionen steuert, unterscheiden.**

179-1

Arbeitsaufträge

1 Lege eine Mindmap mit den Bestandteilen des Nervensystems und deren wichtigsten Funktionen an.

3

2 Tom hört gerne laut Musik – auch beim Skaten. Er überquert mit seinem Skateboard die Straße und sieht nur noch aus den Augenwinkeln eine Bewegung. Im letzten Moment kann er dem Auto noch ausweichen. Glück gehabt! Erläutere anhand deines Wissens über den Bau von Sinnesorganen und der Funktionsweise des Nervensystems, was in Toms Körper abläuft. Verwende dabei alle hier sinnvollen Fachbegriffe.

3 Unter Stress versteht man in der Regel einen Zustand, bei dem Körper und Geist unter Anspannung stehen. Auch das Nervensystem ist an der Stressreaktion beteiligt. Entnimm der Abbildung 2, welche Körperfunktionen bei einer Stressreaktion durch das autonome Nervensystem beeinflusst werden.

4 Mit vollem Magen sollte man nicht schwimmen gehen. Bewerte diesen Ratschlag anhand deines Wissens über Sympathicus und Parasympathicus.

Biologie verstehen mit Basiskonzepten

In der Biologie gibt es einige Prinzipien, die in vielen verschiedenen Zusammenhängen eine Rolle spielen. Diese Basiskonzepte können dabei helfen, Biologie besser zu verstehen, leichter zu lernen und Zusammenhänge herzustellen.

Basiskonzept Steuerung und Regelung

Für Lebewesen ist es lebenswichtig, bestimmte Zustände aufrechtzuerhalten. Dafür ist eine genaue Regelung verschiedener Vorgänge notwendig. Bei der Regelung ruft die Abweichung von einem gegebenen Zustand über Funktionswege eine Reaktion hervor. Diese wirkt der Abweichung entgegen (Rückkopplung). In lebenden Systemen sind meist mehrere solcher Regelkreise miteinander verknüpft. Andere Vorgänge in lebenden Systemen werden ohne Rückkopplung in ihrer Stärke und Richtung beeinflusst (Steuerung).

Autonomes Nervensystem

Das autonome Nervensystem steuert alle unbewussten Körperfunktionen. Dabei wirken die beiden funktionellen Untereinheiten Sympathicus und Parasympathicus als Gegenspieler, die beide durch den Hypothalamus gesteuert werden. ↑S.178

Fressfeind-Beute-Beziehung

In einem Ökosystem reguliert sich die Anzahl an Fressfeinden und Beutetieren selbst. Wenn viele Beutetiere in einem Ökosystem leben, nimmt auch die Zahl der Fressfeinde zu, da sie leichter Nahrung finden. Dadurch nimmt die Zahl der Beutetiere wieder ab. Das führt dann auch zu einem Rückgang der Anzahl der Fressfeinde. Die Fressfeind-Beute-Beziehung wird durch eine Rückkopplung reguliert. Durch äußere Eingriffe, zum Beispiel Jagd der Fressfeinde, kann das dynamische Gleichgewicht gestört werden.

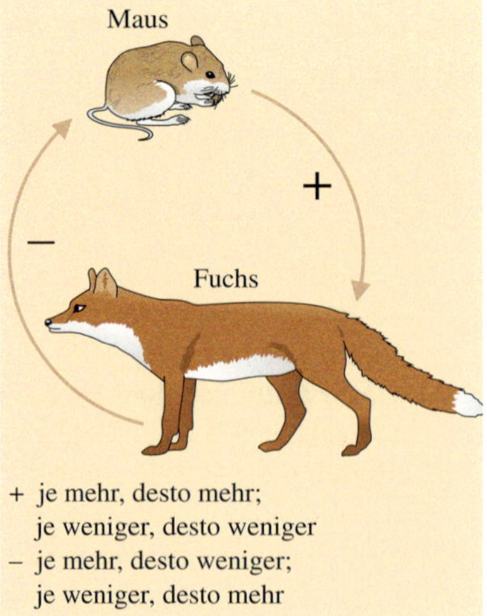

1 Fressfeind-Beute-Beziehung

Blutzuckerspiegel

Die Blutzuckerkonzentration wird im Körper ständig überprüft. Bei steigendem Blutzuckerspiegel wird von der Bauchspeicheldrüse Insulin ausgeschüttet, das eine Verringerung der Zuckermenge im Blut bewirkt. Ist der Blutzuckerspiegel zu niedrig, gibt die Bauchspeicheldrüse Glucagon ins Blut ab, das eine Freisetzung von gespeichertem Zucker auslöst. Durch die Hormone Insulin und Glucagon wird der Blutzuckerspiegel geregelt.

Menstruationszyklus

Der mit der Pubertät bei Mädchen einsetzende Menstruationszyklus wird unter anderem durch die Hypophysenhormone FSH und LH gesteuert. FSH bewirkt die Reifung eines Follikels. LH ist für die Bildung des Gelbkörpers verantwortlich. Neben LH und FSH spielen bei der Steuerung des Menstruationszyklus auch Östrogene und Progesteron eine wichtige Rolle. Sie sind Hormone des Eierstocks. ↑S.220

Basiskonzept Information und Kommunikation

Lebewesen können Informationen aufnehmen, speichern und verarbeiten. Die Art der Aufnahme, Speicherung und Verarbeitung kann sehr unterschiedlich sein, setzt aber immer entsprechende Strukturen voraus.
↑Basiskonzept Struktur und Funktion
Bei der Kommunikation werden Informationen vom Sender an den Empfänger weitergegeben. Informationsaufnahme, -speicherung und -verarbeitung sowie Kommunikation finden auf allen Systemebenen statt.
↑Basiskonzept System

Sinnesorgane und Nervensystem

Informationen aus der Umwelt (Reize) werden durch spezifische Sinnesorgane, zum Beispiel das Auge ↑S.196, aufgenommen und in elektrische Signale umgewandelt. ↑S.170 Die Signale werden durch Nervenzellen weitergeleitet ↑S.172 und im Gehirn verarbeitet. ↑S.174 Über das Nervensystem können dann Reaktionen ausgelöst werden. ↑S.176 Oder die eingegangenen Informationen werden im Gehirn gespeichert. ↑S.182 ff.

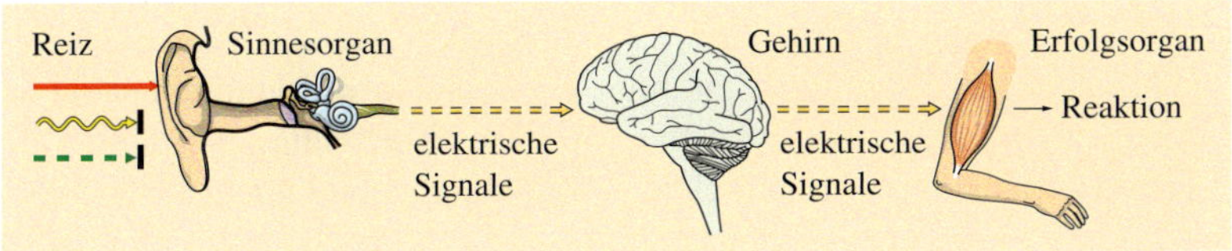

2

Immunreaktion

An der Abwehr von Krankheitserregern sind verschiedene Zellen des Immunsystems beteiligt. Ihr erfolgreiches Zusammenwirken beruht auf der Kommunikation zwischen den verschiedenen Zelltypen, die nacheinander aktiviert werden. T-Zellen und B-Gedächtniszellen speichern die Informationen über bekannte Antigene und ermöglichen so eine schnelle und spezifische Abwehr. Störungen, wie zum Beispiel durch HI-Viren, können schwerwiegende Folgen haben.
↑S.227

Erbinformationen

In der DNA sind die Erbinformationen gespeichert. ↑S.265 Sie werden bei der Befruchtung ↑S.201 neu kombiniert an die nächste Generation weitergegeben. ↑S.277 Die Erbinformationen sind in Form einer Abfolge von Nucleotiden verschlüsselt. Dieser genetische Code kann in ein Protein übersetzt werden, das den Phänotyp eines Lebewesens beeinflussen kann. ↑S.281

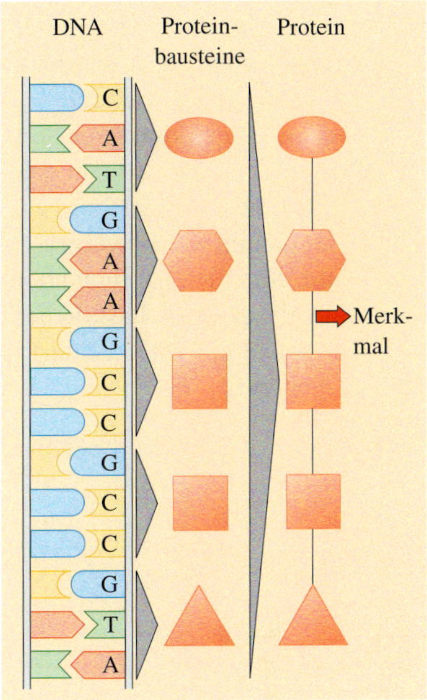

3 Vom Gen zum Merkmal

Zwischenmenschliche Kommunikation

Es gibt zwar viele Orte, an denen sich Gleichaltrige treffen, aber trotzdem ist die erste Kontaktaufnahme oft schwierig – besonders dann, wenn es um das andere Geschlecht geht. ↑S.222 Das Verhalten des Gegenübers (Sender) ist für den Empfänger anfangs meist schwer zu interpretieren. Kommunikation ist für zwischenmenschliche Beziehungen wichtig, aber auch anfällig für Missverständnisse.

Arbeitsaufträge

1 Zu jedem Beispiel findest du Verweise auf Seiten im Buch. Schlage auf den angegebenen Seiten nach und erkläre die Basiskonzepte Steuerung und Regelung sowie Information und Kommunikation mithilfe der Informationen auf den Seiten ausführlich in eigenen Worten.

2 Basiskonzepte spielen nicht nur bei den angegebenen Beispielen, sondern auch in vielen anderen Bereichen der Biologie eine wichtige Rolle. Finde im Buch weitere Beispiele für die auf dieser Doppelseite vorgestellten Basiskonzepte. Erkläre sie mithilfe dieser Beispiele und nenne jeweils die Systemebene (Zelle, Gewebe, Organ, Organsystem, Organismus ...).

Wie Lernen und Behalten funktionieren

Sicher bist du schon des Öfteren gefragt worden: „Na, was hast du heute in der Schule gelernt?“ Beim Versuch einer konkreten Antwort wirst du merken, dass du einiges behalten, aber mindestens genauso viel bereits wieder vergessen hast. Wahrscheinlich hat dich noch niemand gefragt: „Wie hast du heute in der Schule gelernt?“ Hättest du eine Antwort?

1 Lernen kann man auf unterschiedliche Art und Weise.

Beobachten Untersuchen Experimentieren

Gedächtnisleistungen und ihre Beeinflussbarkeit

Das Problem: Ist es nicht cool, wenn man beim Lernen seine Lieblingsmusik hört? So kann man doch das Gute mit dem Nützlichen verbinden, oder? Lernpsychologen dagegen sagen, dass laute Musik, ein laufendes Fernsehprogramm oder Gespräche anderer Personen im Zimmer den Lernprozess stören und dadurch die Effektivität vermindern. Ob sie recht haben, soll mit dem folgenden Experiment nachgewiesen werden.

Die Hypothese: Ungestörtes Lernen ist effektiver; wird man zu sehr abgelenkt, wirkt sich das negativ auf die Lernergebnisse aus.

Das Experiment: Jeder Schüler erhält zwei mit A und B gekennzeichnete Zettel.

a Es werden 10 Begriffe (A) für die Dauer von 10 Sekunden mithilfe eines OH-Projektors gezeigt.
Anschließend bekommen die Probanden 30 Sekunden Zeit, um die gezeigten Begriffe aus dem Gedächtnis aufzuschreiben. Die Zettel A werden eingesammelt.

b Danach werden 10 vergleichbare Begriffe (B) ebenfalls für die Dauer von 10 Sekunden gezeigt, diesmal mit sehr lauter Musikbegleitung. Dann bekommen die Probanden 30 Sekunden Zeit, um die Begriffe aus dem Gedächtnis aufzuschreiben. Auch während dieser Versuchsphase bleibt die Musik angestellt. Die Zettel B werden eingesammelt, die Musik wird abgestellt.

Auswertung: Es wird die Häufigkeit der (richtig) aufgeschriebenen Begriffe ermittelt und an die Tafel geschrieben. Die Ergebnisse beider Experimente werden miteinander verglichen und ihre möglichen Ursachen diskutiert.
Analysiert, welche Begriffe vorrangig behalten wurden, und sucht dafür eine Erklärung.
Abschließend können Schlussfolgerungen für das Lernen im Unterricht, zu Hause beziehungsweise an anderen Lernorten zusammengestellt werden.

Wissen und Können muss man sich aneignen

In jeder Sekunde unseres Lebens, auch während wir schlafen, nehmen unsere Sinnesorgane eine unüberschaubare Menge von Informationen auf. Die meisten davon werden uns gar nicht bewusst. Andere Informationen nehmen wir wahr, vergessen sie aber bald wieder. Nur einige wenige dieser Informationen werden zu Wissen, manche von ihnen führen auch dazu, dass wir unser Verhalten darauf einstellen beziehungsweise verändern. Diese Vorgänge werden als Lernen bezeichnet. Damit wir neues Wissen, Verhalten und Können anwenden und auch zukünftig nutzen können, müssen sie Eingang in unser Gedächtnis finden. Wissen wird also nicht „importiert", sondern entwickelt sich im Gehirn und wird in Form von Begriffen gespeichert.

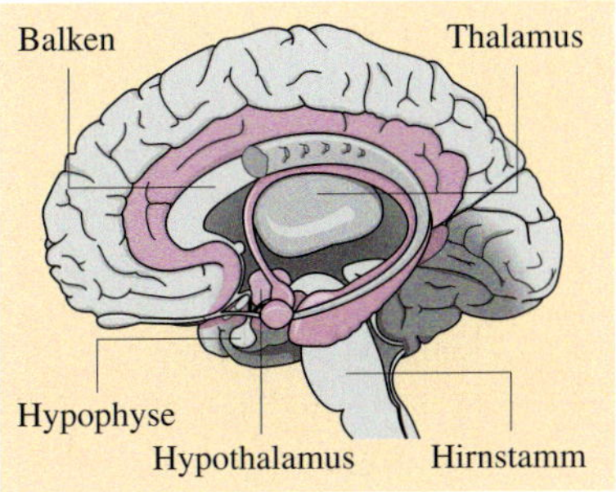

2 Limbisches System (violett)

Wie funktioniert das Gedächtnis? – ein Modell Lern- und Speichervorgänge sind außerordentlich komplex und bis heute Gegenstand der Forschung. Um sie besser verstehen zu können, wurden Modellvorstellungen entwickelt, die einige wesentliche Vorgänge hervorheben und dadurch besser veranschaulichen. Danach ist Lernen erst dann wirklich erfolgreich, wenn wir das Gelernte auch behalten, es also im Gedächtnis für längere Zeit gespeichert wird. Nur dann können wir es bei Bedarf wieder abrufen, es wiedergeben oder anwenden. Für das Gedächtnis sind viele Hirnregionen zuständig. Eine zentrale Rolle spielt dabei das limbische System, eine Hirnregion, die den Balken wie ein Saum umgibt. ↑2 Es ist außerdem eine zentrale Schaltstelle für Emotionen, Motivation, Lust und Lernen.

Damit Wissen und Können dauerhaft zu Gedächtnisinhalten werden, durchlaufen sie mehrere Phasen. ↑3 Die erste Phase wird als unmittelbares oder sensorisches Gedächtnis bezeichnet. Es erfasst wie eine Kamera Informationen und Ereignisse, die gerade im Augenblick wahrgenommen werden, allerdings beträgt die Verweildauer nur wenige Sekunden. Sind die Informationen des sensorischen Gedächtnisses für uns von Bedeutung oder auch interessant, werden sie ins Kurzzeitgedächtnis überführt. Es umfasst bedeutend weniger Informationen, hält aber länger an, etwa 10–15 Minuten. Wenn dieses neue Wissen auch weiterhin benötigt oder wiederholt beziehungsweise notiert oder in bereits bekannte Zusammenhänge gebracht wird, hat es gute Chancen, ins Langzeitgedächtnis überführt zu werden. Im Langzeitgedächtnis kann es dann Tage, Monate oder Jahre gespeichert bleiben, je nachdem, wie häufig es wieder aktiviert wird. Andernfalls gerät es in Vergessenheit.

Unser Gedächtnis hat unterschiedliche Speicherorte für Wissen (Inhalte, z. B. Personen, Ereignisse, Fakten) und Können (Fähigkeiten und Fertigkeiten, z. B. wie man mit der Lupe oder dem Mikroskop umgeht). Die erste Form wird als deklaratives und die zweite Form als prozedurales Gedächtnis bezeichnet. Wissen wird begrifflich, also in sprachlicher Form, gespeichert. Neues Wissen wird umso dauerhafter behalten, je mehr es mit bereits vorhandenen Begriffen verknüpft beziehungsweise vernetzt wird. Begriffssysteme (z. B. Mindmaps, Begriffsnetze, Fließschemata) sind eine Möglichkeit, Begriffe miteinander zu vernetzen. Daher ist es sehr empfehlenswert, sich Methoden zur Vernetzung von Begriffen anzueignen.

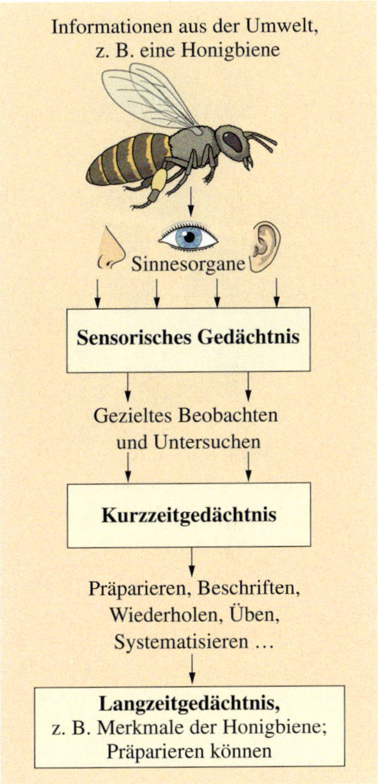

3 Ein Gedächtnismodell im Zusammenhang mit Lernvorgängen

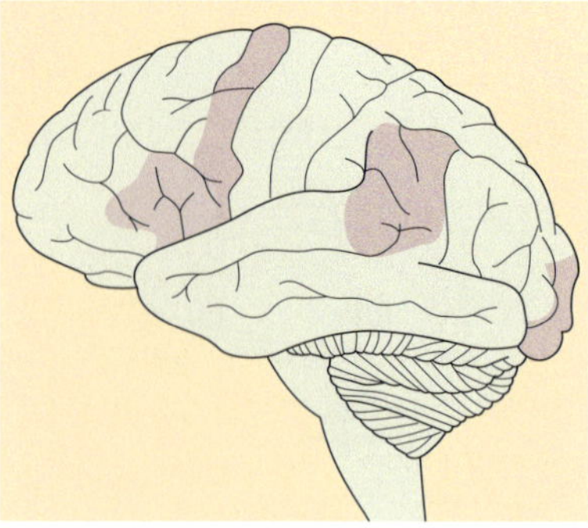

1 Linke Großhirnhälfte: Farblich gekennzeichnet sind die für die Sprache zuständigen Hirnareale.

2 Es gehört viel Training dazu, bis man die Bewegungsabläufe beim Hochsprung perfekt beherrscht.

Bewusste Lernvorgänge In der Schule werden die Lernprozesse ganz gezielt durch die Lehrenden gesteuert und bewusst gemacht. Durch Auffassen, Nachahmen, Erkunden, Problemlösen, Entdecken, Anwenden, Üben und Systematisieren erwirbst du Kompetenzen, die dich für eine Berufsausbildung oder ein Studium befähigen und damit auch auf dein zukünftiges Leben im Beruf, in der Familie und in der Gesellschaft vorbereiten.

Was geschieht beim Lernen im Gehirn? Lernvorgänge sind an die Tätigkeit von Nervenzellen gebunden. Sie beruhen auf Vorgängen, die sich an den Synapsen abspielen. Dabei steuern Überträgerstoffe (Neurotransmitter) ↑S.173 die Verschaltung von Nervenzellen. Alle Lernvorgänge beruhen darauf, dass neuronale Netze entstehen, die sich ständig erweitern und mit anderen Hirnarealen, zum Beispiel dem Gedächtnis- oder Sprachzentrum, zusammenwirken. ↑1
Du weißt aus eigener Erfahrung, dass man sehr unterschiedliche Dinge lernen kann. Dabei lassen sich zwei grundverschiedene Lernformen unterscheiden: So hast du beispielsweise im Sportunterricht Bewegungsabläufe, wie sie für den Hochsprung oder Geräteturnübungen erforderlich sind, gelernt. Aber auch das Radfahren oder Schwimmen erfordern koordinierte Bewegungen, die offensichtlich durch Übung entstanden und im Gedächtnis gespeichert sind. Diese Lernform wird als prozedurales Lernen bezeichnet. Einmal gelernte Bewegungsabläufe („Prozeduren“) können dann auch ohne bewusste Steuerung ablaufen, wie beispielsweise das Radfahren.
Ganz anders verhält es sich beim deklarativen Lernen. Hierbei lernt man seine Umwelt (Menschen, Organismen, Orte, Ereignisse, Dinge) im weitesten Sinne des Wortes kennen, also auch alles das, was du im Biologieunterricht über Lebewesen und Lebenserscheinungen erfährst und lernst. Der entscheidende Unterschied zum prozeduralen Lernen besteht darin, dass die Lerninhalte in Form von Begriffen gespeichert werden und sie somit sprachlich wiedergegeben werden können.
Deklarative und prozedurale Gedächtnisinhalte bilden sich nur durch die entsprechenden Lernformen aus. ↑S.183

Kurz und knapp **Wissen, Können und Verhalten sind Ergebnisse von Lernprozessen, die an die Tätigkeit von Nervenzellen gebunden sind. Es wird zwischen prozeduralen und deklarativen Lernformen unterschieden.**

Arbeitsaufträge

1 Nenne verschiedene Möglichkeiten, wie man sich im Biologieunterricht Wissen und Können aneignen kann, und vergleiche diese Methoden mit denen im Deutschunterricht.

2 KONFUZIUS, ein chinesischer Philosoph (551–479 v. Chr.), sagte über das Lernen: „Sage es mir und ich vergesse es; zeige es mir und ich erinnere mich; lass es mich tun und ich behalte es.“ Versuche diese weit über 2000 Jahre alte Weisheit zu interpretieren und mit konkreten Beispielen zu belegen.

3 Erläutere Beispiele für prozedurales und deklaratives Lernen.

4 Informiere dich über einige Funktionen des limbischen Systems.

Lernen, wie man lernt – ein Leben lang

185-1

Wirklich ein ganzes Leben lang? „Endlich ist die Schulzeit vorbei und das Lernen hört auf." Ist das wirklich so?
Man hofft nach der Berufsausbildung oder dem Studium, dass es mit dem Lernen nun vorbei ist. Aber nein, in jedem Beruf verändern sich die Methoden, werden neue Materialien oder Produkte entwickelt, also wieder lernen. Man sollte sich auch fragen, was im Gehirn geschieht, wenn man nicht mehr lernt, nicht mehr geistig aktiv bleibt. Die für unser Wissen und Können notwendigen Verbindungen zwischen Nervenzellen, also die neuronalen Netze, würden sich allmählich zurückbilden und so zu einer verminderten geistigen Leistungsfähigkeit beitragen. In Fort- und Weiterbildungskursen kann man sich nicht nur auf dem „Laufenden" halten, sondern auch seine geistigen Fähigkeiten trainieren.
Nach vielen Jahren kommt der verdiente Ruhestand. Ist jetzt endlich Schluss mit Lernen? Alte und neue Hobbys tragen mit dazu bei, dass man auch im Alter aktiv bleibt. Fitness und Gesundheit spielen in dieser Lebensphase eine große Rolle, auch auf diesen Gebieten ist Lernen angesagt. Ein Leben lang zu lernen heißt also, sein Leben selbst in die Hand zu nehmen.

Methodenlernen hat Langzeitwirkung Im Laufe deiner Schulzeit erfährst du viele Fakten und Zusammenhänge aus der Biologie, zurzeit beispielsweise, wie viele Nervenzellen das menschliche Gehirn hat und aus welchen Teilen es aufgebaut ist. Weißt du es noch?
Die meisten Fakten vergisst man relativ schnell wieder. Ganz anders ist es bei erlernten Methoden. Wie man beispielsweise Pflanzen, Tiere oder auch Vorgänge miteinander vergleicht, wie man mikroskopiert, eine Organismenart bestimmt oder eine Mindmap erstellt, behält und beherrscht man viele Jahre, manchmal ein Leben lang. Hier wirken das prozedurale und das deklarative Gedächtnis auf sehr komplexe Weise und nachhaltig zusammen.

3 und 4 Lernen – ein Leben lang

Lerntipps

Lernen mal so schnell nebenbei, nur das Notwendigste für den nächsten Schultag, dies ist auf die Dauer kein Erfolgsrezept. Die folgenden Tipps sollen dir helfen, das Lernen erfolgreich zu gestalten, und zwar so, dass es auch Spaß machen kann.

1 *Motiviere dich für konsequentes Lernen sowohl in der Schule als auch zu Hause. Belohnungen für eine gelungene Leistung kannst du dir selbst organisieren, zum Beispiel mit einem Kinogang, einem leckeren Eis oder einer aktuellen Musik-CD. Anerkennung und gute Noten werden deine Bemühungen krönen.*

2 *Teile dir den Tag so ein, dass du einen festen zeitlichen Rahmen für die Hausaufgaben hast. Achte darauf, dass sich Erholungs- und Arbeitsphasen abwechseln.*

3 *Jede Ablenkung stört deinen Lernprozess und verlängert ihn. Besuche, Telefonate, laute Musik oder auch der laufende Fernseher im Hintergrund sollten daher vermieden werden.*

4 *Tausche dich mit Mitschülern über die Ergebnisse deiner Hausaufgaben aus, egal, ob es sich um mündliche oder schriftliche Aufgaben handelt. Dabei könnt ihr überprüfen, ob ihr den neuen Stoff auch wirklich beherrscht.*

5 *Musst du einen längerfristigen Auftrag, beispielsweise einen Vortrag, bearbeiten, so schiebe ihn nicht auf die „lange Bank", sondern beginne zeitig mit der Materialsammlung. So vermeidest du Stress in der Endphase.*

Drogen wirken auf das Gehirn und die inneren Organe

Die Klassenarbeit ist für Lea und Nina schlecht ausgefallen: Beide haben eine 5 in Englisch und sind völlig frustriert. Während Nina ihre Enttäuschung beim Sport abreagiert, kündigt Lea an, sich am Abend betrinken zu wollen. Ob dieser „Trost“ nachhaltig ist? Wie würdest du dich verhalten?

1 Mit Frust kann man unterschiedlich umgehen.

Beobachten Untersuchen Experimentieren

Umfrage zum Thema „Umgang mit Alkohol“
Führt eine anonyme Befragung zum Thema „Mein Umgang mit Alkohol“ in eurer Klasse durch. Um den anonymen Charakter der Befragung zu gewährleisten, sollte der Fragebogen außerhalb des Unterrichts bearbeitet werden, die Nutzung des Computers ist dabei sinnvoll. Überlegt euch Möglichkeiten, wie ihr die Ergebnisse der Befragung grafisch darstellen und in der Klasse (Schule) zur Diskussion stellen könnt.

1.
- ☐ männlich ☐ weiblich

2. *Wann hast du zum ersten Mal Alkohol getrunken?*
- ☐ noch nie
- ☐ mit unter 10 Jahren
- ☐ mit 10–11 Jahren
- ☐ mit 12–13 Jahren
- ☐ mit 14–15 Jahren

3. *Aus welchen Gründen trinkst du Alkohol?*
(Mehrfachantworten sind möglich)
- ☐ Neugier
- ☐ weil die anderen auch trinken
- ☐ Stress
- ☐ Probleme in der Schule
- ☐ Probleme außerhalb der Schule
- ☐ Langeweile
- ☐ Liebeskummer
- ☐ andere Gründe

4. *Welche alkoholischen Getränke bevorzugst du?*
- ☐ keine
- ☐ Bier
- ☐ Wein
- ☐ Sekt
- ☐ Mixgetränke
- ☐ Alcopops
- ☐ Schnaps

5. *Wie häufig trinkst du Alkohol?*
- ☐ nie
- ☐ nur zu besonderen Anlässen
- ☐ wenn „Party“ ist
- ☐ mehrmals in der Woche
- ☐ täglich

6. *Trinken deine Freunde Alkohol?*
- ☐ nein, keiner
- ☐ manche
- ☐ die meisten
- ☐ alle

7. *Welche Wirkung hat Alkohol bei dir?*
(Mehrfachantworten sind möglich)
- ☐ ich fühle mich angeregt
- ☐ ich fühle mich entspannt
- ☐ ich werde lustig
- ☐ ich vergesse meine Probleme
- ☐ ich werde sentimental
- ☐ ich werde aggressiv
- ☐ ich werde müde
- ☐ mir wird übel

8. *Glaubst du, dass du beim Feiern auch ohne Alkohol Spaß haben kannst?*
- ☐ ja
- ☐ vielleicht
- ☐ nein

9. *Könntest du ab sofort auf Alkohol verzichten?*
- ☐ selbstverständlich
- ☐ Warum sollte ich?

10. *Ist Alkohol eine Droge?*
- ☐ ja ☐ nein

2 Vorschlag für einen Fragebogen „Mein Umgang mit Alkohol“

Die Wirkung von Drogen

187-1

Wirkung von Alkohol Alkohol ist in Deutschland ein gesellschaftlich akzeptiertes Genussmittel. Auf offiziellen Empfängen wird Sekt angeboten, auf vielen Familienfeiern gehört Alkohol einfach dazu und auch auf Partys wird dem Alkohol zugesprochen. Ist es also „halb so schlimm“ mit dem Alkoholgenuss? Um diese Frage wissenschaftlich fundiert beantworten zu können, soll die Wirkung von Alkohol in Abhängigkeit von zunehmender Blutalkoholkonzentration (in Promille) analysiert werden. Dabei unterscheiden Mediziner vier Stadien: ↑3

Stadium 1 (bis 2 Promille)	Es stellt sich ein Gefühl der Leichtigkeit und Beschwingtheit ein. Probleme (z. B. die Klassenarbeit) treten in den Hintergrund. Man wird redselig, auch flapsig, insgesamt enthemmter. Schon ab 0,8 Promille setzen Gleichgewichtsstörungen ein, die Aussprache wird leicht undeutlich.
Stadium 2 (2–2,5 Promille)	Koordinationsstörungen sind unübersehbar, man hat Sprach- und Artikulationsstörungen, auch die Wahrnehmungsfähigkeiten sind eingeschränkt. Erinnerungsstörungen („Filmriss“) stellen sich ein.
Stadium 3 (2,5–4 Promille)	Die Pupillen sind stark erweitert, es kommt zur Bewusstlosigkeit. Medizinische Hilfe ist unbedingt erforderlich.
Stadium 4 (ab 4 Promille)	Koma, Schockzustand, Kreislaufversagen, Atemstillstand, Tod. Welche Alkoholdosis tödlich ist, schwankt individuell von 3 bis über 6 Promille. In jedem Fall ist intensivmedizinische Hilfe für die Lebenserhaltung notwendig.

3 Stadien der Alkoholwirkung

Diese Stadien können bei Jugendlichen noch wesentlich stärker ausgeprägt sein und leider sind sie auch gefährliche Realität: So weist laut Drogenbericht 2008 der Bundesregierung fast jeder 10. Jugendliche im Alter von 12 bis 17 Jahren einen riskanten Alkoholkonsum auf. Es wurden mehr als 23 000 Kinder und Jugendliche teils bewusstlos in Krankenhäuser gebracht. ↑S.215/4

Alkohol – eine Droge? Bleibt die Frage, ob und warum Alkohol Gift oder sogar Droge ist. Forschungsergebnisse belegen, dass Alkohol Einfluss auf die Ausschüttung von aktivierenden und hemmenden Überträgerstoffen im sogenannten Belohnungszentrum unseres Gehirns hat. Das Belohnungszentrum ist zuständig für unsere Lust- beziehungsweise Unlustgefühle. ↑4 Alkoholgenuss hat auf dieses Belohnungszentrum angenehme Hauptwirkungen, zum Beispiel Beruhigung, Entspannung, Schmerzlinderung, Problemverdrängung oder Euphorie, aber auch durch den Alkoholabbau in der Leber bedingte unangenehme Nachwirkungen wie Kopfschmerzen, Unlust, Gereiztheit, Übelkeit, die zusammengenommen als „Kater“ bezeichnet werden. Um die angenehmen Hauptwirkungen immer wieder zu erlangen und um die unangenehmen Nachwirkungen abzubauen, kann sich der Alkoholkonsum zu einer Sucht entwickeln, die ein Merkmal für Drogen ist.

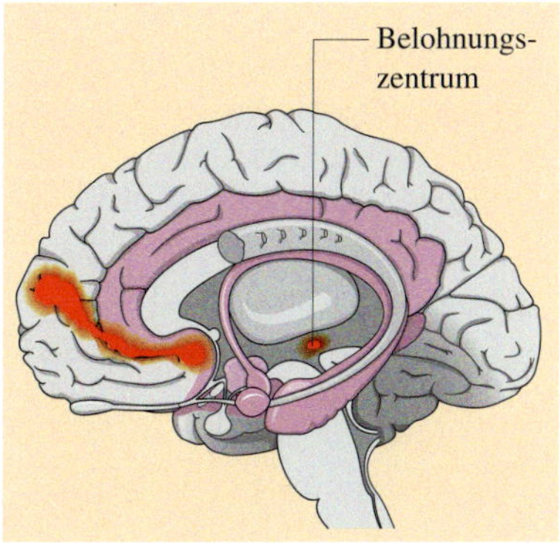

4 Belohnungszentrum und weitere an der Drogenwirkung beteiligte Hirnareale

1. Erste Versuche
Neugier, Gruppendruck und Probleme in der Familie, in der Schule oder mit dem Partner können der Auslöser sein.
2. Gelegenheitskonsum
Man möchte erwünschte Wirkungen wiederholen, Probleme in den Hintergrund drängen, sich einfach wieder einmal „besser fühlen".
3. Gewohnheitskonsum
Man hat sich für den häufigen Konsum von Drogen entschieden, ist aber noch nicht abhängig. Jedoch nehmen Qualität und Quantität des Missbrauchs zu. Die Beschaffung führt zu neuen Problemen.
4. Suchtkonsum
Das tägliche Leben ist ohne Drogen nicht mehr möglich. Ohne erneuten Konsum stellen sich Entzugserscheinungen ein. Medizinische und psychologische Hilfe sind notwendig.

1 Konsumstufen von Drogen

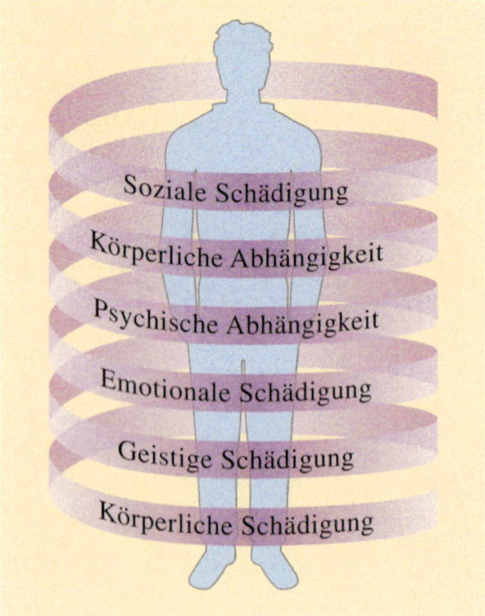

2 „Suchtspirale"

Drogen wirken auf das Nervensystem Normalerweise führen positive Erlebnisse wie beispielsweise eine tolle sportliche Leistung oder aber auch der erste Kuss zu Glücksgefühlen, die dadurch zustande kommen, dass Nervenzellen vermehrt Überträgerstoffe wie beispielsweise Dopamin ausschütten. Diese übertragen an Synapsen entsprechende Impulse, die zum Belohnungszentrum des Gehirns gesendet werden. ↑S.187/4 Drogen jedoch können das Belohnungszentrum direkt beeinflussen und damit einen Glücksrausch auslösen:
- Man fühlt sich stark, verspürt weder Müdigkeit noch Hunger.
- Man gerät in einen stark euphorisierten Rauschzustand und erlebt eine nicht reale Welt voller Glücksgefühle.
- Man verspürt weder Hemmungen noch Ängste.

Verschiedene Drogen wirken ganz unterschiedlich: Manche dämpfen das ZNS (z. B. lindert Morphin Schmerzen), andere stimulieren es (wie z. B. Kokain) oder verändern unsere Wahrnehmung (z. B. führt LSD zu ganz unterschiedlichen Sinnestäuschungen). Allen Drogen ist gemeinsam, dass sie unser Belohnungszentrum täuschen, denn tatsächlich hat sich in unserem Leben nichts Positives getan oder zum Besseren geändert. Alle diese Mittel wirken als Gifte auf das Nervensystem, auf die Leber, die Nieren und das Herz-Kreislauf-System und können nachhaltige und dauerhafte Schäden verursachen.

Teufelskreis Suchtspirale Alle Drogen, sowohl Alltagsdrogen (z. B. Alkohol, Nikotin) als auch illegale Drogen, können unterschiedlich schnell zu einer körperlich und seelisch zerstörerischen Sucht führen. Wie die Konsumstufen zeigen, können bereits erste Versuche dazu führen, dass man in die Abhängigkeit gerät. ↑1 Der Teufelskreis beginnt damit, dass angenehme Rauschzustände immer auch mit unangenehmen Nachwirkungen verbunden sind. Durch wiederholten Drogenkonsum lassen sich die Ersteren wiederholen und die Letzteren überlagern. Allerdings muss man die Dosis ständig steigern, um die gleichen erwünschten Wirkungen zu erzielen. Eine Ursache dafür könnte sein, dass die betroffenen Synapsen durch die Drogen in ihrer Funktion abgeschwächt werden. Manche Synapsen sind nach einiger Zeit gar nicht mehr funktionsfähig. Auf diese Weise entsteht bei den meisten Drogen mehr oder weniger schnell eine körperliche und seelische Abhängigkeit. Beispielsweise kann bei Einnahme von Crack oder Heroin schon nach dem ersten Versuch eine Abhängigkeit (Sucht) entstehen. Der Drang nach der künstlich durch Drogen hervorgerufenen „Belohnung" ist so stark geworden, dass die Vernunft ausgeblendet wird. Der Drogensüchtige nimmt daher auch von Eltern, Geschwistern oder Freunden keinen Rat mehr an.

Eine tödliche Bilanz Laut Bundeszentrale für gesundheitliche Aufklärung (www.bzga.de) sterben in Deutschland jährlich mindestens 151 300 Menschen vorzeitig an den Folgen von Drogenkonsum, davon 110 000 durch Tabakkonsum, 40 000 durch Alkoholkonsum und 1 300 durch Konsum illegaler Drogen. Es gibt keine Zahlen darüber, wie viele Menschen durch Drogenkonsum für ihr ganzes Leben geschädigt sind.

3

Eine „Partygeschichte" – Wirkung von Ecstasy Wer möchte nicht auf einer Party gut „drauf" sein, im Mittelpunkt stehen, bis zum frühen Morgen durchtanzen und dabei fit und fröhlich bleiben? Aber was ist, wenn man schon kurz nach Mitternacht müde wird? Da gibt es doch Abhilfe? Hatte da nicht jemand diese kleinen, mit niedlichen Motiven versehenen Tabletten, die Wunder wirken sollen – Ecstasy? Einen Versuch ist es doch Wert, was soll schon Schlimmes passieren? Nach kurzer Zeit ist die Müdigkeit wie weggeblasen, man kann wieder tanzen ohne Ende und fühlt sich rundum glücklich. Welchen Preis muss man jedoch dafür zahlen? Zugegeben, es kann gut gehen, aber der nächste Tag ist dennoch schlimm genug, der „Filmriss" sehr unangenehm. Außerdem kann bereits eine einzige Ecstasy-Tablette bleibende Schäden in unserem Nervensystem verursachen. Überträgerstoffe an Synapsen werden blockiert, Nervenzellen verkümmern und sterben ab, es kann zu lebenslangen Depressionen, aber auch zu plötzlichem Herzstillstand oder Schlaganfall kommen. Nimmt man Ecstasy über einen längeren Zeitraum, sind Gehirn-, Muskel- und Leberschäden vorprogrammiert. Dann doch lieber einmal müde sein.

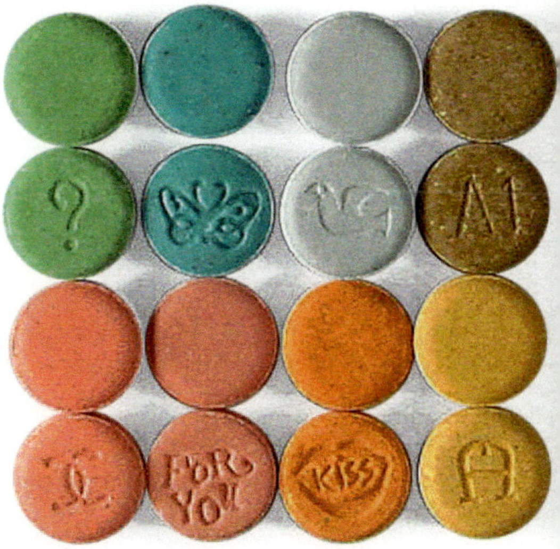

4 Ecstasy-Tabletten

Kurz und knapp **Drogen haben als Nerven- und Organgifte eine verheerende Wirkung auf die Gesundheit und führen in den meisten Fällen zur Sucht, die nur sehr schwer geheilt werden kann.**

189-1

Arbeitsaufträge

1 Erstelle eine Übersicht zu ausgewählten Rauschgiftarten und deren Wirkung in einer Tabelle. Berücksichtige die Drogen Alkohol, Cannabis, Crack, Heroin, Kokain, Nikotin, Opium, sogenannte Schnüffelstoffe und synthetische Drogen (Ecstasy, LSD) sowie weitere selbst gewählte Beispiele.

2 Erkläre das Zustandekommen einer Drogensucht.

Droge	*Kurzfristige Wirkung, z. B.*	*Langfristige Wirkung, z. B.*
Cannabis (Gras, Haschisch, Marihuana)	*Gehobene Stimmung, gesteigerte Kontaktfreudigkeit, Halluzinationen, Sinnestäuschungen, räumliche und zeitliche Desorientiertheit*	*Konzentrationsstörungen, Erschöpfungszustände, Verlust der Leistungsfähigkeit, psychische Abhängigkeit*
...		

3 Nenne konkrete Beispiele für die in Abbildung 2 aufgeführten Folgen des Drogenkonsums.

4 Diskutiert in der Klasse darüber, ob Drogen helfen können, Probleme zu lösen. Zeigt Alternativen für drogenfreie Wege zum „Glücklichsein" auf.

5 Diskutiere, was der Drogenkonsum eines Jugendlichen für Eltern, Geschwister und Freunde bedeutet. Recherchiere, welche gesundheitlichen Folgen der Konsum von Genussmitteln und Drogen von Eltern für Kinder haben kann.

Fokus Medizin Erkrankungen des Nervensystems

190-1

3 Multiple Sklerose

Nervenkrankheiten (neurologische Krankheiten)
Erkrankungen des Gehirns, des Rückenmarks und der Nerven des peripheren Nervensystems werden als Nervenkrankheiten oder neurologische Krankheiten bezeichnet. Es handelt sich also um organische Erkrankungen, die man durch verschiedene Untersuchungsmethoden lokalisieren kann.

Migräne
In Deutschland leiden etwa 8 Millionen Menschen unter Migräne, darunter auch Kinder, besonders aber Frauen. Typisch für diese Krankheit sind starke, pochende Kopfschmerzen, Übelkeit, Überempfindlichkeit gegenüber Licht und Lärm. Die Symptome treten anfallartig auf und können minuten- bis tagelang anhalten.
Eine Heilung der oft jahrelang andauernden Krankheit ist nicht möglich, allerdings kann der Verlauf gelindert werden.

1 Migräne

Alzheimer
Typisch für diese Krankheit ist die Abnahme von Gedächtnis- und Denkvermögen (Demenz). Die Ursachen sind noch nicht vollständig geklärt. Zum Krankheitsverlauf gehören das Absterben von Nervenzellen im Gehirn und damit der Verlust von Synapsen und ein Mangel an Überträgerstoffen. Alzheimer-Patienten können sich neue Informationen und Eindrücke nicht merken. Im fortgeschrittenen Krankheitsstadium erkennen sie ihre Angehörigen nicht mehr und können sich auch in ihrer Umgebung nicht mehr zurechtfinden. Sie sind rund um die Uhr pflegebedürftig. Eine Heilung ist zurzeit nicht möglich, allerdings kann der Krankheitsverlauf im Frühstadium positiv beeinflusst werden.

2 Alzheimer

Multiple Sklerose
Sie ist die häufigste entzündliche Erkrankung des Nervensystems und tritt meist im jungen Erwachsenenalter auf. Sehstörungen, Nervenschmerzen oder Muskellähmungen treten oft schubweise auf. Im Verlauf der Krankheit kommt es zu bleibenden Behinderungen, deren Art und Ausmaß bei jedem Patienten anders ist. Die Prognose für die meisten Betroffenen ist jedoch günstiger, als allgemein angenommen wird. Ausgelöst wird die Krankheit durch Entzündungen der Gliazellen im Zentralnervensystem. Eine Heilung ist derzeit noch nicht möglich, allerdings können entzündungshemmende Medikamente den Krankheitsverlauf „verlangsamen". Zwischen den Krankheitsschüben können oft Jahre vergehen.

Frühsommer-Meningo-Enzephalitis (FSME)
Die FSME ist eine entzündliche Erkrankung des Gehirns oder der Hirnhäute, die durch ein Virus ausgelöst wird. Durch Zeckenbisse wird es auf den Menschen übertragen. Bei einer Infektion treten nach etwa vier Wochen grippeartige Beschwerden auf, die bei etwa 10 Prozent der Infizierten zu Entzündungen führen. Bei 1 Prozent dieser Patienten ist der Krankheitsverlauf tödlich. Insbesondere Baden-Württemberg und Bayern sind gefährdete Gebiete (mit zunehmender Tendenz). Das sicherste Mittel gegen die FSME ist eine vorbeugende Schutzimpfung im Winter.

Erkrankungen der Psyche (Seele)

Alle krankhaften Veränderungen des Denkens, der Stimmungen, des Gedächtnisses, der Gefühle und des Verhaltens eines Menschen sind außerordentlich kompliziert und vielschichtig, weshalb sie sich sich nicht eindeutig klassifizieren lassen. An der Entstehung seelischer Erkrankungen sind immer psychische, körperlich-organische und soziale Faktoren beteiligt. Auslöser sind beispielsweise besondere Erlebnisse, seelische Konflikte, krankhafte Veränderungen des Gehirns (neurologische Erkrankungen), aber auch Drogenkonsum und lang anhaltende Stresssituationen.

4 ADHS

6 Magersucht

Zappelphilipp-Krankheit (ADHS = Aufmerksamkeitsdefizit-Hyperaktivitätsstörung)

Sie ist eine der häufigsten psychischen Erkrankungen bei Kindern und Jugendlichen. Die Betroffenen können sich nur unzureichend konzentrieren, haben einen übersteigerten Bewegungsdrang und zeigen häufig unüberlegtes Verhalten. Die Ursachen liegen in einer Funktionsstörung im Gehirn. Störungen im System der Überträgerstoffe führen zu einer Reizüberflutung und damit zu den genannten Symptomen. Bei den meisten Betroffenen klingt die Krankheit im Erwachsenenalter wieder ab.

Depressionen

Etwa 5 Prozent der Bevölkerung sind davon betroffen. Die Patienten sind niedergeschlagen, bedrückt, traurig, sie sind leicht ermüdbar, haben Schlafstörungen und häufig Angstgefühle. Es handelt sich um eine lebensbedrohliche Erkrankung, weil depressive Menschen häufig Selbsttötungsgedanken und -absichten haben. Depressionen verlaufen in Krankheitsphasen, die Wochen bis Monate oder sogar Jahre andauern können. Eine Behandlung mit Medikamenten und Psychotherapie ist unbedingt erforderlich.

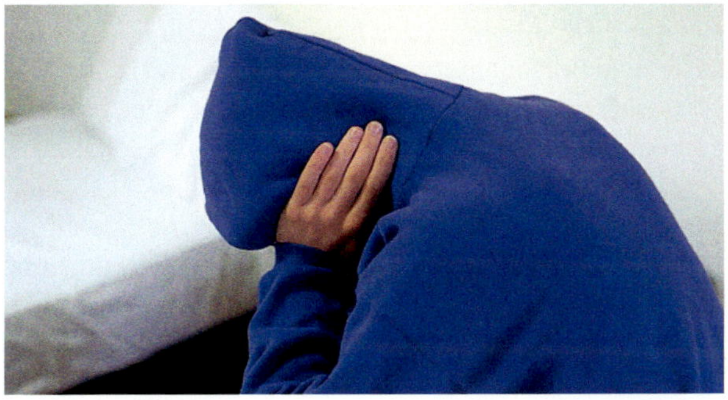

5 Depression

Essstörungen

In Deutschland steigt die Anzahl extrem über- und untergewichtiger Menschen. Ursachen dafür sind meist psychische Probleme wie Minderwertigkeitsgefühle, Frust, Ärger, Ängste, aber auch falsche Idealvorstellungen vom Körper. Essstörungen treten in jedem Alter auf, besonders jedoch bei Jugendlichen in der Pubertät. Sie zeigen sich in Form von Magersucht, Ess-Brech-Sucht (Bulimie) und Esssucht.

Magersucht betrifft häufig Mädchen und junge Frauen, die durch ein gestörtes Essverhalten einen extremen Gewichtsverlust herbeiführen, der lebensbedrohlich werden kann. Bulimie ist gekennzeichnet durch ein übermäßiges Essbedürfnis, das in häufigen Phasen auftritt. Die aufgenommene Nahrung wird durch selbst herbeigeführtes Erbrechen wieder abgegeben.

Bei der Esssucht wird Nahrung unkontrolliert in großen Mengen aufgenommen (Fettleibigkeit).

Überblick

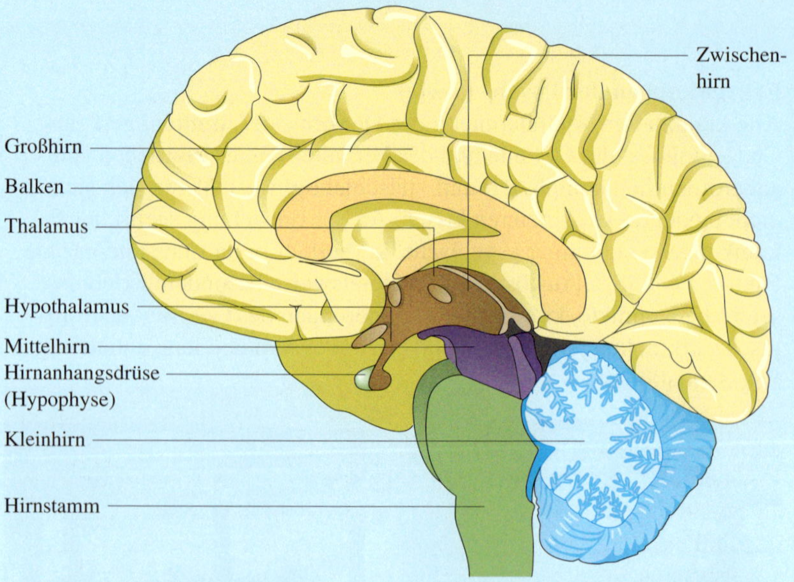

1 Das menschliche Gehirn (Aufsicht auf eine Gehirnhälfte von der Hirnmitte)

Vom Reiz zur Reaktion
Unsere Sinnesorgane nehmen Reize aus der Umwelt auf und wandeln sie in elektrische Signale um. Diese werden über Nerven an das Gehirn weitergeleitet und dort verarbeitet. Das Gehirn sendet Befehle an die ausführenden Organe, die mit einer Reaktion antworten.

Nervenzellen
Unser Nervensystem setzt sich aus vielen Milliarden Nervenzellen zusammen. Jede dieser Zellen besteht aus einem Zellkörper, mehreren Dendriten und einem Axon mit den Endknöpfchen.
Synapsen sind die Kontaktstellen von Nervenzellen mit anderen Zellen. Innerhalb der Nervenzellen erfolgt die Erregungsleitung über elektrische Signale, an den Synapsen mithilfe von chemischen Überträgerstoffen.

Nervensystem (ZNS)
Es gliedert sich nach seinem räumlichen Aufbau in Zentralnervensystem und peripheres Nervensystem. Das ZNS besteht aus dem Gehirn und dem Rückenmark.
Nerven, die Signale von den Skelettmuskeln und den inneren Organen zum ZNS leiten, werden als afferent bezeichnet. Efferente Nerven leiten die Signale vom ZNS in die Körperperipherie. Das vegetative Nervensystem steuert und regelt die Funktionen der inneren Organe, zum Beispiel Atmung, Stoffwechsel und Wasserhaushalt. Es arbeitet weitgehend selbstständig und ist durch unseren Willen kaum zu beeinflussen. Sympathicus und Parasympathicus sind die beiden Teilbereiche des vegetativen Nervensystems. Die Organe werden von beiden versorgt. Sympathicus und Parasympathicus arbeiten als Antagonisten.

Aufbau des Gehirns
Das Großhirn ist der größte Hirnteil. Hier entsteht das Bild, das wir uns von uns selbst, unserer inneren Welt und der Umwelt machen.
Das Kleinhirn steuert vor allem automatische Bewegungen und unser Gleichgewicht.
Die Informationen der Sinnesorgane werden im Zwischenhirn verarbeitet. Zusätzlich ist es eng mit dem Hormonsystem verknüpft und steuert vielfältige Körperfunktionen.
Der Hirnstamm nimmt eine Sonderstellung ein, weil er aus verschiedenen Gehirnteilen gebildet wird. Er verbindet das Gehirn mit dem Rückenmark und steuert wichtige Körperfunktionen wie zum Beispiel die Atmung.
Bei den Erkrankungen des Nervensystems unterscheidet man neurologische Krankheiten und Erkrankungen der Psyche.

Lernen und Gedächtnis
Lernvorgänge beruhen darauf, dass durch Verschaltung von Nervenzellen im Gehirn neuronale Netze entstehen. Man unterscheidet prozedurales Lernen (z. B. Bewegungsabläufe wie Radfahren) und deklaratives Lernen (alles, was mit Begriffen erfasst wird, z. B. Vokabeln). Die Voraussetzung für Lernen ist das Gedächtnis. Ein häufig verwendetes Modell teilt das Gedächtnis in drei Bereiche ein: sensorisches Gedächtnis, Kurzzeitgedächtnis und Langzeitgedächtnis. Nur wenn Wissensinhalte immer wieder benötigt, wiederholt oder in neuen Zusammenhängen benutzt werden, gelangen sie ins Langzeitgedächtnis.
Das Lernen von Methoden ist besonders nachhaltig, weil dabei das deklarative und prozedurale Gedächtnis zusammenwirken.

Drogenwirkung im Gehirn
Alle Drogen wirken auf das Belohnungszentrum im Gehirn. Dort werden bestimmte Überträgerstoffe ausgeschüttet, die angenehme Gefühle auslösen.
Wird eine Droge häufig und regelmäßig konsumiert, stellt sich das Gehirn auf die regelmäßige Zufuhr ein. Nach einiger Zeit ist es so daran gewöhnt, dass es nicht mehr ohne die Droge auskommt.

Alles klar?

1 Die Reizbarkeit ist eine Eigenschaft, die alle Lebewesen besitzen. Im Tierreich sorgen die Nervensysteme dafür, dass auf Reizeinwirkungen schnell und effektiv reagiert werden kann.

a Nenne Beispiele aus dem Tierreich, wo Tiere besonders schnell auf Reize reagieren müssen.

b Skizziere den Weg vom Reiz zur Reaktion an einem Beispiel. Erläutere deine Skizze.

2 Erkläre mithilfe der Abbildung 2 das Zusammenwirken der dargestellten Organe beim Hungergefühl. Nenne die Teile des Nervensystems, die daran beteiligt sind. Formuliere einen Befehl, den das Gehirn an die Muskeln geben könnte.

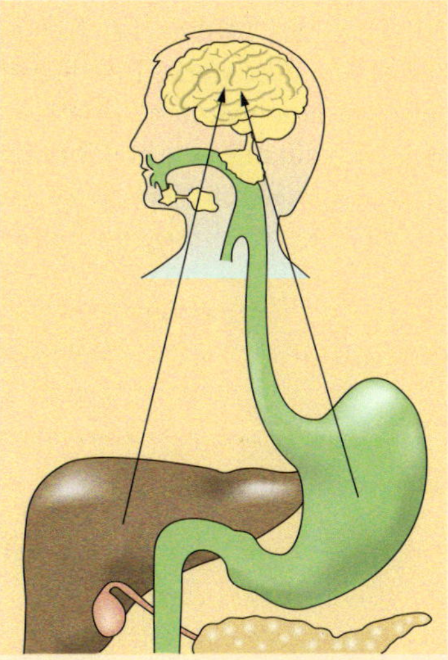

2 Magen und Leber an Gehirn: „Hunger!“

3

3 Die Funktion der Nervenzellen beruht darauf, dass elektrische Ströme im Millivoltbereich Erregungen zum Zentralnervensystem oder zu den Erfolgsorganen übertragen.
Bei einem Stromschlag fließen plötzlich 220 Volt oder noch mehr durch den Körper. Überlege, welche Folgen das für das Nervensystem und damit auch für die Organfunktionen haben kann.

4 Bei den meisten Organen oder Organsystemen ist es relativ leicht, sich Verhaltensregeln für ihre Gesunderhaltung zu überlegen. Auf Anhieb könntest du sicher mehrere Punkte nennen, wie man den Magen, das Herz oder die Lungen schützen kann. Wie aber ist das bei unserem Nervensystem?
Stelle einige Maßnahmen zum Schutz von Gehirn, Rückenmark und Nerven zusammen.

5 Bei einem Schlaganfall verstopfen oder platzen Blutgefäße im Gehirn. Dadurch werden die betroffenen Gehirnregionen nicht mehr ausreichend mit Sauerstoff versorgt. Die Folge sind Funktionsausfälle überall dort, wo das Gehirn für die Steuerung verantwortlich ist.
Nenne Beispiele für Funktionsausfälle nach einem Schlaganfall.

6 Viele Schlaganfallpatienten erlangen nach einer oft lang andauernden Rehabilitationsphase ihre Fähigkeiten ganz oder teilweise wieder. Wie ist dieser Vorgang erklärbar?

7 Nervensysteme leisten Verschiedenes: Sie nehmen Informationen auf und verarbeiten sie. Das Nervensystem, genauer das Gehirn, trifft auch Entscheidungen. Entscheidungen können in Handlungen münden. Diese sind als Verhalten beobachtbar.

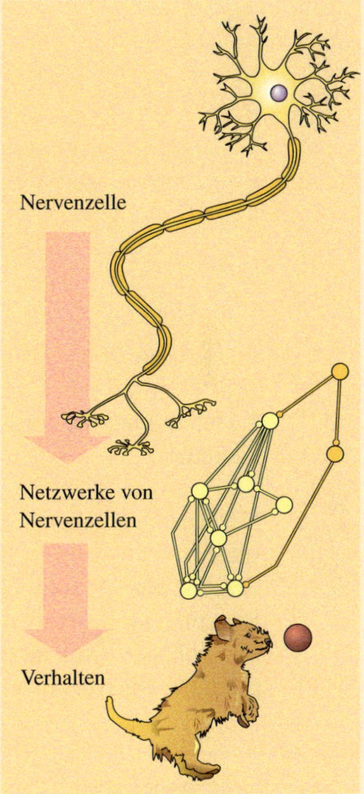

4 Systemebenen im Nervensystem

a Nervensysteme lassen sich in Systemebenen gliedern. Betrachte Abbildung 4 und erkläre das Bild deiner Nachbarin oder deinem Nachbarn.

b Diskutiert, welche der genannten Leistungen des Nervensystems auf welcher Systemebene lokalisiert ist.

Check up

1 Du hast den Aufbau und die Arbeitsweise des Gehirns kennengelernt.

a Nenne mindestens sechs Fähigkeiten deines Gehirns.

b Übernimm Abbildung 1 möglichst genau in dein Heft. Beschrifte das Großhirn, das Kleinhirn, das Zwischenhirn, das Mittelhirn, die Brücke und den Hirnstamm.

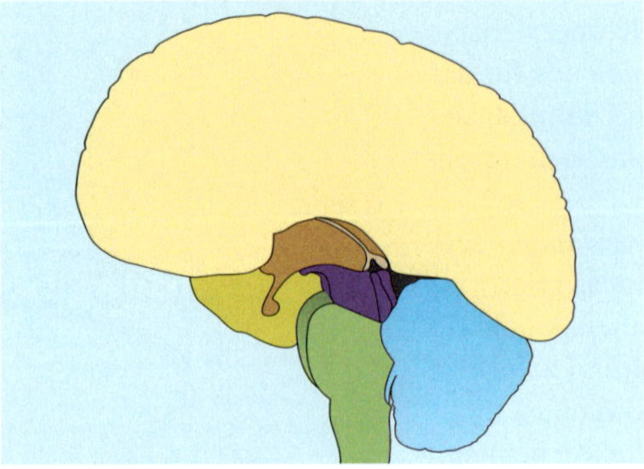

1 Das menschliche Gehirn (Schema)

c Erläutere kurz die Aufgaben von Großhirn und Kleinhirn.

2 Nervenzellen haben eine Vielzahl von Fortsätzen.

a Zeichne eine Nervenzelle und beschrifte sie.

b Benenne die Bestandteile, die alle tierischen Zellen haben. Welche Bestandteile sind typisch nur für Nervenzellen?

c Erläutere die Funktion einer Nervenzelle. Verwende dabei die Begriffe elektrisches Signal, Überträgerstoff und Synapse.

d Trage mit einem Rotstift den Weg der Erregung in deine Zeichnung ein.

3 Synapsen sind die Verbindungsstellen zwischen Sinnes- und Nervenzellen, Nervenzellen untereinander sowie zwischen Nervenzellen und Zellen der Erfolgsorgane.

a Erläutere die Funktion der Überträgerstoffe in Synapsen.

b Beschreibe, welche Folgen es hat, wenn die Überträgerstoffe blockiert werden (z. B. durch Drogen).

4 Das vegetative Nervensystem besteht aus den beiden Komponenten Sympathicus und Parasympathicus.

a Alle inneren Organe werden von diesen Teilsystemen versorgt. Welche Bedeutung hat das für die Funktion der inneren Organe?

b Atropin ist das Gift der Tollkirsche. Es bewirkt unter anderem eine starke Erweiterung der Pupillen sowie eine deutliche Erhöhung der Herzfrequenz, indem es eines der beiden Teilsysteme des vegetativen Nervensystems hemmt, bei hoher Dosierung sogar blockiert. Erläutere.

194-1

Die Farben zeigen dir, um welchen Aufgabentyp es sich handelt:
■ Sachverhalte wiedergeben ■ Dein Wissen anwenden ■ Komplexe Probleme lösen

Die Lösungen findest du im Anhang.

Schätze deine Kenntnisse und Fähigkeiten ein.

Aufgabe	Lerngebiet/Fähigkeit	Lösungshilfe	Auswertung
1	Ich kann erklären, wie das Gehirn aufgebaut und strukturiert ist.	174 f.	Ordne dazu deiner Lösung im Heft ein Smiley zu:
2	Ich kann eine biologische Zeichnung anfertigen und Kenntnisse über den Bau tierischer Zellen auf Nervenzellen anwenden. Ich kann den Weg der Erregung in eine Nervenzelle einzeichnen.	172	☺ Ich konnte die Aufgabe richtig lösen.
3	Ich kann die Funktion von Überträgerstoffen erklären und mein Wissen darüber anwenden.	173	😐 Ich konnte die Aufgabe nicht komplett lösen.
4	Ich verstehe die Funktionsweise des vegetativen Nervensystems und kann sie erklären.	178 f.	☹ Ich konnte die Aufgabe nicht lösen.

Stationen eines Lebens

Der Mensch hat wie alle Lebewesen eine begrenzte Lebensdauer und durchläuft Wachstums- und Alterungsprozesse. Die individuelle Entwicklung und die damit verbundenen Veränderungen innerhalb der Lebenszeit werden schon Kindern früh bewusst. Sie erleben das eigene Wachstum im Kindergarten oder wenn jüngere Geschwister zur Welt kommen. Später, in der Pubertät, verändert sich nicht nur der Körper. Liebe und Partnerschaft stehen im Vordergrund, die eigene Sexualität wird entdeckt. Im Erwachsenenalter entstehen dauerhafte Partnerschaften und vielleicht der Wunsch, selbst Kinder zu haben. Zunehmend werden auch das Altern und die Sorge um die Gesundheit wichtig.

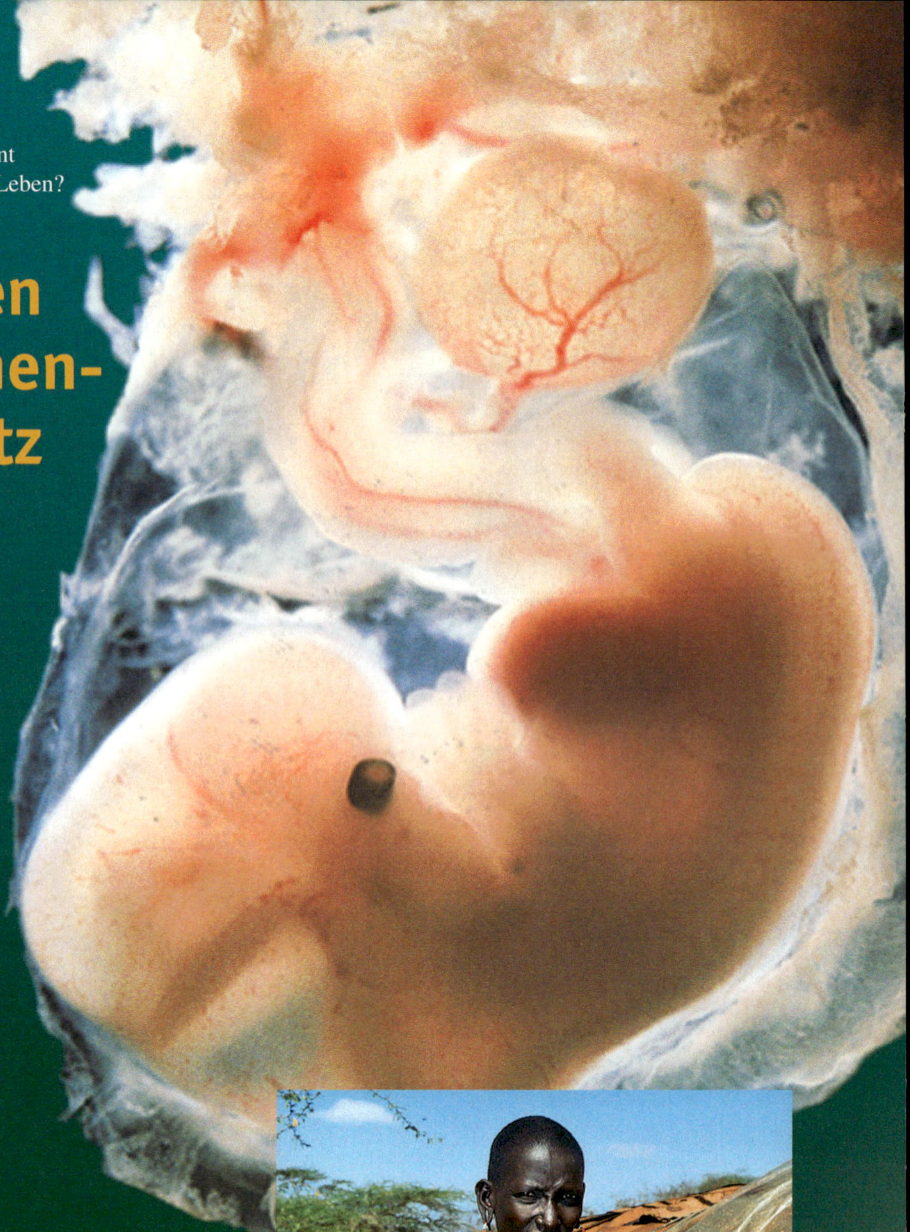

1 Wann beginnt menschliches Leben?

Embryonen und Embryonenschutz

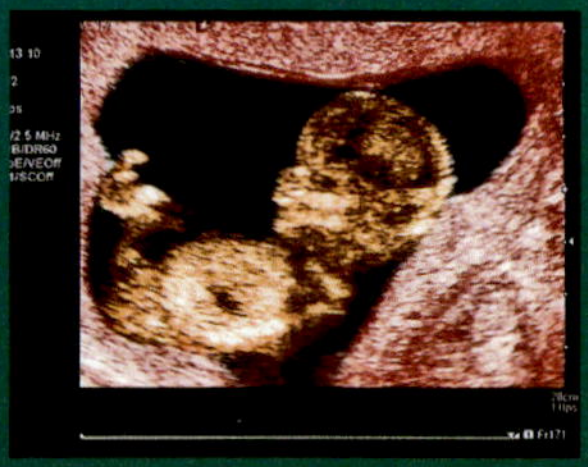

2 Welche Vorteile und Risiken birgt die Pränataldiagnostik?

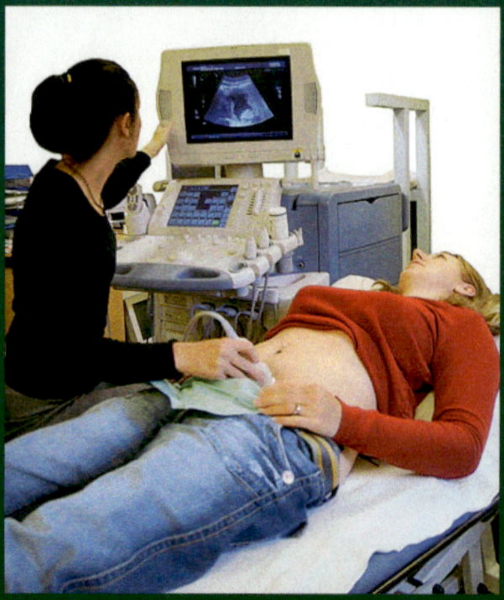

3 Schwangerschaft – eine ganz natürliche Sache?

Aspekte

Das Leben beginnt mit einer einzelnen Zelle: der befruchteten Eizelle. Aus ihr entwickelt sich ein Mensch, der zu einem Kind heranwächst.
Das Wunder des Lebens wurde von den Wissenschaftlern genauestens untersucht. Inzwischen versteht man sehr gut, welche Vorgänge bei der Befruchtung und der Entwicklung im Mutterleib ablaufen. Daher gibt es mittlerweile auch die Möglichkeiten der künstlichen Befruchtung, der Veränderung von embryonalen Zellen und der pränatalen Diagnostik. Nicht alle Errungenschaften der modernen Forschung sind ethisch unbedenklich. Daher gibt es in Deutschland seit 1990 das Embryonenschutzgesetz.

4 Eine Schwangerschaft kann eintreten, wenn Spermien auf eine befruchtete Eizelle treffen. Was passiert im Körper der werdenden Mutter?

5 „Nach drei Jungs hätten wir jetzt gerne ein Mädchen."

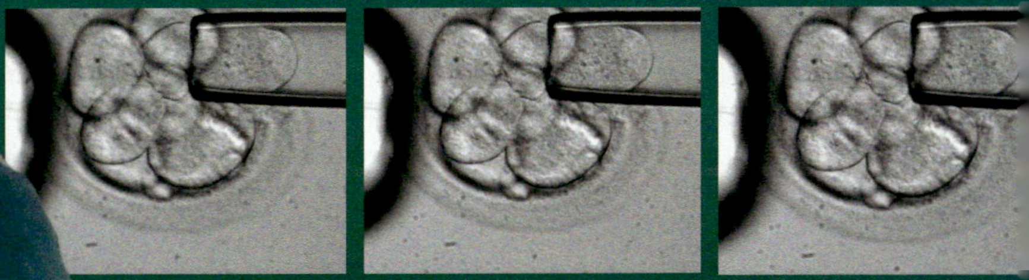

6 Was wird bei der Embryonenforschung gemacht? Welche ethischen Bedenken gibt es?

Voraussetzungen für ein neues Leben

Die Frage nach der Entstehung eines Menschen faszinierte die Welt schon lange, bevor die technischen Möglichkeiten zur Klärung dieser Frage entwickelt wurden.
Im 17. Jahrhundert glaubten Wissenschaftler, dass sich im Spermium ein kleiner Mensch befände, der im Mutterleib lediglich heranwüchse, bis er selbst lebensfähig ist. Heutzutage kennt man die Bedeutung beider Geschlechter für die Entstehung des Lebens.
Unter welchen Voraussetzungen entsteht ein neuer Mensch?

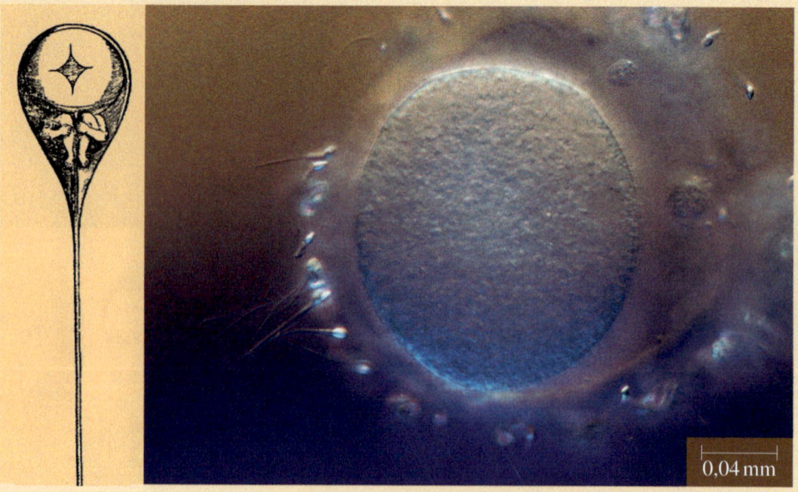

1 Zeichnung aus dem 17. Jahrhundert (links), Eizelle mit Spermien (rechts)

Beobachten Untersuchen Experimentieren

198-1

Bau und Funktion der Geschlechtsorgane
Hier kannst du dein Vorwissen über männliche und weibliche Geschlechtsorgane und die Reifung befruchtungsfähiger Keimzellen wiederholen und vertiefen.

1 Ordne den abgebildeten Strukturen in den Abbildungen 2 und 3 die Funktionen auf den Kärtchen zu.

Reifung der Spermien

Männliche Keimdrüsen, Spermienbildung

Schutz der inneren Geschlechtsorgane

Enthalten Follikel, in denen Eizellen heranreifen

Absonderung einer Flüssigkeit, die die Beweglichkeit der Spermien erhöht

Ort der Einnistung

Schützt und wärmt die Hoden

Produktion von Östrogenen und Gestagenen

Bildung des Hormons Testosteron

Speicherung der Spermien

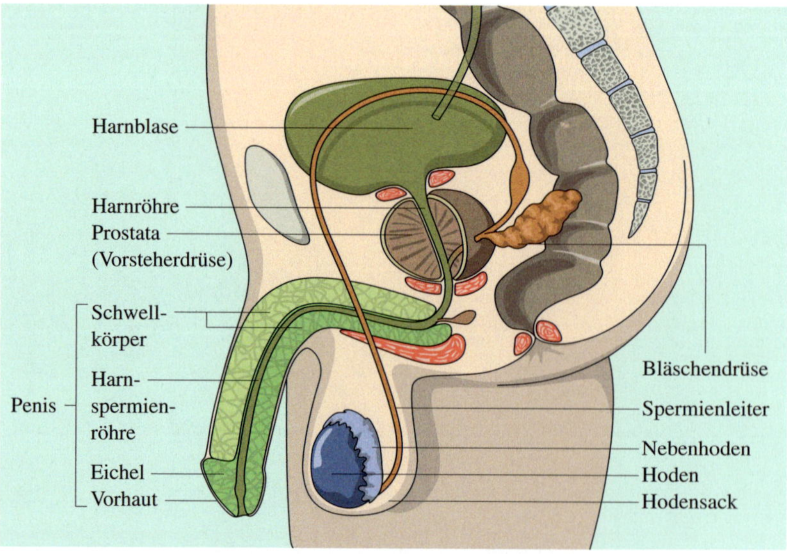

2 Überblick über Bau und Lage der männlichen Geschlechtsorgane

2 Schlage auch die Funktionen der anderen Bestandteile der Geschlechtsorgane im Lexikon nach.
3 Vergleiche die Funktionen der weiblichen und männlichen Geschlechtsorgane.
4 Formuliere Hypothesen, weshalb die weiblichen Geschlechtsorgane im Gegensatz zu den männlichen weiter innen im Körper liegen.

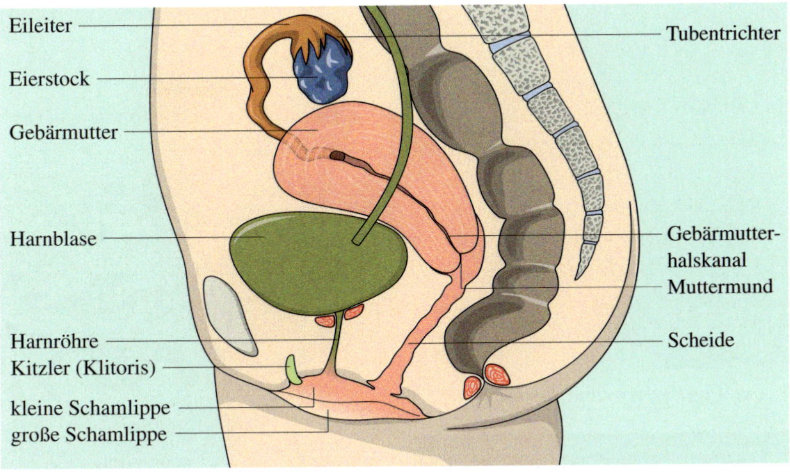

3 Überblick über Bau und Lage der weiblichen Geschlechtsorgane

Keimzellen des Menschen

Bau und Bildung der Spermien Unter der Wirkung des Hormons Testosteron, das mit Beginn der Pubertät in steigender Konzentration gebildet wird, beginnen die Spermien heranzureifen. Aus Vorstadien der Spermien, die sich in den vielfach gewundenen Hodenkanälchen befinden, bilden sich durch Zellteilungen reife Spermien, ↑S.276 die in den Nebenhoden gespeichert werden und dort ihre endgültige Gestalt einnehmen. Ein Mann kann bis ins hohe Alter befruchtungsfähige Spermien bilden, täglich bis zu 500 Millionen. Jedes Spermium benötigt etwa 64 Tage, um zu reifen. Die ideale Temperatur für die Reifung beträgt 29 °C. Diese Temperatur ist im Hodensack vorhanden und kann durch Zusammenziehen oder Ausdehnen der Muskulatur reguliert werden.

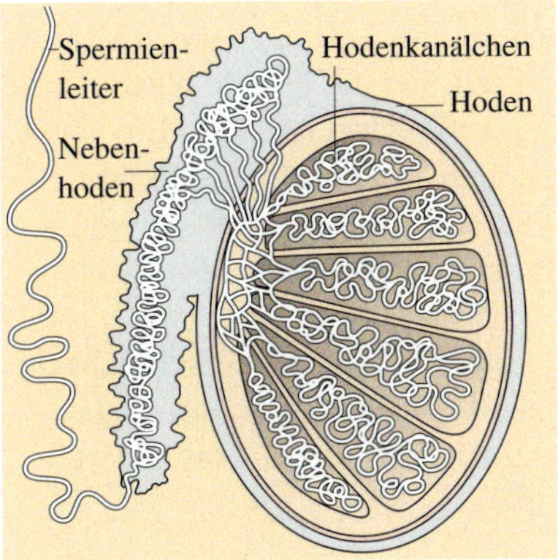

4 Hoden und Nebenhoden

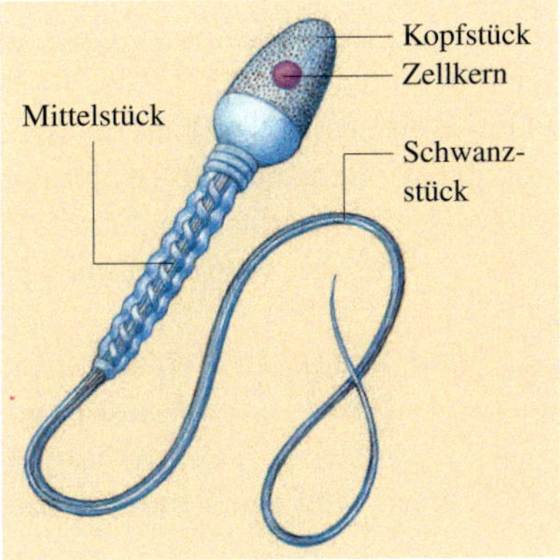

5 Bau eines Spermiums

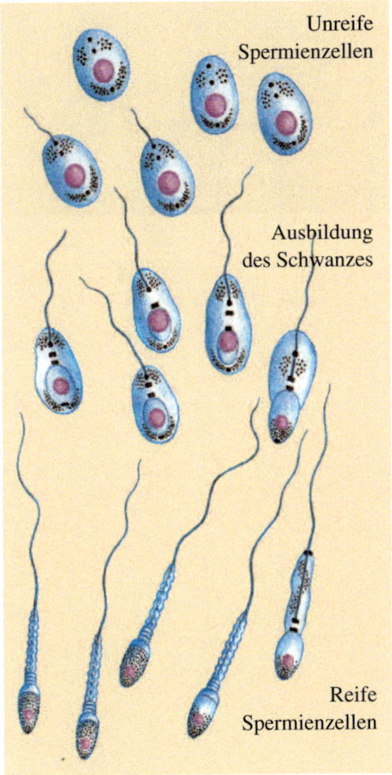

6 Bildung der Spermien

Arbeitsaufträge

1 Beschreibe den Bau eines Spermiums. Schließe vom Bau auf die Funktion der Teile.

2 Beschreibe die Bildung und Reifung der Spermien.

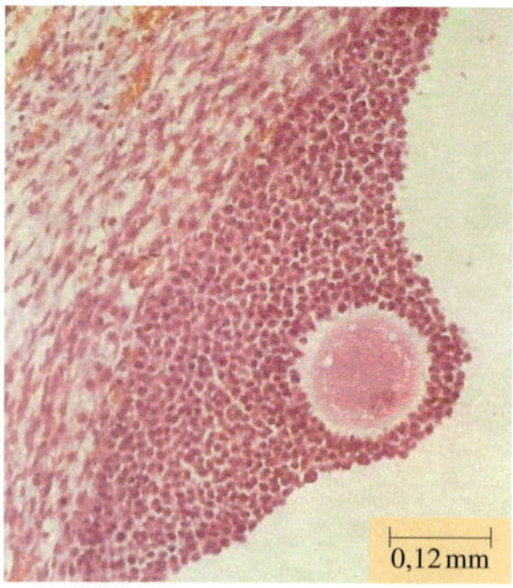

1 Eizelle kurz vor dem Eisprung

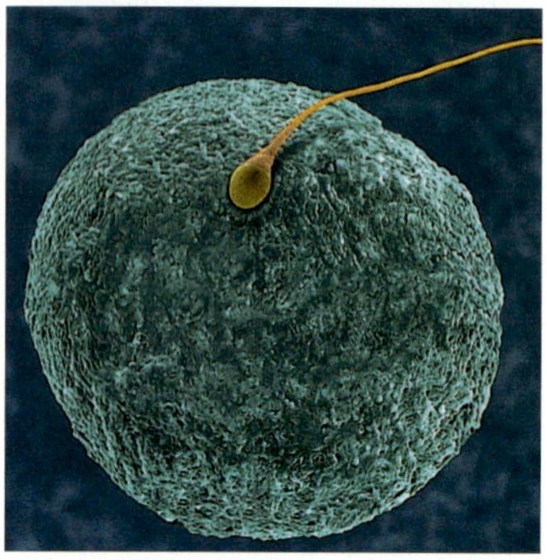

3 Spermium und Eizelle im Größenvergleich. Der Durchmesser der Eizelle beträgt etwa 0,15 mm.

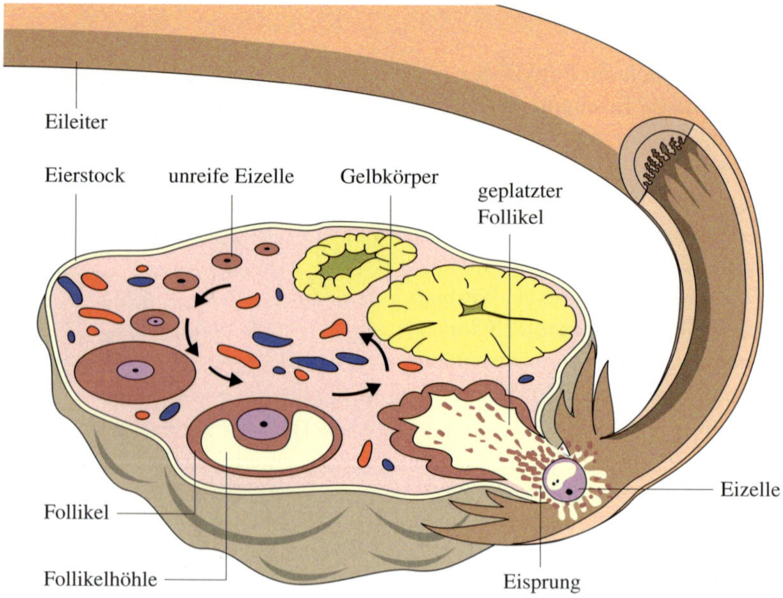

2 Reifung einer Eizelle bis zum Eisprung

Bildung und Reifung der Eizellen Die Entwicklung und Reifung der Eizellen erfolgt in zwei zeitlich getrennten Abschnitten: während der vorgeburtlichen Entwicklung eines Mädchens und nach der Pubertät. Bereits in einem frühen Embryonalstadium entstehen durch Zellteilungen in jedem Eierstock eines Mädchens etwa 300 000 unreife Eizellen. Diese sind jeweils von Hüllzellen umgeben, mit denen sie zusammen als Follikel bezeichnet werden.

Mit Beginn der Pubertät reift monatlich eine einzige Eizelle in einem der beiden Eierstöcke heran. Dabei teilen sich die Hüllzellen des Follikels und ordnen sich in mehreren Schichten so um die Eizelle an, dass im Innern des Follikels eine Follikelhöhle entsteht. Sie ist mit Follikelflüssigkeit gefüllt. ↑2

Ist die Eizelle reif, kommt es zum Ei- bzw. Follikelsprung. Dabei platzt der Follikel an der Oberfläche des Eierstocks auf und die Eizelle wird mit der Flüssigkeit des Follikels in den Eileiter gespült. Dort kann die Eizelle befruchtet werden. Der Follikel entwickelt sich weiter zum Gelbkörper. Er bildet Hormone, die den Körper auf eine Schwangerschaft vorbereiten. Etwa vom 12. bis zum 50. Lebensjahr einer Frau reifen ca. 400 Eizellen.

Kurz und knapp **In den männlichen und weiblichen Geschlechtsorganen reifen die Keimzellen unter dem Einfluss von Hormonen in unterschiedlicher Geschwindigkeit und Anzahl heran. Erst die reifen Keimzellen sind auch befruchtungsfähig.**

Arbeitsaufträge

1 Beschreibe die Bildung und Reifung einer Eizelle mit eigenen Worten.

2 Vergleiche Eizelle und Spermium. Nenne Gemeinsamkeiten und Unterschiede.

Befruchtung – der Beginn eines neuen Lebens

Beim Geschlechtsverkehr gelangen Spermien des Mannes in die Scheide der Frau. Eine Befruchtung und Schwangerschaft sind mögliche Folgen.

Befruchtung Spermien wandern innerhalb weniger Stunden über die Gebärmutter in die Eileiter. Treffen sie dort auf eine Eizelle, dringen einige von ihnen in die Schutzhüllen ein. ↑5 Bei der Befruchtung vereinigt sich jedoch stets nur ein Spermium mit der Eizelle: Sobald es einem Spermium gelungen ist, einzudringen, verändert sich die Zellmembran der Eizelle und verhindert damit, dass weitere Spermienzellen hineingelangen.
Anschließend verschmilzt der Zellkern des Spermiums mit dem Zellkern der Eizelle. Damit ist die Befruchtung abgeschlossen: Es hat sich eine befruchtete Eizelle (Zygote) gebildet, die das Erbgut beider Elternteile in sich trägt. Aus ihr kann sich ein neuer Mensch entwickeln.
Nach dem Eisprung, der meist in der Mitte des weiblichen Zyklus stattfindet, ist eine Eizelle nur etwa 24 Stunden lebensfähig. Spermien können in den weiblichen Geschlechtsorganen 4 bis 5 Tage überleben. Die Tage vor und der Tag nach dem Eisprung sind daher die fruchtbarsten Tage im weiblichen Zyklus. Die Wahrscheinlichkeit, dass Geschlechtsverkehr zu einer Befruchtung und damit zu einer Schwangerschaft führt, ist in dieser Zeit besonders hoch.
Gerade bei jungen Mädchen kann der Zeitpunkt des Eisprungs stark schwanken, weshalb die fruchtbaren Tage nicht so einfach vorauszusagen sind.

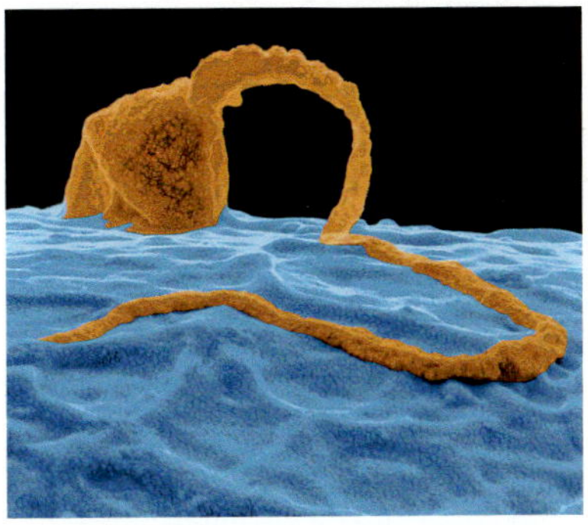

4 Nur ein Spermium kann die Eizelle befruchten (elektronenmikroskopische Aufnahme; 2000-fache Vergrößerung).

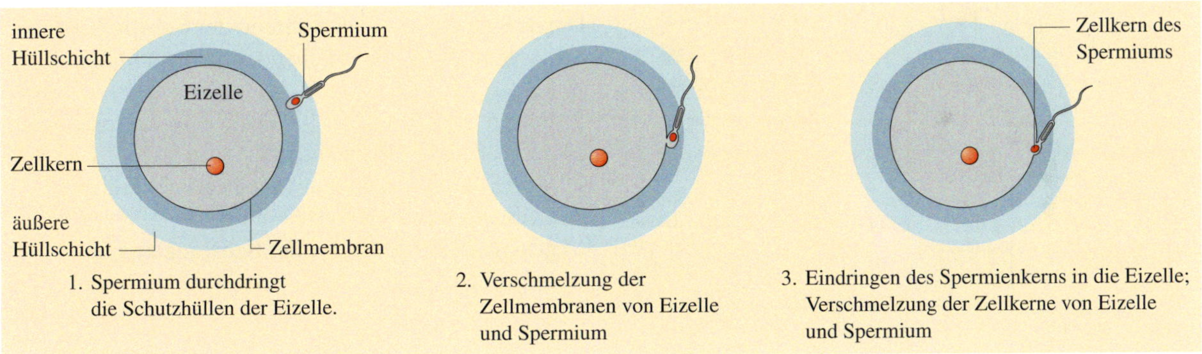

5 Vorgang der Befruchtung (schematisch)

Arbeitsaufträge

1 Beschreibe den Vorgang der Befruchtung einer Eizelle.

2 Erläutere, an welchen Tagen eine Befruchtung möglich ist.

3 Carolin hatte eine Woche, bevor sie ihre Tage erwartete, ungeschützten Geschlechtsverkehr mit ihrem Freund. Nun hat sie Angst, dass sie schwanger geworden sein könnte. Im Biologiebuch entdeckt sie die Abbildung eines Zyklus. ↑6 Ist ihre Angst berechtigt?

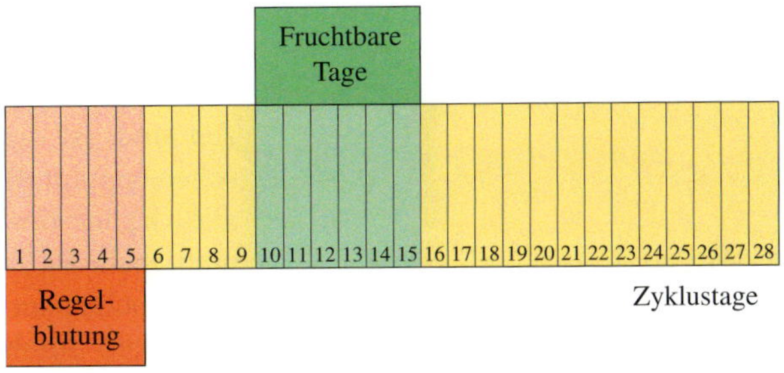

6 Rechnerisch fruchtbare Tage bei einem 28-Tage-Zyklus

Von der befruchteten Eizelle bis zur Geburt

Mit großem Aufwand versucht die Forschung eines der größten Rätsel des Lebens zu lösen: die Entstehung eines Menschen. Moderne Untersuchungsmethoden machen es möglich, die Entwicklung ungeborenen Lebens im Mutterleib zu beobachten und dabei zu neuen Erkenntnissen zu gelangen. Wie entwickelt sich das Kind im Lauf der Schwangerschaft? Was passiert bei der Geburt?

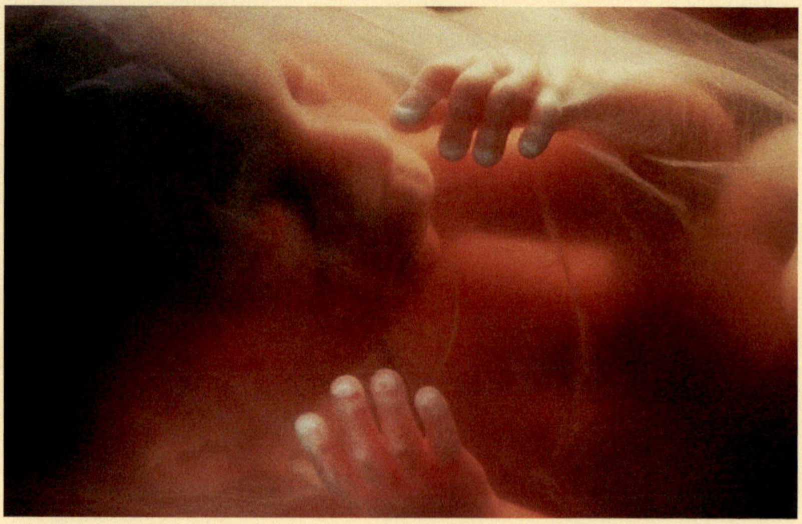

1 19 Wochen alter Fetus

Beobachten Untersuchen Experimentieren

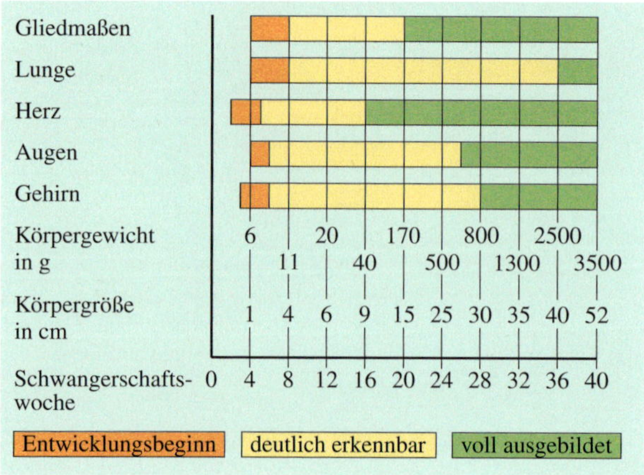

2 Entwicklung des ungeborenen Kindes

Das Kind entwickelt sich

Durch Untersuchungen während der Schwangerschaft gelangte man zu nebenstehenden Erkenntnissen. ↑2

1 Fertige mithilfe der angegebenen Werte für die Körpergröße eine Wachstumskurve an.
2 Werte die Übersicht zur Organentwicklung aus.
3 Leite aus deinen Ergebnissen eine Maßnahme zur gesunden Lebensweise der Schwangeren ab. Begründe.

Vorgeburtliche Entwicklung

202-1

Sobald die Zellkerne von Spermium und Eizelle miteinander verschmolzen sind, ist die Eizelle befruchtet. Die Entwicklung eines neuen Menschen beginnt. Bereits am Ende der zwölften Schwangerschaftswoche sind alle Organe des Kindes angelegt. Das sich entwickelnde Kind wird nun nicht mehr als Embryo, sondern als Fetus bezeichnet. Die noch verbleibenden Wochen der insgesamt neun Monate dauernden Schwangerschaft sind vor allem durch Wachstum und Reifung der einzelnen Organe gekennzeichnet.

Der Keim nistet sich ein Bereits während des Transports im Eileiter beginnt sich die Eizelle zu teilen. Aus der befruchteten Eizelle werden erst 2, dann 4, 8, 16 usw. Zellen, bis sich ein kugeliger Zellhaufen gebildet hat. Man nennt ihn Keim. Er nistet sich etwa 6 Tage nach der Befruchtung in die Gebärmutterschleimhaut ein. ↑3 Mit der Einnistung des Keims in die Gebärmutterschleimhaut beginnt die Schwangerschaft einer Frau. Das nun gebildete Schwangerschaftshormon hCG (humanes Choriongonadotropin) sorgt dafür, dass der Gelbkörper bestehen bleibt und weiterhin das Hormon Progesteron bildet. Dadurch wird der Abbau der Gebärmutterschleimhaut verhindert. Die Regelblutung bleibt also aus.

Entwicklung des Embryos Durch weitere Zellteilungen ist aus der beerenähnlichen Zellkugel eine Hohlkugel (Blastozyste) entstanden. ↑3 An einer Stelle der Hohlkugel bildet sich eine Ansammlung von Zellen, aus der im weiteren Verlauf der Embryo hervorgeht. Ein Teil der übrigen Zellen bildet später die mit Fruchtwasser gefüllte Fruchtblase aus, in der sich der Embryo geschützt entwickeln kann. Der andere Teil wächst mit feinen Ausstülpungen in die Gebärmutterschleimhaut hinein und bildet zusammen mit der Schleimhaut den Mutterkuchen, die Plazenta. Diese versorgt über die Nabelschnur das sich entwickelnde Kind mit allen lebensnotwendigen Stoffen und entsorgt seine Abbauprodukte.

Basiskonzept

Fortpflanzung und Vererbung ↑S.317
Lebewesen pflanzen sich fort. Dabei werden Erbinformationen weitergegeben. In der befruchteten Eizelle kommen Erbinformationen von der Mutter und vom Vater zusammen. Aus ihr entwickelt sich ein neuer Organismus.
Bei der ungeschlechtlichen Fortpflanzung stammen die Erbinformationen der Nachkommen nur von einem Elternorganismus.

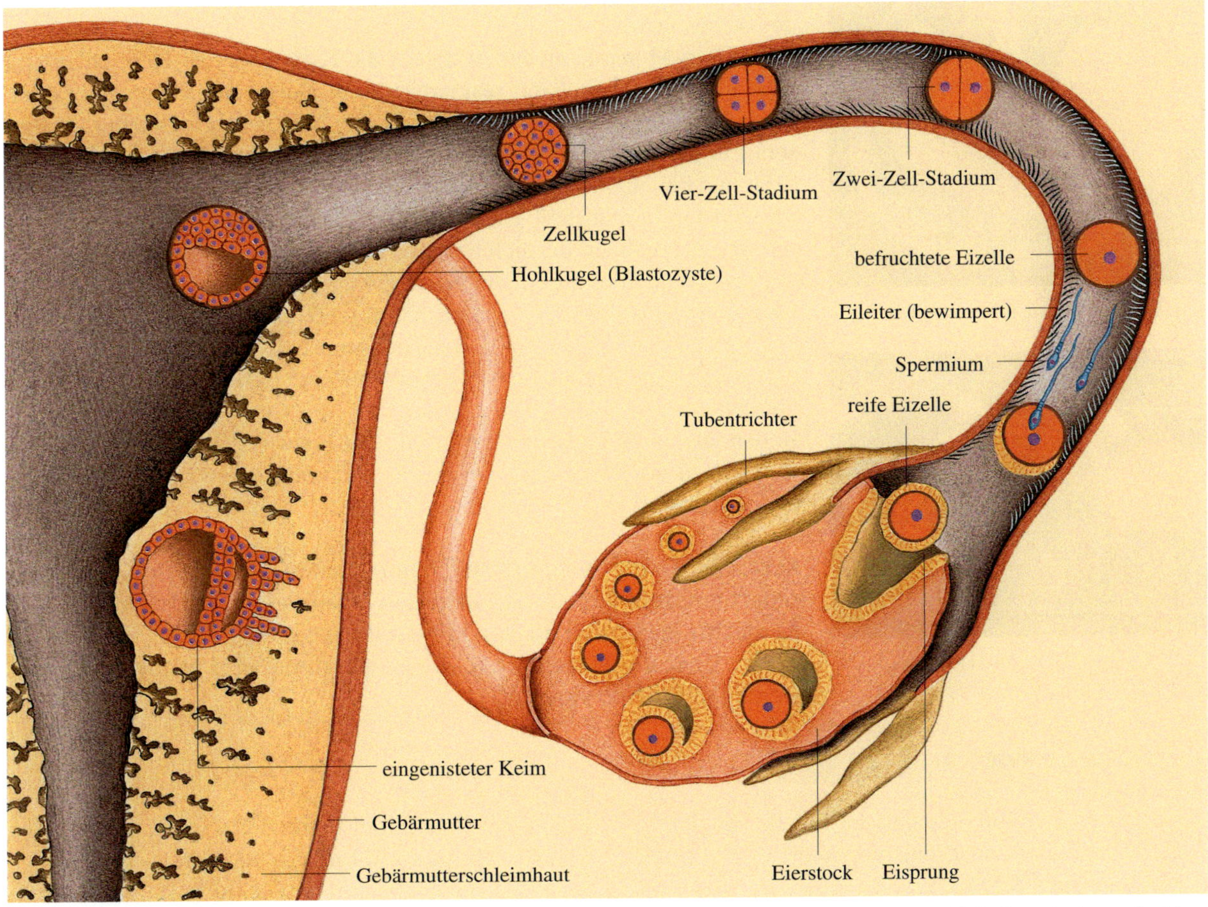

3 Weg einer Eizelle vom Eisprung über die Befruchtung bis zur Einnistung in die Gebärmutterschleimhaut (schematisch)

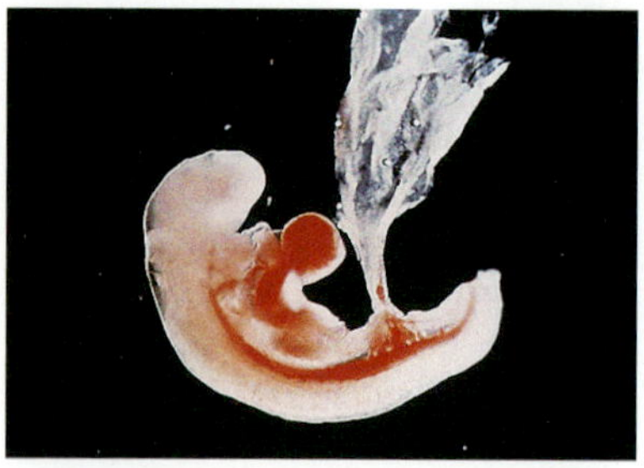
1 4 Wochen alter Embryo (0,5 cm)

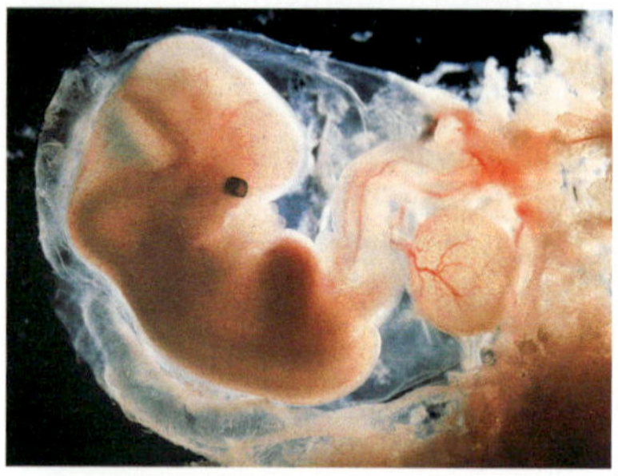
2 6 Wochen alter Embryo (2 cm)

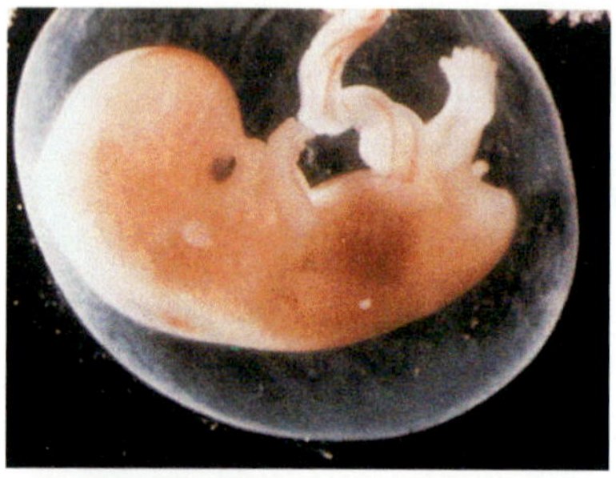
3 8 Wochen alter Embryo (4 cm)

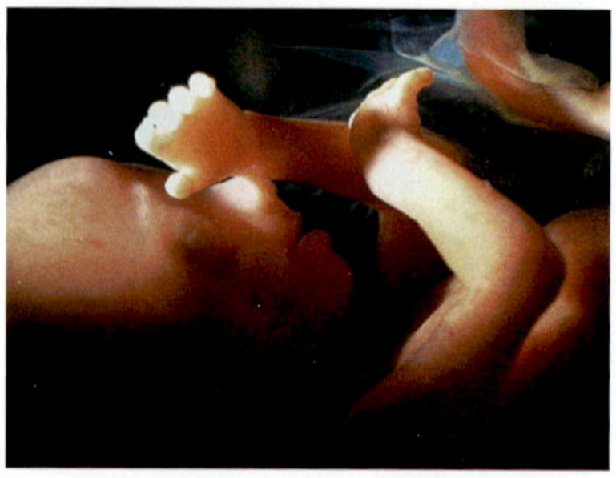
4 15 Wochen alter Fetus (10 cm)

In den ersten zwölf Wochen entwickelt sich der Embryo besonders rasch. Es bilden sich die Wirbelsäule sowie Anlagen für Kopf, Rumpf, Arme, Beine, Finger und Zehen. Alle größeren Organe und Organsysteme werden nun angelegt. Als erstes Organ hat sich das anfangs noch ungekammerte Herz gebildet, das jetzt schon anfängt zu arbeiten. ↑2 Es schlägt etwa 140- bis 150-mal in der Minute. Auch das entstehende Gehirn verarbeitet erste Impulse.
In der Zeit der Organentwicklung ist der Embryo für schädigende Umwelteinflüsse besonders anfällig, zum Beispiel für Umweltgifte, aber auch für Medikamente und Drogen. Die Mutter kann daher durch ihre Lebensweise viel zur gesunden Entwicklung des Kindes beitragen.
Am Ende der zwölften Woche haben Körperform und Gesicht menschliche Züge angenommen. Der Embryo ist jetzt etwa 6 cm groß und alle Organe sind bereits vorhanden. Sie müssen nur noch reifen und sich ausformen.

Entwicklung des Fetus Ab der dreizehnten Woche, also dem vierten Schwangerschaftsmonat, wird das Kind nicht mehr Embryo, sondern Fetus genannt. Er ist am Ende des vierten Monats etwa 15 cm groß und sieht bereits wie ein winziger Mensch aus. ↑4 Arme und Beine sind voll ausgebildet, auch Finger- und Zehennägel sind vorhanden. Muskeln und Skelett entwickeln sich rasch. Manche Frauen können erste Bewegungen des Kindes bereits spüren.
Im fünften Monat kann der Arzt oder die Hebamme den Herzschlag von außen abhören. Das Kind reagiert nun auf akustische Reize. Bei lauten Geräuschen schrickt es zusammen und sein Herz schlägt schneller. Zu diesem Zeitpunkt sind außerdem die äußeren Geschlechtsorgane gut entwickelt und bei einer Ultraschalluntersuchung sichtbar.
Im sechsten Monat stellt sich ein Rhythmus von Schlaf- und Wachphasen ein. Die Augenlider, die sich bereits in der zehnten Schwangerschaftswoche schützend über die Augen gelegt haben, öffnen sich.
Im siebten Monat ist der Fetus ca. 35 cm groß und wiegt etwa 1300 g. Seine Organe, vor allem seine Lunge und sein Nervensystem, sind so weit entwickelt, dass er bei intensiver medizinischer Betreuung als Frühgeburt überleben könnte.
In den letzten beiden Monaten nimmt der Fetus vor allem an Größe und Gewicht zu. Am Ende der Schwangerschaft wiegt er etwa 2 800 bis 4 000 g und ist circa 50 bis 52 cm groß.

Kurz und knapp **Während der neun Monate dauernden Schwangerschaft entsteht aus der befruchteten Eizelle ein geburtsfähiges Kind. Es wächst geschützt in der mit Fruchtwasser gefüllten Fruchtblase heran. Über die Plazenta und die Nabelschnur wird es mit allen notwendigen Stoffen versorgt.**

Arbeitsaufträge

1 Beschreibe die Entwicklung der Eizelle von der Befruchtung bis zur Einnistung in die Gebärmutterschleimhaut. ↑S.203/3

2 Erstelle eine Zeitleiste mit den wichtigsten Entwicklungsschritten von Embryo und Fetus.

3 Vergleiche die beiden Entwicklungsstadien. ↑2 und 3 Welche Veränderungen erkennst du?

Geburt

Gegen Ende der Schwangerschaft nimmt das Kind meist eine für die Geburt günstige Körperhaltung ein. Arme und Beine sind eng an den Körper angelegt, der Kopf zeigt nach unten und das Gesicht ist dem Rücken der Mutter zugewandt.

Die Geburt kündigt sich an Die Geburt beginnt mit dem Einsetzen der Wehen, die mit unterschiedlich starken, krampfartigen Schmerzen im Unterleib verbunden sind. Von Wehen spricht man, wenn sich die Muskulatur der Gebärmutter in immer kürzer werdenden Abständen regelmäßig zusammenzieht. Durch sie wird der Geburtsweg erweitert.

Ablauf der Geburt Bei der Geburt unterscheidet man drei aufeinanderfolgende und mit Wehen verbundene Phasen:
In der Eröffnungsphase, in der die Wehen noch unregelmäßig und in relativ großen Abständen auftreten, weitet sich der Gebärmuttermund. Durch den Druck der stärker werdenden Wehen zerreißt die Fruchtblase und Fruchtwasser fließt aus. ↑5a, b
Wenn der Muttermund ganz geöffnet ist, beginnt die Austreibungsphase. Starke Wehen in kurzen Abständen drücken das Kind durch die Beckenöffnung und schließlich durch die Scheide nach außen. ↑5c, d Die Mutter kann diese Wehen durch Pressen unterstützen. Der schwierigste Teil ist die Geburt des Kopfes. Die Knochen des kindlichen Schädeldachs sind jedoch noch nicht fest verwachsen, sodass sie während der Geburt nachgeben können. Der Rest des Körpers wird oft in einer einzigen Wehe geboren. Da der Kontakt zwischen Mutter und Kind besonders wichtig ist, wird das Neugeborene dann erst einmal zur Mutter gelegt, warm zugedeckt und gestillt. Dann wird die Nabelschnur an zwei Stellen abgeklemmt und dazwischen durchtrennt.
In der letzten Phase der Geburt, der Nachgeburtsphase, treten ebenfalls Wehen auf. Sie führen dazu, dass sich die Plazenta von der Gebärmutterwand löst und mit der Fruchtblase und dem Rest der Nabelschnur als Nachgeburt ausgestoßen wird. ↑5e In der Zwischenzeit untersucht die Hebamme das Kind auf Missbildungen und Verletzungen, wiegt und misst es und überprüft seinen Allgemeinzustand.
Mit dem Ausstoßen der Plazenta ist der Geburtsvorgang beendet. Das Kind atmet nun selbstständig; es ist vom Blutkreislauf der Mutter unabhängig. Der gesamte Geburtsvorgang dauert bei Erstgebärenden zwischen 8 und 16 Stunden.

Kurz und knapp **Die Geburt beginnt mit dem Einsetzen der Wehen. Sie wird in drei Phasen gegliedert: Eröffnungs-, Austreibungs- und Nachgeburtsphase. Bei der Geburt wird das Kind aus dem Körper der Mutter herausgepresst.**

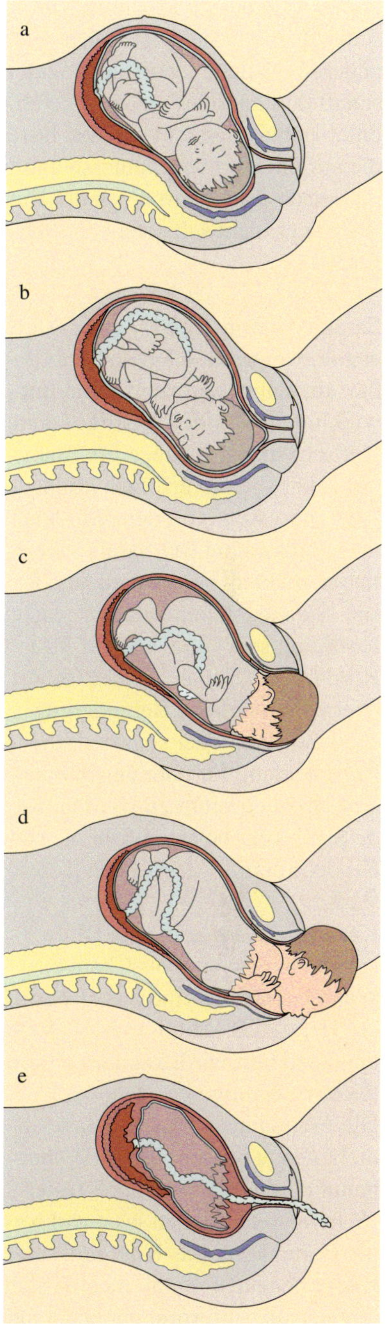

5 Ablauf einer Geburt

Arbeitsaufträge

1 Beschreibe den Geburtsvorgang in seinen drei Phasen. ↑5

2 Erkundige dich, wie groß und schwer du bei deiner Geburt warst.

Methode

Bewerten, abwägen und entscheiden: Vorgeburtliche Untersuchungen

Sarah besucht ihre Freundin Katrin. Strahlend berichtet sie, dass sie schwanger ist. Sie zeigt Katrin auch ihren Mutterpass. Darin steht unter anderem, welche Untersuchungen in der Regel während der Schwangerschaft durchgeführt werden. Sarah will aber die vorgesehenen Ultraschalluntersuchungen nicht machen lassen. Katrin ist entsetzt: Sie kennt Eltern, die auf die Ultraschalluntersuchungen verzichtet haben und deren Kind kurz nach der Geburt an einem Herzfehler gestorben ist.
Müsste es nicht selbstverständlich sein, diese Untersuchungen durchzuführen?

Sarah ist verunsichert: Sicher wäre es toll, wenn sie schon vor der Geburt ihr Baby sehen und seine Entwicklung in ihrem Körper auf dem Bildschirm – sozusagen im „Babyfernsehen“ – mitverfolgen könnte. Aber was, wenn mit dem Kind nicht alles in Ordnung ist? Sarah wäre es lieber, nicht alles so genau zu wissen. Sie möchte einfach nur „guter Hoffnung sein“ und sich auf ihr Kind freuen. Schon vor der Geburt über eine mögliche Behinderung nachzudenken oder sogar vor die Entscheidung für oder gegen eine Abtreibung gestellt zu werden, würde Sarah sehr belasten. Die meisten Kinder kommen doch gesund zur Welt.
Katrin sieht dagegen eine Ultraschalluntersuchung als Chance: Wenn bei einem Kind zum Beispiel ein Herzfehler schon im Mutterleib diagnostiziert wird, kann ihm vielleicht frühzeitig geholfen werden. Die Freundinnen merken, dass sie nicht genau wissen, was sich überhaupt durch vorgeburtliche Untersuchungen feststellen lässt und was die Befunde für das Kind und seine Eltern bedeuten. Sarah möchte sich nun genauer informieren, bevor sie die angebotenen Untersuchungen durchführen lässt.

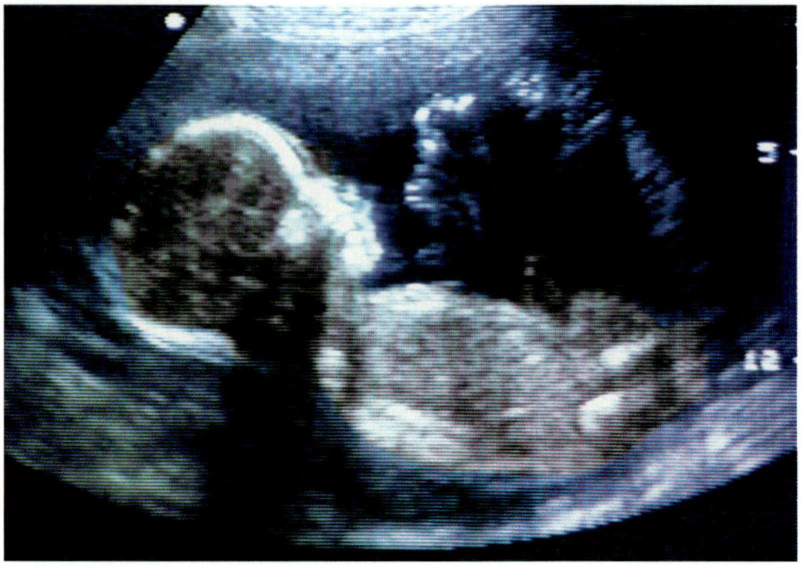

1 „Babyfernsehen“ oder Qualitätsprüfung? – Ultraschallbild eines Fetus im Mutterleib

Schwangerenvorsorge

Im Mutterpass sind regelmäßige Blut- und Urinuntersuchungen vorgesehen. Dabei werden der Hämoglobingehalt des Blutes und der Blutdruck der Schwangeren bestimmt. Nitrit, Zucker oder Eiweiße im Urin können auf Harnwegsinfektionen, Schwangerschaftsdiabetes oder Nierenprobleme hinweisen. Mögliche Auffälligkeiten werden frühzeitig festgestellt und können entsprechend behandelt werden. Außerdem ertasten Arzt oder Hebamme Lage und Größe des Kindes und beurteilen anhand seiner Herztöne, ob es ihm gut geht.

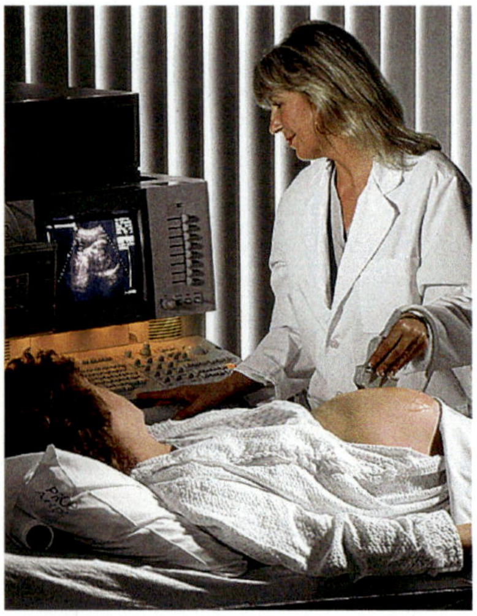

2 Ultraschalluntersuchung

Ultraschalluntersuchung

Durch die Ultraschalluntersuchungen lassen sich Lage, Größe, Entwicklungsstand und Geschlecht des Ungeborenen feststellen, aber auch Missbildungen oder bestimmte Auffälligkeiten. Eine verdickte Nackenfalte beispielsweise kann auf Chromosomenstörungen hinweisen. Jedoch sind die Ergebnisse der Ultraschalldiagnostik nicht immer zuverlässig.
Erst wenn ein auffälliger Befund vorliegt, würde der Arzt Sarah weitergehende, in der Regel invasive Untersuchungen vorschlagen. Bei diesen Methoden ist ein Eingriff in den Körper der Frau nötig und es besteht auch ein gewisses Risiko einer Fehlgeburt.

Fruchtwasseruntersuchung (Amniozentese)

Diese Untersuchung kann in der 14. bis 20. Schwangerschaftswoche durchgeführt werden. Mit einer dünnen Nadel werden unter Ultraschallkontrolle durch die Bauchdecke der Frau hindurch etwa 20 ml Fruchtwasser aus der Gebärmutter entnommen. ↑3 Die darin enthaltenen Zellen des Fetus werden anschließend in einer Kulturflüssigkeit vermehrt. An ihnen lassen sich Zahl und Struktur der Chromosomen untersuchen und durch gezielte DNA-Analysen auch bestimmte erbliche Stoffwechselkrankheiten feststellen. Auf die Untersuchungsergebnisse muss man etwa zwei Wochen warten. Das Fehlgeburtsrisiko liegt bei 0,5 bis 1 Prozent. Das heißt: Lassen sich 200 Frauen untersuchen, kommt es bei ein bis zwei von ihnen zu einer Fehlgeburt.

Chorionzottenbiopsie

Eine Chorionzottenbiopsie kann schon relativ früh während der 10. bis 12. Schwangerschaftswoche stattfinden. Dabei werden embryonale Zellen aus der sich bildenden Plazenta entnommen. ↑3 Die Ergebnisse lassen ähnliche Aussagen zu wie die Fruchtwasseruntersuchung, liegen aber bereits nach 1 bis 8 Tagen vor. Das Risiko einer Fehlgeburt beträgt 0,5 bis 2 Prozent.

Nabelschnurpunktion

Ab der 16. Schwangerschaftswoche kann mit einer Nadel aus der Nabelschnur kindliches Blut entnommen werden. Die Blutuntersuchung gibt Auskunft über mögliche Infektionen oder Erbkrankheiten sowie eine Rhesusunverträglichkeit. Die Wartezeit beträgt 2 bis 4 Tage und das Fehlgeburtsrisiko liegt bei 1 bis 3 Prozent.

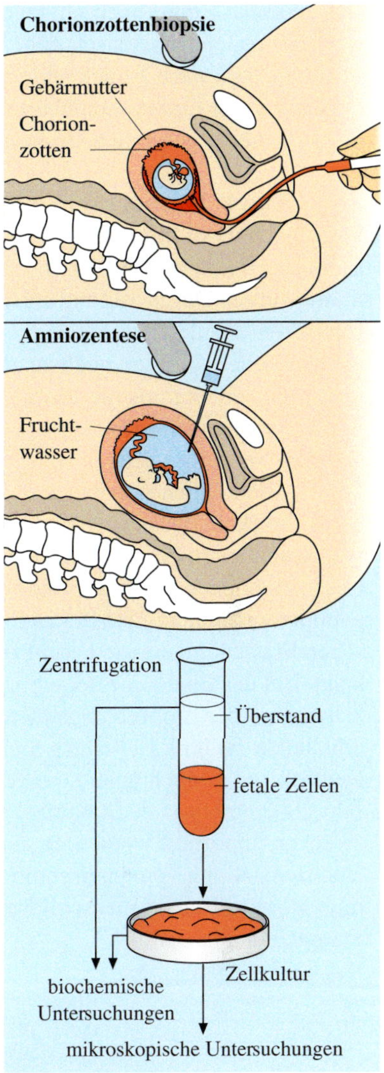

3 Invasive Methoden liefern fetale Zellen für genetische oder biochemische Untersuchungen.

1 Bereitet eine Diskussionsrunde zum Thema vor und führt diese durch.

a Bildet in der Klasse mehrere Pro- und Kontragruppen. Tragt jeweils die Argumente zusammen, die für bzw. gegen die verschiedenen vorgeburtlichen Untersuchungen sprechen.

b Wählt aus jeder Gruppe einen Vertreter oder eine Vertreterin aus, die an einer Diskussionsrunde in der Klasse teilnimmt.

c Wertet den Verlauf der Pro-und-Kontra-Diskussion gemeinsam aus.

2 Informiert euch über Risiken während der Schwangerschaft aufgrund von Infektionen, Medikamenten, Strahlung, Nikotin, Alkohol, anderen Drogen oder Rhesusunverträglichkeit.

Zur Diskussion Embryonenschutz

Das deutsche Embryonenschutzgesetz ist eines der strengsten der Welt, weshalb manche Wissenschaftler befürchten, im internationalen Forschungswettbewerb zurückzubleiben. Welche Möglichkeiten bietet die Forschung mit Embryonen überhaupt und warum ist die Arbeit mit ihnen in Deutschland gesetzlich so stark eingeschränkt?

Zu § 2 Abs. 1: Warum sind Embryonen für die Wissenschaft so interessant?

Embryonen liefern den Wissenschaftlern embryonale Stammzellen. Durch Teilung entstehen aus der befruchteten Eizelle zunächst 2, dann 4, 8,16 usw. erbgleiche Zellen, die sich noch zu allen Zelltypen des menschlichen Organismus ausbilden können, da die in ihnen enthaltene Erbinformation noch nicht wie bei späteren Spezialisierungen stellenweise blockiert ist. ↑S.270 Sie können sich daher zu sämtlichen Geweben entwickeln, weshalb sich die Forschung erhofft, von Krankheiten geschädigtes Gewebe nachwachsen lassen zu können. Zum Beispiel soll Nervengewebe gebildet werden, das zur Behandlung von neurologischen Erkrankungen wie Parkinson eingesetzt werden kann. Bei der Entnahme der embryonalen Stammzellen wird der Embryo abgetötet. Eine den Embryo erhaltende Technik ist bislang nicht bekannt. In Deutschland können unter strengen Auflagen seit dem Jahr 2002 embryonale Stammzellen zu Forschungszwecken importiert werden. In den USA ist bereits eine Behandlung von Querschnittsgelähmten genehmigt worden, die auf menschlichen embryonalen Stammzellen basiert.

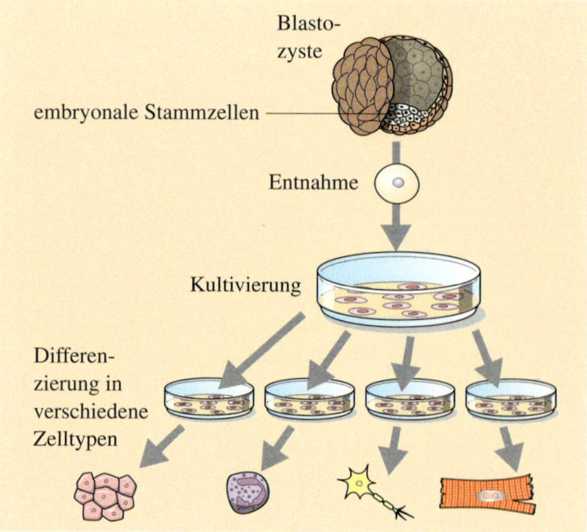

1 Gewinnung und Verwendung von embryonalen Stammzellen

Auszug aus dem Embryonenschutzgesetz vom 13. 12. 1990

§ 2 (1) *Missbräuchliche Verwendung menschlicher Embryonen*
Wer einen extrakorporal erzeugten [...] menschlichen Embryo veräußert oder zu einem nicht seiner Erhaltung dienenden Zweck abgibt, erwirbt oder verwendet, wird mit Freiheitsstrafe bis zu drei Jahren oder mit Geldstrafe bestraft.

§ 3 *Verbotene Geschlechterwahl*
Wer es unternimmt, eine menschliche Eizelle mit einer Samenzelle künstlich zu befruchten, die nach dem in ihr enthaltenen Geschlechtschromosom ausgewählt worden ist, wird mit Freiheitsstrafe bis zu einem Jahr oder mit Geldstrafe bestraft. Dies gilt nicht, wenn die Auswahl der Samenzelle durch einen Arzt dazu dient, das Kind vor [...] einer schwerwiegenden geschlechtsgebundenen Erbkrankheit zu bewahren. [...]

§ 5 *Künstliche Veränderung menschlicher Keimbahnzellen*
Wer die Erbinformation einer menschlichen Keimbahnzelle künstlich verändert, wird mit Freiheitsstrafe bis zu fünf Jahren oder mit Geldstrafe bestraft. Ebenso wird bestraft, wer eine menschliche Keimzelle mit künstlich veränderter Erbinformation zur Befruchtung verwendet.

§ 8 *Begriffsbestimmung*
Als Embryo im Sinne dieses Gesetzes gilt bereits die befruchtete, entwicklungsfähige menschliche Eizelle vom Zeitpunkt der Kernverschmelzung an, ferner jede einem Embryo entnommene totipotente Zelle, die sich bei Vorliegen der dafür erforderlichen weiteren Voraussetzungen zu teilen und zu einem Individuum zu entwickeln vermag.

Zu § 3: Das Verfahren der Präimplatationsdiagnostik (PID)
Unter PID versteht man ein Verfahren, mit dem Embryonen, die durch künstliche Befruchtung entstanden sind, auf mögliche Gendefekte hin untersucht werden. Bis zu 12 Eizellen werden aus den mit Hormonen stimulierten Eierstöcken entnommen und nach der Befruchtung auf genetisch bedingte Krankheiten untersucht. Anschließend werden nur die „gesunden" Embryonen in die Gebärmutter eingebracht und ausgetragen, während die übrigen verworfen oder, zum Beispiel in den USA, zu Forschungszwecken verwendet werden. Bei dieser Methode ist es theoretisch möglich, das Geschlecht und andere Eigenschaften des Embryos zu bestimmen. Nach einer PID eingepflanzte Embryonen weisen häufiger anfängliche Entwicklungsstörungen auf, auch eine erhöhte Fehlbildungsrate tritt auf. Die PID ist in Deutschland verboten, da sie nach Auffassung des Gesetzgebers die Tür zu einer vorgeburtlichen Auslese von Menschen öffne und den nicht gesunden Individuen das Lebensrecht abspreche.

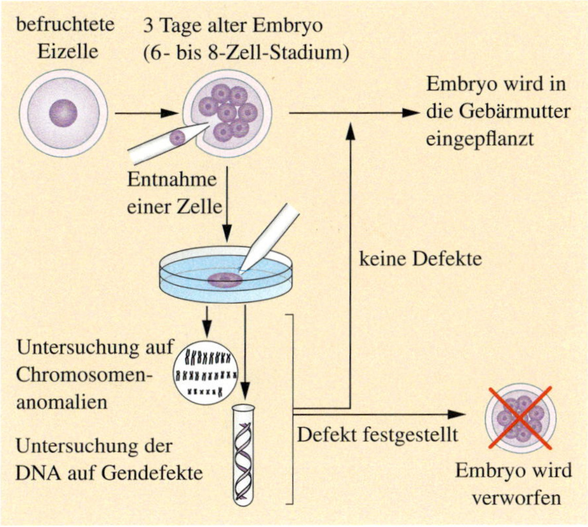

2 Schema zur PID

Zu § 5: Welche Eingriffe sind möglich?
Genetiker sind nicht nur in der Lage, einige der defekten Gene, die zu genetisch bedingten Krankheiten führen, zu erkennen. Sie kennen auch die Struktur der entsprechenden intakten Gene und verfügen über Verfahren, bei einfachen Organismen die beiden Gene gegeneinander auszutauschen. Da alle Zellen eines Individuums die gleichen Erbinformationen enthalten, entstand die Idee, defekte Gene direkt in den Keimzellen des Menschen auszutauschen. Diese sogenannte Keimbahntherapie konnte bislang noch nicht erfolgreich durchgeführt werden. Trotzdem ist sie in Deutschland, wie in vielen anderen Ländern auch, gesetzlich verboten.

Zu § 8: Wann beginnt menschliches Leben?
Es existieren unterschiedliche Meinungen über den Beginn des menschlichen Lebens. Im Judentum und im Islam beginnt es mit der Beseelung frühestens nach ca. 40 Tagen. Das Christentum und der Buddhismus setzen die Menschwerdung direkt nach der Befruchtung fest. Das Embryonenschutzgesetz hat sich ebenfalls auf den erstmöglichen Termin festgelegt, laut § 218 darf aber eine Abtreibung unter bestimmten Auflagen straffrei in den ersten 12 Wochen der Schwangerschaft erfolgen. ↑S.235

209-1

Arbeitsaufträge

1 In Deutschland fordern einige Wissenschaftler die Erlaubnis, embryonale Stammzellen zu gewinnen. Das Experimentieren mit adulten Stammzellen ist hierzulande erlaubt. Recherchiere die Möglichkeiten adulter Stammzellen und bewerte dann die Forderung der Wissenschaftler. ↑S.270

2 Präimplantationsdiagnostik ist in den meisten Ländern der EU erlaubt (z. B. in Frankreich, Spanien und England). In Deutschland bleibt den Paaren die pränatale Diagnostik mit möglicher Abtreibung. Diskutiere erstens, ob durch PID die Abtreibungsrate reduziert werden könnte, und zweitens, ob PID eine Diskriminierung behinderter Menschen bedeutet.

3 Zum Zeitpunkt der Menschwerdung gibt es unterschiedliche Thesen. Recherchiere im Internet zu folgenden Zeitpunkten die Begründungszusammenhänge und bewerte sie:
a) mit der Befruchtung,
b) mit der Einnistung,
c) mit der Funktionsfähigkeit des Gehirns,
d) mit der Geburt.

4 Im Gegensatz zur PID ist die Keimbahntherapie in vielen Ländern verboten. Nenne mögliche Gründe.

Vom Säugling zum Kleinkind

Sabrina sitzt gerade bei den Hausaufgaben. Da beginnt ihre kleine Schwester zu weinen. Schon wieder! Sabrina fühlt sich ganz schön genervt. Was hat die Kleine denn nur? Sind die Windeln nass? Hat sie Hunger? Tut ihr irgendetwas weh? Wenn sie doch nur reden könnte!
Sabrinas Mutter kommt und legt den Säugling an die Brust. Sofort beginnt er zu saugen. Nun ist er still und zufrieden.
Wie „fertig" ist ein Kind, wenn es geboren wird? Wie entwickelt es sich in den ersten Lebensjahren?

1 Der Säugling wird gestillt.

Beobachten Untersuchen Experimentieren

„Meilensteine" der Entwicklung
Abbildung 2 verdeutlicht durch Farbstreifen das durchschnittliche Alter bedeutsamer Entwicklungsschritte. Der Beginn jedes Farbstreifens bezieht sich auf das Alter, in dem 25 Prozent aller Kinder die jeweils dargestellte Fertigkeit erworben haben. Die Position des Kindes bzw. der Punkt auf dem Farbstreifen geben an, mit welchem Alter etwa die Hälfte aller Kinder über das entsprechende Können verfügt. Das Ende des Farbstreifens entspricht dem Alter, in dem sich 90 Prozent aller Kinder die entsprechende Fertigkeit angeeignet haben.

1 Beschreibe die Entwicklung des Kindes in den ersten eineinviertel Lebensjahren.

2 Versuche mithilfe deiner Eltern oder anhand alter Fotos/Videos von dir eine ähnliche Übersicht zu erarbeiten, in der deine Entwicklungsschritte angegeben sind. Ergänze durch weitere Beispiele.

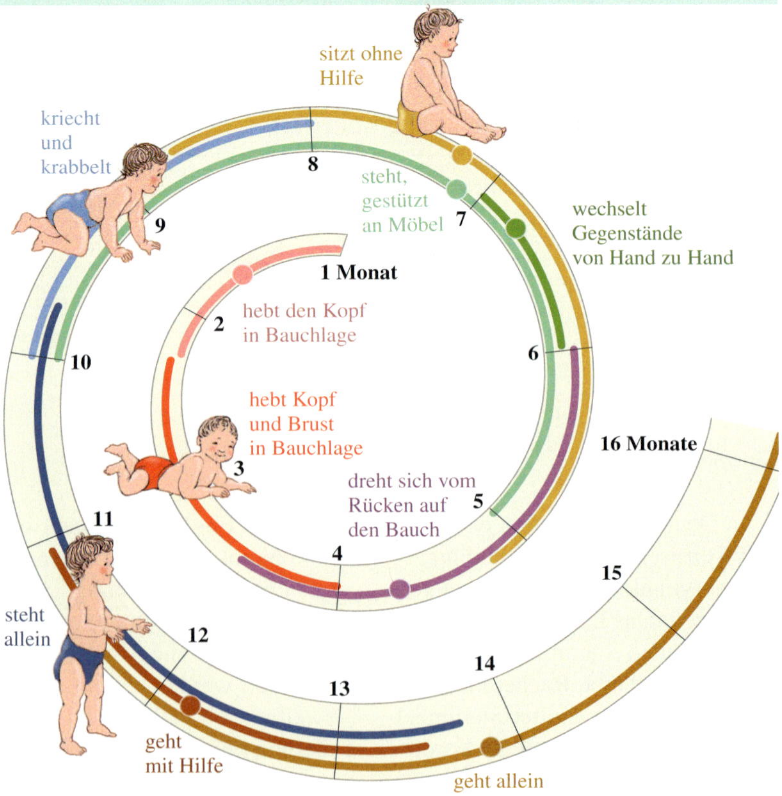

2 Durchschnittsalter bedeutsamer Entwicklungsschritte in den ersten 16 Lebensmonaten

Nach der Geburt

211-1

Nach der Geburt muss sich das Baby auf eine gänzlich neue Umgebung einstellen. Dabei helfen ihm einige wenige angeborene Verhaltensweisen. Viele Fähigkeiten, die es in seinem späteren Leben kann und braucht, muss es jedoch lernen.

Angeborenes Verhalten Das Neugeborene kann unabhängig vom Körper der Mutter existieren. Es hat auch schon vor der Geburt lebenswichtige Fähigkeiten entwickelt, die ihm helfen, seine Bedürfnisse zu erfüllen. So kann es greifen, saugen sowie durch Laute und Schreien kundtun, wie es sich fühlt und was es braucht.
Das Schreien ist für das Kind die einzige Möglichkeit, um auf sich aufmerksam zu machen. Wird es dann gefüttert, gestreichelt oder umhergetragen, beruhigt es sich bald wieder. Sobald der Säugling an die Brust der Mutter angelegt wird, saugt er sich an der Brustwarze fest und trinkt. Saugen und Trinken muss das Neugeborene nicht lernen. Es ist ein angeborener Reflex, ebenso wie das Greifen. ↑3 Berührt man die Handfläche des Säuglings mit dem Finger, so packt er zu. Einen ähnlichen Greifreflex zeigen auch die Zehen. Nach einem Jahr sind die Greifreflexe wieder verschwunden. Dieses Verhalten weist auf die Entwicklung des Menschen aus tierischen Vorfahren der Primatenreihe hin. Hier werden die Neugeborenen als „Traglinge" mitgeführt, die sich im Fell der Mutter festklammern.

Lernen Mit zunehmendem Alter nimmt das Kind seine Umwelt immer aufmerksamer wahr. Es lernt, seine Körperbewegungen immer besser zu beherrschen, sodass es erst sitzen, dann stehen, später krabbeln und laufen kann. Je mehr es sich selbstständig aufrichten und bewegen kann, desto mehr beginnt das Kind, seine Umgebung zu erforschen. Indem es alles betastet, schmeckt und riecht, lernt es die Welt kennen. Es lernt, Sprache zu gebrauchen, und baut erste soziale Kontakte zu Menschen außerhalb der Familie auf.
Um diese Dinge zu lernen, braucht das Kind vertraute Personen, die es nicht nur liebevoll versorgen, sondern auch mit ihm spielen, sprechen und es berühren. Nur dann kann es ein Urvertrauen ausbilden und sich geborgen fühlen. Kinder, die ohne feste Bezugspersonen aufwachsen, haben es später oft schwer, Vertrauen zu sich und anderen zu entwickeln.

Kurz und knapp **Trotz angeborener Verhaltensweisen wie Saugen, Schreien und Greifen ist das neugeborene Kind hilflos und auf liebevolle Betreuung durch feste Bezugspersonen angewiesen. Nur durch Liebe und Zuwendung kann es ein grundlegendes Vertrauen in sich und andere gewinnen.**

Schon gewusst?

Stillen
Nach der Geburt bilden die Brustdrüsen Muttermilch. Mit ihr erhält der Säugling alle für seine Entwicklung notwendigen Nährstoffe und Vitamine. Außerdem schützen die Antikörper der Mutter das Kind vor Infektionen. Stillen bedeutet für das Kind nicht nur die Aufnahme von Nahrung. Durch den engen Körperkontakt mit der Mutter erlebt es Ruhe, Wohlbefinden und Geborgenheit.

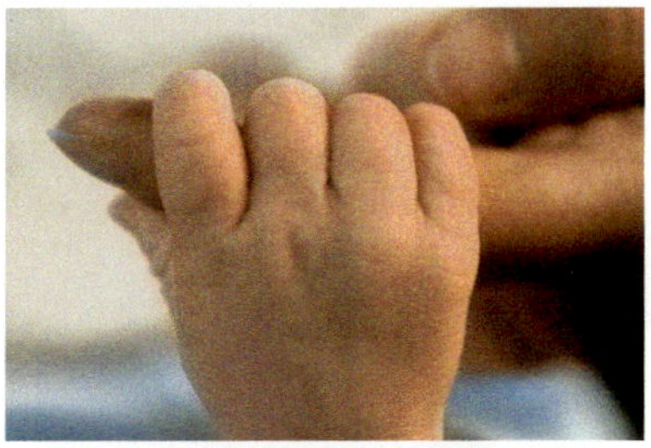

3 Der Greifreflex lässt sich nur in den ersten Lebensmonaten beobachten.

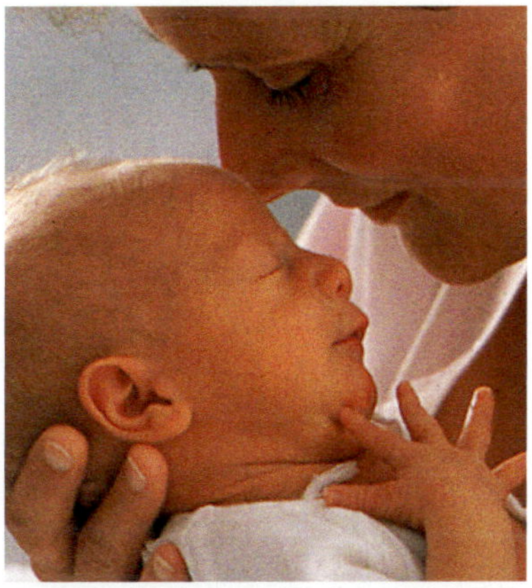

4 Das Baby spürt Haut und Duft der Mutter. Es fühlt sich geborgen.

Arbeitsaufträge

1 Nenne wichtige „Meilensteine" in der Entwicklung eines Kindes während der ersten Lebensjahre.

2 Leite aus dem Text Regeln für den Umgang mit Säuglingen und Kleinkindern ab. Begründe.

3 Wechseln die Bezugspersonen von Babys häufig, reagieren sie ängstlich, werden unruhig und schlafen schlecht. Erkläre diese Erscheinungen.

Verantwortlicher Umgang mit dem eigenen Körper

Erwachsenwerden ist ein besonders aufregender und spannender Lebensabschnitt. Man verliebt sich zum ersten Mal und beginnt Beziehungen zu Menschen außerhalb der Familie aufzubauen. Erwachsenwerden bedeutet auch, Verantwortung für sich und andere zu übernehmen. Die erste Beziehung ist etwas ganz Besonderes im Leben eines Menschen und bleibt auch später noch lange in Erinnerung. Vielleicht erwächst später aus einer Beziehung der Wunsch nach einer Familie und eigenen Kindern.

1 Verliebtsein? Liebe? Was ist das?

2 Der Weg, seine eigene Identität und seine eigene Sexualität zu finden, ist nicht immer leicht. Wie verändere ich mich? Wie lassen sich Veränderungen

3 Das habe ich schon oft gesehen. Aber was ist Aids eigentlich für eine Krankheit?

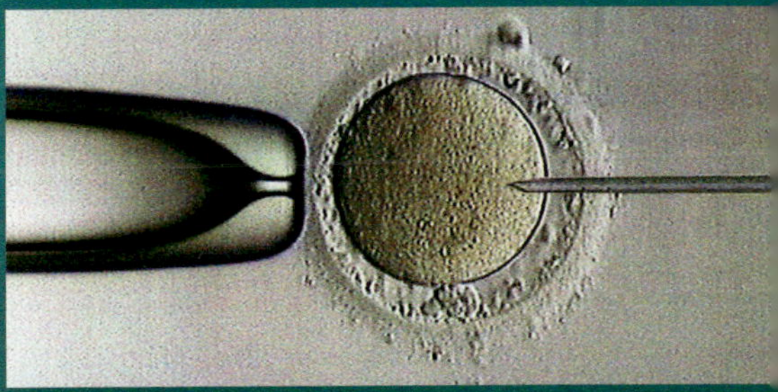

4 Wie hilft die Medizin Paaren, die sich ein Kind wünschen?

5 Wie und wann kann eine Empfängnis verhütet werden? Gibt es einen wirksamen Schutz vor sexuell übertragbaren Krankheiten?

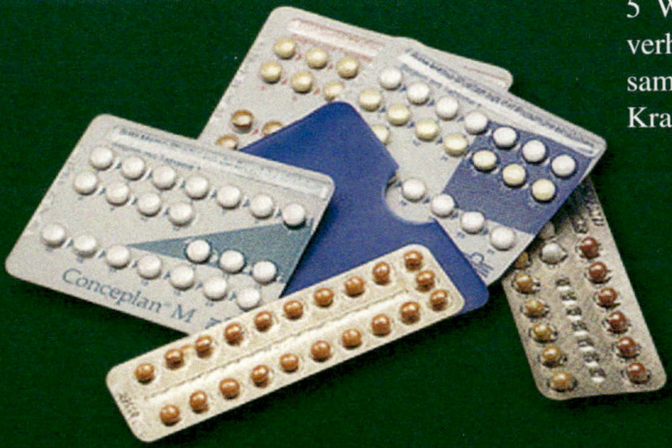

Pubertät – Zeit der Veränderungen

Svenja (13) möchte unbedingt mit ihren älteren Freunden zu einer Party und nachher bei einer Freundin übernachten.
Paul (14) betrinkt sich auf einer Klassenfahrt und wird nach Hause geschickt.
Mike (15) ist von der Schule und dem ganzen Stress genervt und verbringt seine Zeit lieber mit Freunden. Er schwänzt auch mehrere Klassenarbeiten.
Wie sind all diese Veränderungen zu erklären?

1

Beobachten Untersuchen Experimentieren

Ich bin doch kein Kind mehr ...
Die Pubertät zeichnet sich durch körperliche, soziale und emotionale Veränderungen aus. Die hormonellen Veränderungen im Körper führen zur Ausreifung der primären und zur Ausbildung der sekundären Geschlechtsmerkmale. Soziale Veränderungen zeigen sich durch das allmähliche Ablösen von der Familie und die Hinwendung zu Freundinnen und Freunden. Damit einher gehen emotionale Veränderungen, meist beruhend auf einer gewissen Unsicherheit und der Entdeckung der eigenen Gefühle.

1 Ordne die Schlagworte in Abbildung 2 dem körperlichen, sozialen oder emotionalen Bereich zu.

In Untersuchungen zur Pubertät wurden folgende Schlagworte in unterschiedlichen Zusammenhängen genannt:

- neuestes Handy
- erste Rasur
- Streit mit den Eltern
- Schule schwänzen
- Beginn der Menstruation
- Vollrausch
- Pickel
- erster Geschlechtsverkehr
- „Rumzicken“
- Machosprüche
- Shoppen
- gefärbte Haare
- beste Freunde in der Clique

2

2 Ordne die Aussagen den Geschlechtern zu und begründe deine Zuordnung kurz.

3 Finde Gründe, warum die Zuordnung nicht immer eindeutig sein kann.

4 Hinter diesen Schlagworten können ganz andere Bedürfnisse der Jugendlichen stehen. Der regelmäßige Alkoholkonsum kann zum Beispiel die Suche nach Anerkennung, ein „Dazugehörigkeitsgefühl“ bedeuten. Suche dir aus der Liste fünf Schlagworte aus und übersetze sie entsprechend.

5 Bildet reine Mädchen- und Jungengruppen.
Tauscht euch in diesen Gruppen über eure Erfahrungen mit den Veränderungen in der Pubertät und den damit einhergehenden Problemen aus. Die Schlagworte können dabei eine Hilfe sein.
Diskutiert eure Ergebnisse in gemischten Gruppen und stellt Unterschiede zwischen Jungen und Mädchen heraus.

Soziale und emotionale Veränderungen

215-1

Soziale Veränderungen Die Pubertät ist die Zeit des Erwachsenwerdens und damit der Neuorientierung. Das Verhältnis zwischen Eltern und Kind verändert sich mit der Hinwendung der Jugendlichen zu ihren Freundinnen und Freunden. Die Rollenverteilung in der ganzen Familie ist dabei einem Wandel unterworfen, bei dem es für viele Eltern schwierig ist, die richtige Balance zwischen Halten und Loslassen sowie Kontrolle und Freiraum zu finden. Die Eltern verstehen ihre Kinder oft nicht mehr richtig und beginnen sich Sorgen über deren Zukunft zu machen. Aber auch die Kinder sind mit vielen Entscheidungen ihrer Eltern nicht mehr einverstanden und möchten ihr Leben nach eigenen Vorstellungen gestalten. Eltern, die ihren Kindern den Freiraum geben, den sie brauchen, aber auch die Grenzen aufzeigen, die nötig sind, haben häufig auch nach der Pubertät ein gutes Verhältnis zu ihren dann erwachsenen Kindern.

3 Traumurlaub mit 6 und 16?

Emotionale Veränderungen Durch die Umstellung des Hormonhaushalts und einer damit einhergehenden Weiterentwicklung des Gehirns verlaufen die emotionalen Veränderungen häufig etwas langsamer als die körperlichen oder sozialen. Viele Jugendliche sind im Umgang mit ihrem sich verändernden Körper unsicher und oft von Selbstzweifel geplagt. Sie vergleichen sich mit Gleichaltrigen und fragen sich, ob sie mit ihrem Körper, ihrer Kleidung usw. mithalten können. Als vertrauensvolle Gesprächspartner werden in solchen Situationen immer seltener die Eltern und häufiger Gleichaltrige gesucht. Enttäuschte Freundschaften oder sogar der erste Liebeskummer gehören mit dazu. Eine frühzeitige und umfassende Aufklärung über die Veränderungen während der Pubertät, aber auch über Hilfsangebote zu vielen Lebensfragen, können hier einen Teil der Verunsicherung nehmen.

Kurz und knapp **In der Pubertät kommt es zu körperlichen, sozialen und emotionalen Veränderungen. Diese verlaufen nicht gleichzeitig in einem kontinuierlichen Prozess, sondern oft nacheinander und schubweise.**

Arbeitsaufträge

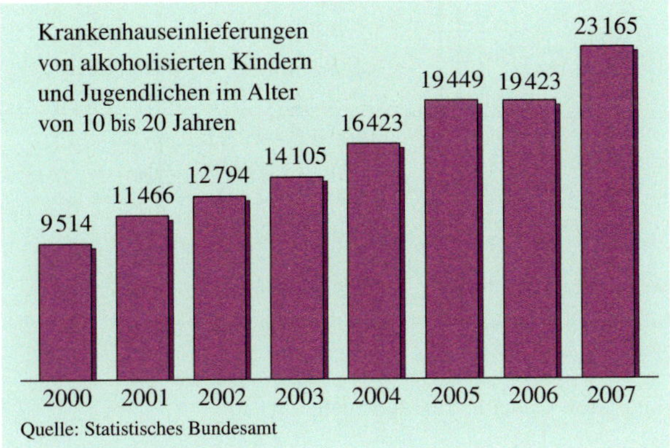

4

1 Viele Jugenliche trinken während der Pubertät zum ersten Mal Alkohol. Manche trinken so viel, dass sie ins Krankenhaus eingeliefert werden müssen. Beschreibe das Diagramm. ↑4 Finde Gründe für die dargestellte Entwicklung.

2 Einige Jugendliche verbringen einen Großteil ihrer Zeit mit Computerspielen. Lässt sich diese Tatsache als „pubertäres Verhalten“ erklären? – Begründe deine Meinung.

3 Freunde und Gesprächspartner lassen sich auch im Internet finden. Liste Vor- und Nachteile dieser Art der Kontaktaufnahme auf und bewerte sie.

Körperliche Veränderungen in der Pubertät 216-1

Die Pubertät ist eine Phase der Entwicklung, die mit einschneidenden körperlichen Veränderungen verbunden ist. Beginn und Dauer sind individuell verschieden: In unseren Breiten wird sie in der Regel zwischen dem 10. und 18. Lebensjahr durchlaufen.

Was verändert sich? Verbunden mit einem Wachstumsschub und einer Gewichtszunahme findet die bedeutendste körperliche Veränderung in den Geschlechtsorganen statt: Sie wachsen und die Keimdrüsen beginnen, reife Geschlechtszellen zu produzieren. In den Hoden werden reife Spermienzellen gebildet. Sobald deren Produktion beginnt, erleben Jungen ihre ersten Samenergüsse. In den weiblichen Keimdrüsen, den Eierstöcken, reifen Eizellen heran. Die ersten Menstruationsblutungen setzen ein. Mädchen und Jungen sind nun fähig, sich fortzupflanzen.
Im Verlauf der Pubertät prägen sich auch die sekundären Geschlechtsmerkmale aus. ↑2 Diese sind im Gegensatz zu den primären Geschlechtsmerkmalen, den Geschlechtsorganen, nicht von Geburt an vorhanden, sondern entwickeln sich erst später. So bildet sich zum Beispiel bei beiden Geschlechtern die Achsel- und Schambehaarung aus.
Neuere Forschungen haben ergeben, dass während der Pubertät auch im Gehirn massive Umbauprozesse stattfinden, die wiederum Einfluss auf das Verhalten der Jugendlichen haben.

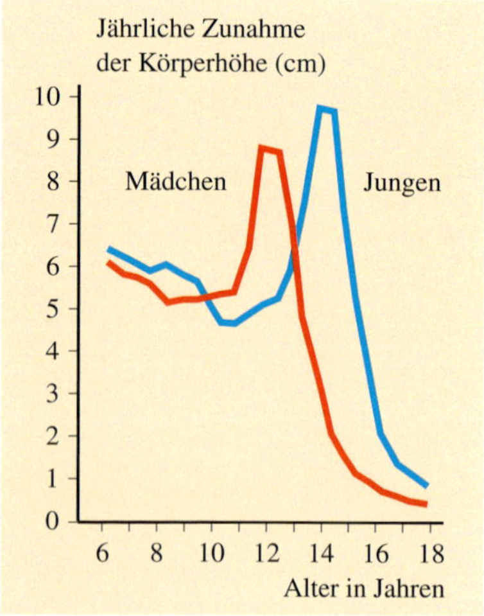

1 Wachstumskurven

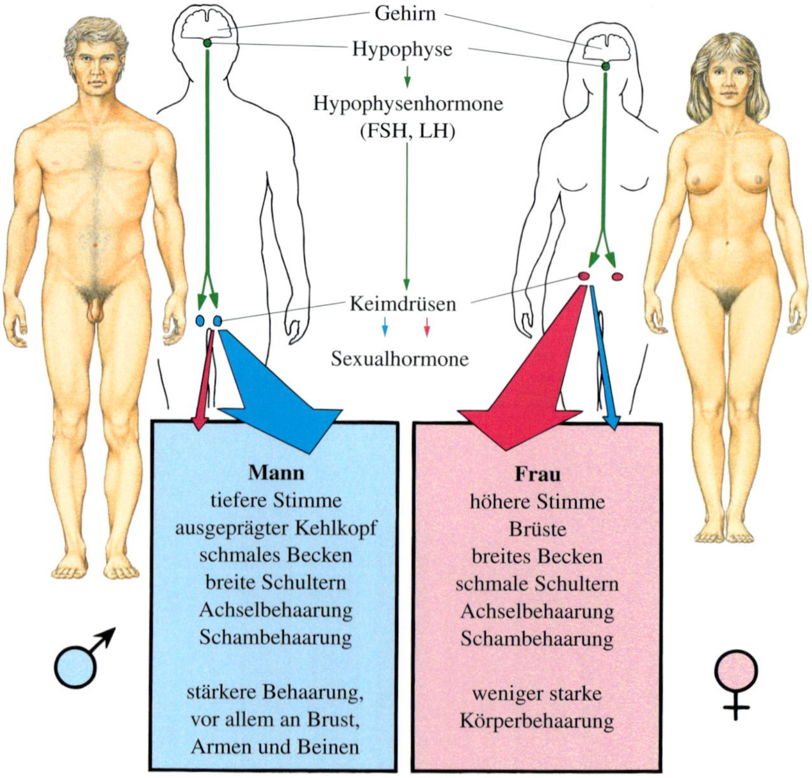

2 Entwicklung der sekundären Geschlechtsmerkmale

Steuerung der Entwicklung Die Pubertät wird nach neuesten Erkenntnissen genetisch gesteuert. Damit sie beginnen kann, müssen jedoch mehrere Bedingungen erfüllt sein. Der Körper muss zum Beispiel über ausreichende Energiereserven verfügen und verschiedene Umweltbedingungen, wie das Nahrungsangebot, müssen stimmen.
Sind die Voraussetzungen erfüllt, kommt es zu tief greifenden hormonellen Veränderungen. Das Sexualzentrum im Gehirn regt bei Jungen und Mädchen die Hirnanhangsdrüse (Hypophyse) an, die Hormone FSH und LH zu bilden. FSH steht für follikelstimulierendes Hormon, LH für luteinisierendes Hormon. Beide Hormone gelangen über den Blutkreislauf zu den Keimdrüsen. ↑2

3 Kinder, Jugendliche oder Erwachsene?

LH und FSH lassen Eizellen bzw. Spermien reifen und regen in den Eierstöcken und Hoden die Produktion der Sexualhormone an. Die Eierstöcke produzieren vor allem Östrogene und Gestagene, die Hoden Androgene (insbesondere Testosteron). Unter dem Einfluss dieser Sexualhormone prägen sich dann die sekundären Geschlechtsmerkmale aus. ↑2
Die Produktion der Sexualhormone wird nach dem Prinzip der Rückkopplung geregelt, das heißt, Östrogene und Androgene wirken auf das Sexualzentrum im Gehirn zurück. Ist die Konzentration eines Sexualhormons im Blut hoch, wird die Produktion von LH und FSH vom Sexualzentrum gebremst, bei niedriger Konzentration hingegen gefördert.
Auch das Wachstumshormon wird durch die Hirnanhangsdrüse gebildet. In der Pubertät wird es in großen Mengen produziert und sorgt gemeinsam mit den Sexualhormonen vor allem für den Aufbau der Muskelmasse.

Kurz und knapp **Die Pubertät ist eine zwischen dem 10. und 18. Lebensjahr stattfindende Entwicklungsphase. In dieser Zeit wird durch hormonelle Veränderungen die Geschlechtsreife erreicht. Es kommt zur Ausbildung der sekundären Geschlechtsmerkmale und zu einem Wachstumsschub.**

Basiskonzept

Steuerung und Regelung ↑S.180
Hormone steuern Abläufe im Körper: Hormone werden von Drüsen abgegeben und durch das Blut an ihren Bestimmungsort gebracht. So kann das Testosteron den Bartwuchs auslösen und das Östrogen den Menstruationszyklus regeln. Das Hormonsystem ist neben dem Nervensystem die wichtigste Instanz, um Vorgänge im Körper zu regeln und zu steuern.

Arbeitsaufträge

1 Die Pubertät setzt mit einem Wachstumsschub ein, der bei Mädchen und Jungen unterschiedlich verläuft. Werte die Wachstumskurven in Abbildung 1 aus.

2 Erkläre die körperlichen Veränderungen während der Pubertät. Stelle in einer Tabelle die Merkmale zusammen, die nur bei Mädchen bzw. Jungen vorkommen, und solche, die bei beiden auftreten. ↑2

Hormone steuern den Menstruationszyklus

Für Mädchen ist die erste Regelblutung sehr wichtig. Sie zeigt die Geschlechtsreife an: Das Mädchen kann nun selbst Kinder bekommen. Bei der Regelblutung können Beschwerden auftreten. Dann ist es sinnvoll, zum Frauenarzt oder zur Frauenärztin zu gehen. Sie wird unter anderem kontrollieren, ob alle Organe in Ordnung sind, und das Mädchen bitten, einen Regelkalender zu führen. Bei Bedarf hilft sie auch, eine geeignete Verhütungsmethode zu finden.
Was versteht man unter Menstruation? Was passiert während des Menstruationszyklus?

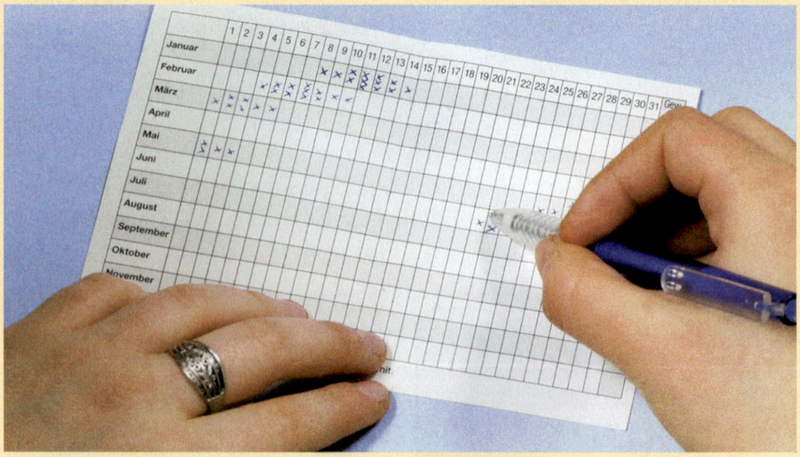

1 Regelmäßiges Führen des Regelkalenders

Beobachten ***Untersuchen*** *Experimentieren*

Einen Regelkalender auswerten

In einen Regelkalender wird eingetragen, wann die Menstruation beginnt und endet, ob sie stark oder schwach ist. Abbildung 2 zeigt Ausschnitte aus den Regelkalendern zweier Mädchen. Bearbeitet in Gruppen jeweils einen Regelkalender (Aufgaben 1–3).

1 Beschreibt die Abbildung 2.
2 Ermittelt die Tage, an denen vermutlich ein Eisprung stattfand. Ein Zyklus beginnt mit dem ersten Tag der Regelblutung und endet am Tag, bevor die nächste Regelblutung beginnt.
3 Gebt für die drei abgebildeten Monate die jeweilige Zyklusdauer an. Was stellt ihr fest?
4 Vergleicht die Zyklen der beiden Mädchen hinsichtlich Zyklusdauer sowie Dauer und Stärke der Menstruation.
5 Begründet, weshalb Mädchen bzw. Frauen einen Regelkalender führen sollten.

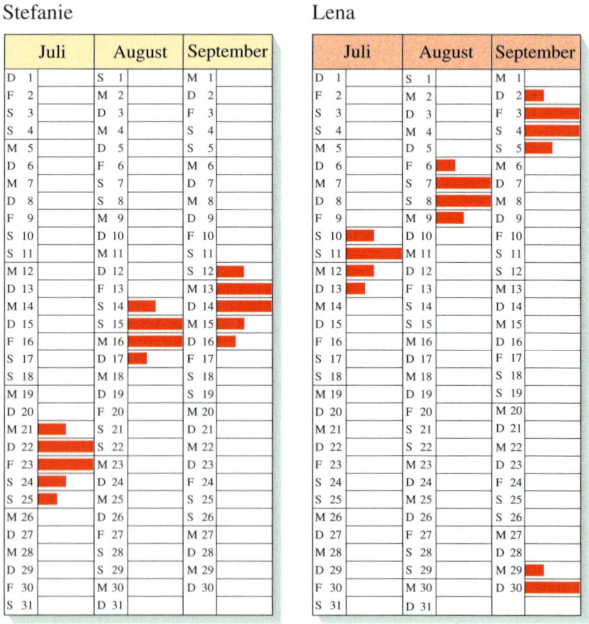

2 Beispiele für ausgefüllte Regelkalender

Menstruation

In der Pubertät setzt bei Mädchen die Menstruation ein. Sie ist ein Zeichen der beginnenden Geschlechtsreife. In jedem Zyklus reift dabei eine Eizelle heran und die Gebärmutter bildet eine Schleimhaut, um eine befruchtete Eizelle aufnehmen zu können. Findet keine Befruchtung der Eizelle statt, wird die Gebärmutterschleimhaut abgestoßen und über die Scheide als Menstruation (Regelblutung) abgegeben. Der Menstruationszyklus wird hormonell gesteuert und dauert bei erwachsenen Frauen durchschnittlich 28 Tage. Bei Mädchen und Frauen in den Wechseljahren können die Zyklen unregelmäßig verlaufen.

Menstruationsbeschwerden Das Empfinden der Menstruation ist bei Frauen sehr unterschiedlich. Während viele Frauen kaum Beschwerden haben, sind andere durch Schmerzen oder Unterleibskrämpfe in ihrem Alltag eingeschränkt. Oft können diese Beschwerden durch Maßnahmen wie Entspannungsübungen oder Bewegung gelindert werden.

Menstruationshygiene Heutzutage benutzt ein Großteil der Frauen Tampons, die in verschiedenen Größen und Ausführungen angeboten werden. Diese haben den Vorteil, dass sie die Regelblutung noch in der Scheide aufnehmen und so Freizeitaktivitäten wie Turnen oder Schwimmen problemlos ermöglichen. Die Alternative zu Tampons sind Binden, die mit Klebestreifen rutschfest im Slip befestigt werden können. Jungen Mädchen fällt der Umgang mit Binden oft leichter.

3 Sport und Spaß auch während der „Tage"

Kurz und knapp **In der Pubertät setzt bei Mädchen der Menstruationszyklus ein. Sie können nun schwanger werden. In einem etwa 28-tägigen Rhythmus reifen befruchtungsfähige Eizellen. Der Zyklus wird hormonell gesteuert, ist aber durch äußere Faktoren beeinflussbar.**

Schon gewusst?

Einflussfaktoren auf die Menstruation
Der Menstruationszyklus ist ein sehr komplexer Vorgang, der durch Wechselwirkungen von Hormonen und Nervensystem gesteuert wird. Die Zykluslänge kann aufgrund von äußeren Faktoren wie Stress, starkes Über- oder Untergewicht variieren. In einigen Fällen bleibt die Regel sogar ganz aus.

Arbeitsaufträge

1 In den Eierstöcken einer jeden Frau werden schon vor der Geburt 300 000 bis 400 000 Eizellen angelegt, von denen meist nur eine jeden Monat heranreift. Berechne die Anzahl an Eizellen, die zwischen dem 13. und 50. Lebensjahr einer Frau heranreifen.

2 Ist es theoretisch möglich, dass ein Mädchen schon vor ihrer ersten Monatsblutung schwanger wird? Begründe.

Menstruationszyklus

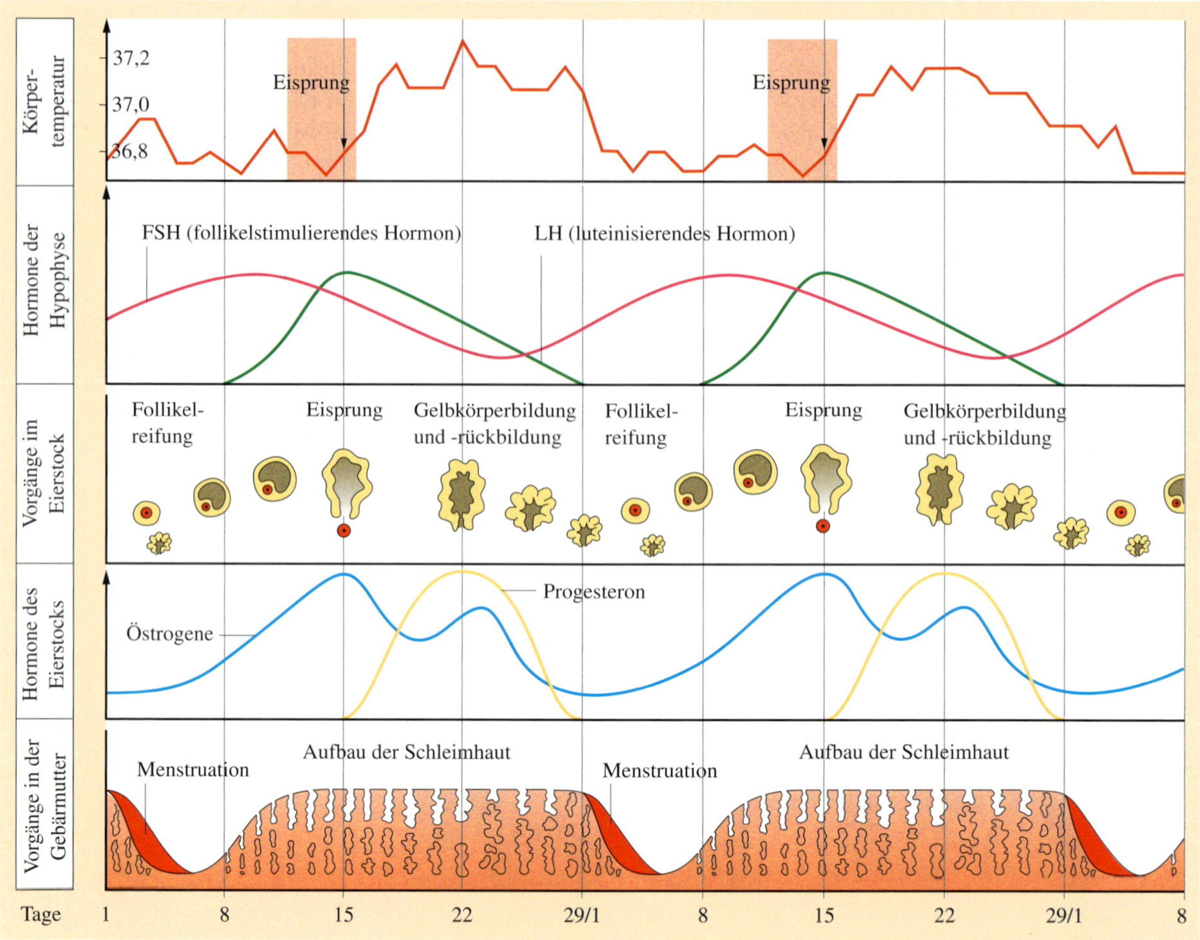

1 Übersicht zu den Vorgängen beim Menstruationszyklus

Hormonelle Steuerung Der Menstruationszyklus wird unter anderem durch die Hormone der Hypophyse, FSH und LH, gesteuert. FSH bewirkt die Reifung eines Follikels. Dieser bildet zunehmend mehr Östrogene, die unter anderem das Wachstum der Gebärmutterschleimhaut fördern. ↑1 Nach dem Eisprung bildet sich der aufgeplatzte Follikel unter dem Einfluss von LH zum Gelbkörper um. Er produziert das Hormon Progesteron. Dieses bewirkt die Vorbereitung der Gebärmutterschleimhaut auf die Einnistung der befruchteten Eizelle. Erfolgt keine Befruchtung, bildet sich der Gelbkörper zurück. Dadurch sinkt die Menge des Progesterons, die Gebärmutterschleimhaut wird unter Blutungen ausgeschieden. ↑1

Arbeitsaufträge

1 Beschreibe den Zusammenhang zwischen der Eireifung und den Veränderungen in der Gebärmutterschleimhaut.

2 Beschreibe die Wirkung der Hormone im Menstruationszyklus. ↑1

3 Stelle die hormonelle Steuerung des Menstruationszyklus in einer Übersicht dar. Beginne mit den Hormonen FSH und LH.

Methode

Textinformationen mithilfe eines Begriffsnetzes strukturieren

Alle Vorgänge im menschlichen Körper wie Atmung, Blutkreislauf oder Wachstum sind optimal aufeinander abgestimmt. Dies erfordert ihre ständige Kontrolle und eine genaue Kommunikation zwischen den beteiligten Zellen und Geweben.
Die Kommunikation erfolgt stets durch Informationsübertragung von einer „Senderzelle“ auf eine „Empfängerzelle“. Über das Nervensystem werden die Informationen als elektrische Signale sehr schnell und gezielt an Zellen und Gewebe geleitet. Die Informationsübertragung durch chemische Botenstoffe, die Hormone, erfolgt langsamer und ist von der Art des Hormons abhängig. So führt eine Ausschüttung von Adrenalin ins Blut sehr schnell zu einer Reaktion in den Empfängerzellen, während die Ausschüttung von Steroidhormonen wie Östrogenen erst nach Stunden wirkt.

> *Adrenalin*
>
> *Adrenalin wird als Stresshormon bezeichnet und führt u. a. zu einem Anstieg der Herz- und Atemfrequenz, stellt Energie aus Fett- und Kohlenhydratspeicher bereit, reduziert die Verdauungstätigkeit und führt zu einer erhöhten Aufmerksamkeit. Es wird im Nebennierenmark gebildet.*

Hormone werden meist von endokrinen Drüsen wie der Hypophyse, Schilddrüse, Zirbeldrüse oder den Langerhans-Inseln in der Bauchspeicheldrüse gebildet, direkt ins Blut abgegeben und im Körper verteilt. Der Hypophyse kommt dabei eine übergeordnete Stellung zu, da sie auch die Hormone bildet, die die anderen endokrinen Drüsen des Körpers zur Hormonproduktion anregen. Sie ist direkt mit dem obersten Kontroll- und Steuerzentrum des Hormonsystems, dem Hypothalamus, verbunden. ↑S.174

Die Empfängerzellen im Körper besitzen auf ihrer Oberfläche spezifische Rezeptoren, an die nur bestimmte Hormone binden können. Bindet ein Hormon an seinen Rezeptor, führt dies im Innern der Zelle zu Veränderungen der dort ablaufenden Prozesse wie zum Beispiel Stoffaufbau oder -abbau. Bereits ein einziges Hormonmolekül kann in der „Empfängerzelle“ eine Reaktionskette auslösen. Dadurch kann die Hormonkonzentration im Blut auf äußerst niedrigen Werten (ca. 10–12 mol/l) gehalten werden. Durch das Anlagern weiterer Hormonmoleküle an Rezeptoren wird die Wirkung in der Empfängerzelle verstärkt.
Ein Hormon hört erst dann auf zu wirken, wenn es abgebaut wird und sich dadurch von dem Rezeptor löst. Die Wirkungsdauer von Hormonen ist dabei sehr verschieden. Adrenalin wird innerhalb einiger Sekunden abgebaut, Steroidhormone wirken dagegen über Stunden.

1. Notiere die 10 wichtigsten Begriffe des Textes. Sie bilden die Grundlage deines Begriffsnetzes.
2. Ordne die Begriffe so an, dass du mit ihrer Hilfe den Inhalt des Textes wiedergeben könntest.
3. Stelle nun die Beziehungen zwischen den einzelnen Begriffen durch beschriftete Pfeile dar. Versuche möglichst viele Beziehungen herzustellen. Vermeide, dass sich die Pfeile kreuzen. ↑2

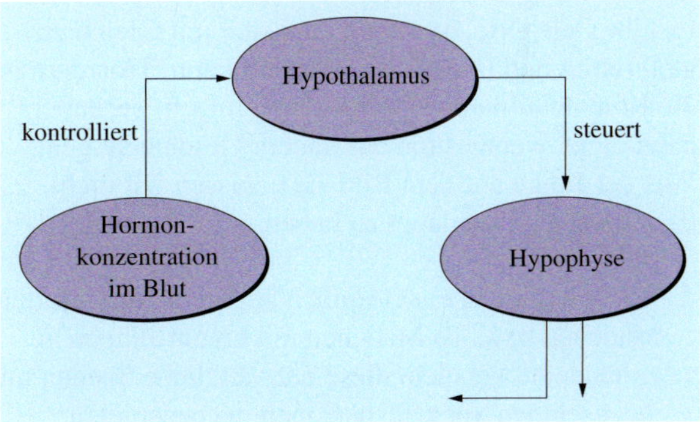

2 Ausschnitt aus einem Begriffsnetz zu Hormonen

Arbeitsaufträge

1 Ergänze das Begriffsnetz in Abbildung 2, indem du die folgenden Begriffe einfügst und deren Beziehungen durch beschriftete Pfeile darstellst: Adrenalin, Empfängerzelle, Schilddrüse, Langerhans-Inseln, Östrogen, Blut, Nerven, endokrine Drüsen, Wirkungsmechanismus, Rezeptor, Wirkungsdauer, Kommunikation.
Die Pfeile sollten sich nicht überkreuzen.

2 Hormone wirken sehr spezifisch, obwohl sie mit dem Blut im ganzen Körper verteilt werden. Erkläre.

Sexualität ist vielfältig

Glücklich oder unglücklich verliebt sein, miteinander reden, die Nähe des anderen suchen, gemeinsam etwas erleben oder auch nur vom anderen träumen – wer kennt sie nicht, diese oder ähnliche Gefühle und Verhaltensweisen? Sexualität ist ein menschliches Grundbedürfnis. Es kommt bei Kindern, Jugendlichen und Erwachsenen in vielfältigen Formen zum Ausdruck.
Sexualität – was ist das?

1 Ausdrucksformen menschlicher Sexualität

Beobachten Untersuchen Experimentieren

Aller Anfang ist schwer

Es gibt viele Orte, an denen man sich mit Gleichaltrigen treffen und in Kontakt kommen kann. Trotzdem ist die Kontaktaufnahme gar nicht so einfach, besonders dann nicht, wenn es um das andere Geschlecht geht. Was der Junge auf dem Bild sagt, wissen wir nicht. ↑2 Es scheint aber geklappt zu haben.

1 Wie würdest du ein Gespräch beginnen, um mit dem Mädchen bzw. als Mädchen mit einem Jungen anzubändeln? Versucht diese oder ähnliche Szenen mit wechselnden Versuchspersonen nachzuspielen.

2 Aufgabe für die Zuschauer: Protokolliert das sich entwickelnde Gespräch.

3 Wie hat das Engagement des Jungen auf das angesprochene Mädchen bzw. das des Mädchens auf den angesprochenen Jungen selbst gewirkt? Wie auf die Zuschauer? Wertet die Spielszenen aus.

2 Erste Versuche der Annäherung

Menschliche Sexualität

223-1

Was ist Sexualität? Sexualität dient aus biologischer Sicht der Fortpflanzung – der Zeugung von Nachkommen. Ihre Bedeutung beim Menschen geht jedoch weit darüber hinaus. Menschliche Sexualität hat nicht nur biologische, sondern auch psychische und soziale Funktionen. Sie ist ein wichtiger Teil menschlicher Kultur und Persönlichkeit und nimmt ein Leben lang Einfluss auf Gefühle, Einstellungen und Verhaltensweisen.
Jeder Mensch erlebt Sexualität als etwas ganz Persönliches. Körperliches Verlangen, Erregung, Berührungen, Lust oder Genuss sind ebenso Ausdrucksformen der Sexualität wie Sehnsucht, Verliebtsein, Liebe, Neugier oder Fantasie.

Sexualverhalten Der Mensch ist in der Lage, sein Sexualverhalten zu erlernen und es zu gestalten. Es kann in zahlreichen Formen zum Ausdruck gebracht werden, die von Worten und Zärtlichkeiten unterschiedlicher Art über Selbstbefriedigung und Petting bis hin zum Geschlechtsverkehr reichen.
Das Verhalten, sich selbst zum sexuellen Höhepunkt zu bringen, wird als Selbstbefriedigung bezeichnet. Bei Jugendlichen dient es unter anderem dazu, sich mit den Reaktionen des eigenen Körpers vertraut zu machen. Die früher vertretene Auffassung, dass Selbstbefriedigung ein gesundheitsschädliches Verhalten sei, hat sich als unbegründet erwiesen.
Erste sexuelle Kontakte mit anderen beschränken sich meist auf Liebkosungen des Körpers, die den Geschlechtsverkehr vermeiden. Derartige Verhaltensweisen werden als Petting bezeichnet. Sie sind sehr gut geeignet, den Körper des Partners auch vor dem „ersten Mal“ kennenzulernen und ein Gefühl dafür zu entwickeln, was einem selbst und dem Partner gefällt. Auch Petting kann zum Orgasmus, also zum sexuellen Höhepunkt, führen. Manche Menschen haben allerdings niemals Orgasmen und erleben ihre Sexualität dennoch als befriedigend.

Sexuelle Orientierung Die meisten Menschen sind sexuell auf Partner des anderen Geschlechts orientiert. Sie sind heterosexuell. Dagegen bedeutet homosexuell zu sein, nur Lust auf das eigene Geschlecht zu haben. Homosexuelle Frauen werden als Lesben bezeichnet, männliche Homosexuelle als Schwule. Menschen, die sowohl mit dem gleichen als auch mit dem anderen Geschlecht Partnerschaften eingehen oder Geschlechtsverkehr haben, werden als bisexuell bezeichnet.

Kurz und knapp **Sexualität umfasst alle Gefühle, Bedürfnisse und Verhaltensweisen, die mit der Fortpflanzung in Zusammenhang stehen. Sexuelle Betätigung trägt über die Funktion der Fortpflanzung hinaus auch zum persönlichen Glück bei. Eine Partnerschaft vertieft und festigt sich, wenn man sich auch im sexuellen Bereich versteht.**

Schon gewusst?

Rechtliche Regelungen zum Zusammenleben Homosexueller
Gleichgeschlechtliche Ehe: Belgien, Kanada, Niederlande, Norwegen, Schweden, Spanien, Südafrika
Eingetragene Lebensgemeinschaften: Deutschland, Frankreich, Großbritannien, Portugal, Schweiz u. a.
Verbot homosexueller Partnerschaften (Höchststrafe): Bangladesch (lebenslange Haft), Iran (Todesstrafe), Malaysia (20 Jahre), Singapur (lebenslange Haft) u. a.

3 Recht auf staatliche Anerkennung

Arbeitsaufträge

1 Nenne Eigenschaften und Verhaltensweisen, die dir für eine Beziehung wichtig sind. Begründe.

2 Suche Gründe für die großen Unterschiede in der Behandlung von Homosexuellen in verschiedenen Ländern.

Durch Sexualkontakte können Krankheiten übertragen werden

Im Kino fällt Lea neben den üblichen Werbespots einer besonders auf: die Empfehlung von Frauenärzten an alle Mädchen zwischen 12 und 17 Jahren, sich vorsorglich gegen Gebärmutterhalskrebs impfen zu lassen. Grippe- oder Tetanusimpfungen werden bei uns immer empfohlen und bieten auch einen weitreichenden Schutz, aber eine Impfung zur Vorbeugung von Krebs?
Auch andere sexuell übertragbare Krankheiten können schlimme Folgen haben. Wie kann man sich schützen?

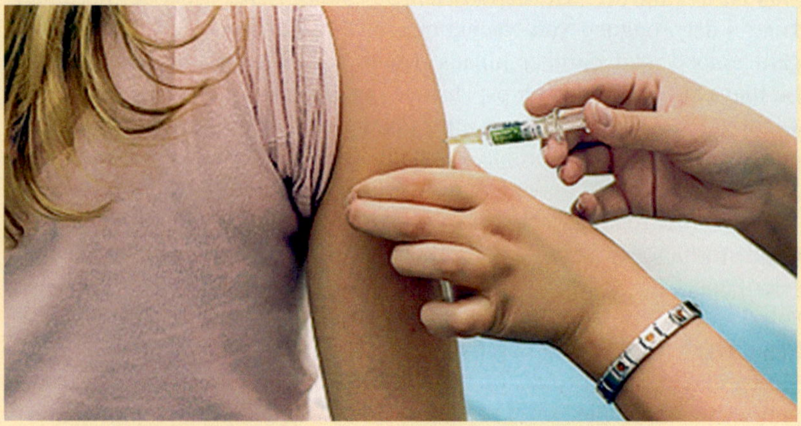

1 Zur Vorbeugung gegen Gebärmutterhalskrebs wird Mädchen eine Impfung empfohlen. Die Impfungen werden zum Beispiel von Frauenärzten nach einem persönlichen Gespräch durchgeführt.

Beobachten Untersuchen Experimentieren

HPV als Ursache für Krebserkrankungen
Das HPV (engl. ***human papilloma virus***) zählt zu den sexuell übertragbaren Krankheitserregern. Es ist das häufigste sexuell übertragbare Virus der Welt. Man kennt von diesem Virus etwa 120 verschiedene Typen. Einige Virustypen des HPV verbleiben über Jahre unbemerkt in den befallenen Zellen, andere sind für die Bildung von Feigwarzen an den Genitalien (v. a. Typ 6 und 11) oder der Entstehung von Gebärmutterhalskrebs (v. a. Typ 16 und 18) verantwortlich. Aber auch für Tumore an ganz unterschiedlichen Stellen des Körpers sollen HPV mitverantwortlich sein. Geimpft werden kann gegen die Typen 6, 11, 16 und 18.

1 Beschreibe und erläutere die Abbildung 2.
2 Nenne weitere Möglichkeiten, wie du dich vor HPV schützen kannst.
3 Bisher wird nur Mädchen empfohlen, sich impfen zu lassen. Bewerte diese Empfehlung unter Berücksichtigung der Abbildung.

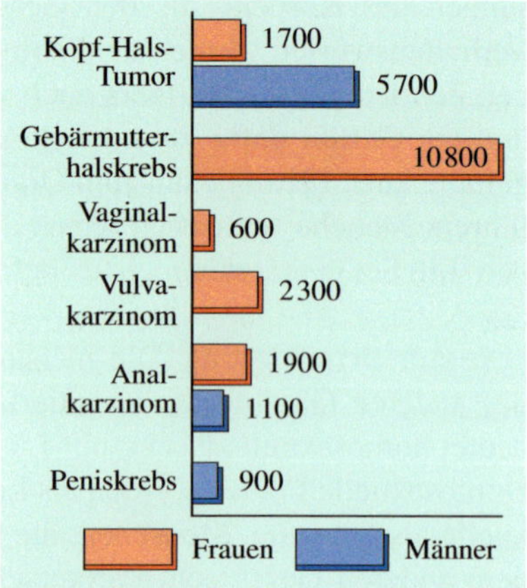

2 HPV-abhängige Krebserkrankungen pro Jahr in den USA

Sexuell übertragbare Krankheiten

224-1

Sexuell übertragbare Krankheiten werden vor allem durch Geschlechtsverkehr und durch andere sexuelle Kontakte, zum Beispiel Petting, übertragen. Erreger dieser Krankheiten können Bakterien, Viren, Pilze oder Einzeller sein. In den letzten Jahren hat die Zahl der Erkrankungen weltweit wieder zugenommen. Neben den „klassischen“ Geschlechtskrankheiten wie Syphilis oder Tripper sind heute vor allem Aids, Hepatitis B oder Chlamydien-Infektionen von Bedeutung. ↑3 Die Benutzung von Kondomen bietet einen gewissen Schutz vor Ansteckung.

Syphilis Die Syphilis wird von Bakterien verursacht. Eine Übertragung erfolgt beim Geschlechtsverkehr bzw. bei Kontakt mit erkrankter Haut oder Schleimhaut. Die Krankheit verläuft in drei Stadien. Die ersten Symptome, etwa drei Wochen nach der Infektion, sind ein Knoten oder ein Geschwür an Geschlechtsorganen, After oder Mund. Einige Wochen später kommt es zu grippeartigen Beschwerden. Außerdem treten großflächige Hautausschläge auf. Die beiden ersten Stadien sind durch Antibiotika gut heilbar. Bleibt die Krankheit unbehandelt, können Jahre nach der Ansteckung die inneren Organe und das Nervensystem geschädigt werden.

Gonorrhö Auch die Gonorrhö, umgangssprachlich Tripper genannt, ist eine bakterielle Infektion. Sie ist die weltweit häufigste Geschlechtskrankheit. Etwa 4 Tage nach der Ansteckung zeigen sich erste Krankheitssymptome: Brennen beim Wasserlassen, Juckreiz sowie eitriger Ausfluss. Wird die Krankheit nicht behandelt, können sowohl beim Mann als auch bei der Frau die inneren Geschlechtsorgane befallen werden, was häufig zu Unfruchtbarkeit führt. Werden Infizierte rechtzeitig mit Antibiotika behandelt, können sie geheilt werden. Eine unbehandelte Gonorrhö kann auch andere Organe befallen. Herz- und Gefäßschäden sind mögliche Folgen.

Chlamydien Chlamydien bilden eine Gattung der Bakterien. Eine Chlamydien-Infektion ist in Industrieländern die häufigste sexuell übertragene Erkrankung. Die Zahl der Infektionen in Deutschland wird auf etwa 1 Million jährlich geschätzt. Da die Symptome oft unauffällig sind oder gar ganz fehlen, bleibt die Erkrankung häufig unerkannt und ansteckend. Man geht davon aus, dass in Deutschland jährlich etwa 80 000 Frauen durch Chlamydien unfruchtbar werden.

Herpes genitalis Die genitale Herpesinfektion wird durch das Herpes-simplex-Virus verursacht. Nach der Infektion verspürt man vor allem im Genitalbereich einen Juckreiz und es bilden sich schmerzhafte, flüssigkeitsgefüllte Bläschen. Der Erkrankte bleibt lebenslang Virusträger und kann andere anstecken. Die Krankheitssymptome können medikamentös behandelt werden. Kondome schützen vor einer Ansteckung.

Hepatitis B ↑3 Als Hepatitis bezeichnet man Leberentzündungen, die vom gleichnamigen Virus verursacht werden. Das Hepatitis-B-Virus ist extrem infektiös. Es wird vor allem beim Geschlechtsverkehr, über verunreinigte Blutprodukte und kontaminierte Spritzen von Drogenabhängigen übertragen. Kondome schützen vor einer Infektion. Zudem steht eine Impfung zur Verfügung.

Kurz und knapp **Sexuell übertragbare Krankheiten müssen ärztlich behandelt werden, um eine Ansteckung anderer zu vermeiden. Die Benutzung von Kondomen schützt relativ sicher vor einer Infektion.**

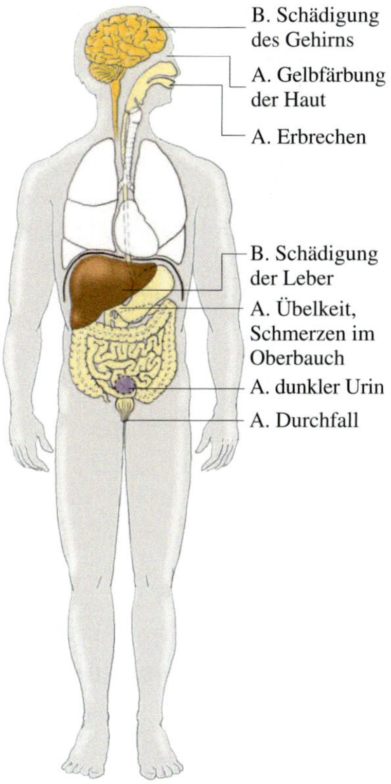

3 Mögliche Symptome (A.) und Folgen (B.) einer Hepatitis-B-Erkrankung

Arbeitsaufträge

1 Erläutere die „doppelte“ Schutzfunktion des Kondoms.

2 Beschreibe mögliche Symptome und Folgen einer Hepatitis-B-Erkrankung. ↑3

3 Erstelle ein Kurzreferat zu einer sexuell übertragbaren Krankheit.

Aids

Wahrscheinlich hat jeder diese oder ähnliche Plakate bereits einmal gesehen. Trotzdem scheint die Gefahr, die mit der Krankheit Aids verbunden ist, für viele Menschen weit weg zu sein.
Aber ist sie das wirklich?

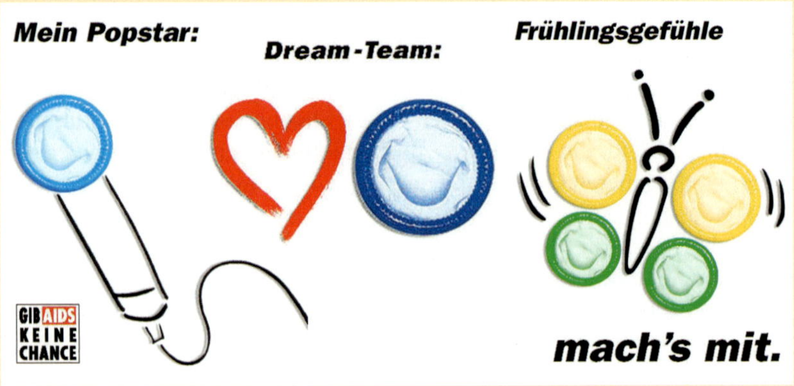

1 Collage dreier Plakate einer Aufklärungskampagne gegen Aids

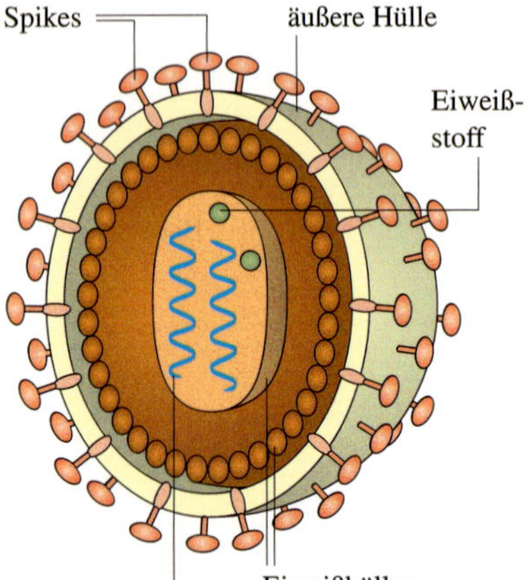

2 Schematischer Längsschnitt des HI-Virus

Aids bedroht die Menschen weltweit

226-1

Seit über zwanzig Jahren ist die Krankheit Aids (engl. ***a**cquired **i**mmune **d**eficiency **s**yndrome:* erworbenes Immundefektsyndrom) bekannt. Seit dem Jahr 1983 weiß man, dass das HI-Virus (engl. ***h**uman **i**mmunodeficiency **v**irus*) die Krankheit auslöst. ↑2 Man kann jahrelang mit dem HI-Virus infiziert sein, also HIV-positiv, ohne dass man etwas davon merkt. Trotzdem besteht die Gefahr, andere zu infizieren. Von Aids spricht man, wenn die Krankheit mit ihren typischen Symptomen ausbricht. Obwohl erhebliche Anstrengungen unternommen wurden, gibt es bisher weder einen Impfstoff gegen diese Krankheit noch ein Heilmittel, das die Viren wieder aus dem Körper entfernt. Sie ist nach wie vor unheilbar und endet tödlich. Das einzige Mittel gegen diese Krankheit ist, sich nicht zu infizieren!

Bedrohung Aids Trotz intensiver, weltweiter Aufklärungskampagnen breitet sich Aids noch immer sehr stark aus. 2008 waren weltweit rund 33 Millionen Menschen mit dem HI-Virus infiziert. ↑3 Im Schnitt kommen in jeder Minute neun weitere Neuinfizierte hinzu! In Deutschland

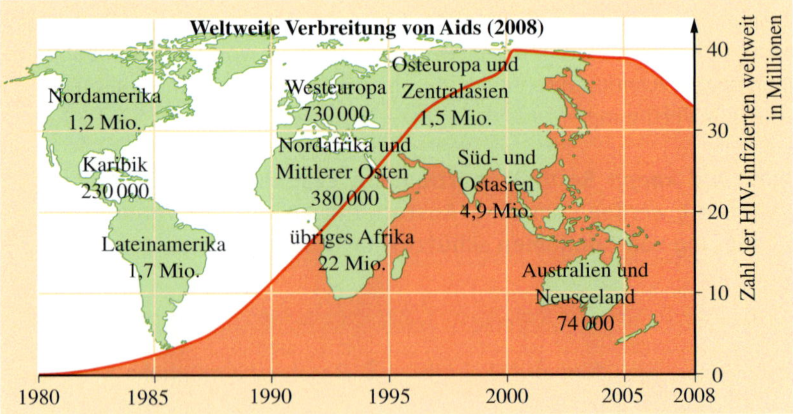

3 HIV-Infizierte weltweit

waren im Jahr 2006 ca. 56 000 Menschen HIV-positiv, rund 2 600 mehr als im Vorjahr. Hier infizieren sich also täglich ungefähr sieben Menschen mit dieser schrecklichen Krankheit.

HI-Virus Aids wird durch ein nur 100 Nanometer großes, kugelförmiges Virus verursacht. ↑2 Aus seiner äußeren, fetthaltigen Hülle ragen kleine Fortsätze, die Spikes. Die innere der beiden Eiweißhüllen enthält die Erbsubstanz in doppelter Ausführung. Daneben findet man einen Eiweißstoff, der dafür sorgt, dass die Viruserbsubstanz so umgestaltet wird, dass sie in die Erbsubstanz der Wirtszelle eingebaut werden kann.

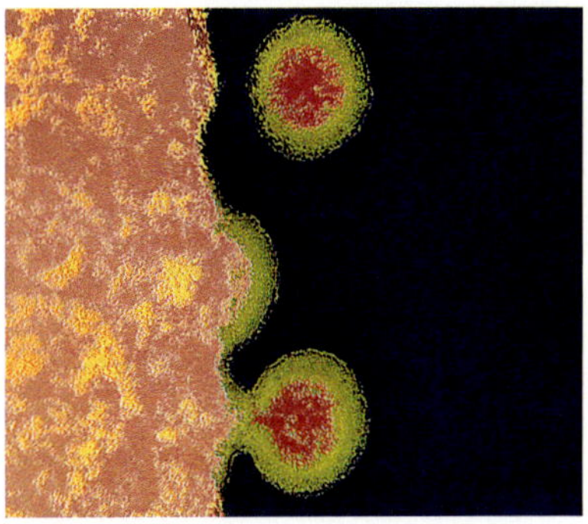

4 Neue HI-Viren werden aus den T-Zellen freigesetzt.

Krankheitsmechanismus Dringen HI-Viren in den Körper ein, so wird zunächst die normale Immunreaktion ausgelöst. Die katastrophale Wirkung der HI-Viren beruht nun darauf, dass sie bevorzugt T-Helferzellen befallen. Sie bauen ihr eigenes Erbgut in diese ein und veranlassen sie, neue HI-Viren zu produzieren. Die Freisetzung der Viren bewirkt die Zerstörung der T-Helferzellen. ↑4 und 5
Durch das allmähliche Ausschalten der T-Helferzellen können keine B-Zellen mehr aktiviert werden. Somit entstehen keine Plasmazellen mehr und die Zahl der Antikörper nimmt ab. Auch die Aktivierung der T-Killerzellen unterbleibt. Damit werden auch keine von Krankheitserregern befallenen oder entarteten Zellen, zum Beispiel Krebszellen, mehr zerstört. Das Immunsystem bricht schließlich zusammen. Krankheiten, die für einen gesunden Körper harmlos sind, kommen ungehindert zum Ausbruch. Aidskranke sterben daher meist an eigentlich harmlosen Sekundärinfektionen. ↑6

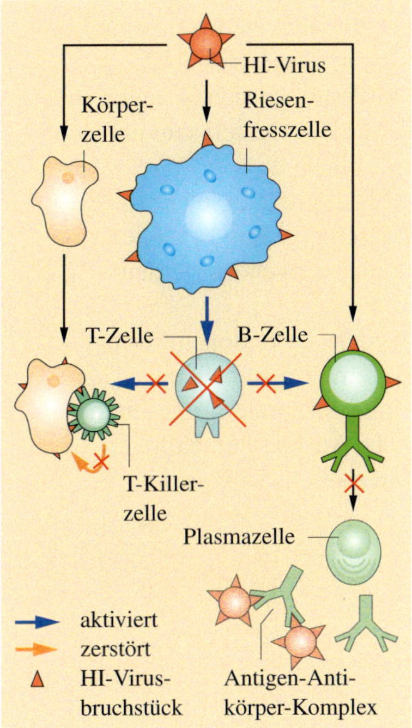

5 Folgen der HIV-Infektion

Ansteckungswege Das HI-Virus kann nur in Flüssigkeiten „überleben“. Aus diesem Grund wird die Krankheit ausschließlich durch den Kontakt mit infizierten Körperflüssigkeiten weitergegeben. Hohe Viruskonzentrationen findet man in Blut, Sperma und Vaginalsekreten. Anstecken kann man sich folglich vor allem beim ungeschützten Geschlechtsverkehr. Die Übertragung des Virus über das Blut ist beispielsweise möglich, wenn Heroinabhängige gemeinsam Injektionsnadeln benutzen. Gespendetes Blut wird heute in den Industrieländern untersucht, sodass dort die Infektion durch eine Bluttransfusion sehr unwahrscheinlich ist. Allerdings ist dieser

Phase A	Phase B	Phase C
Unmittelbar oder wenige Wochen nach der Infektion können grippeähnliche Symptome auftreten. Nach ihrem Abklingen fühlen sich die Betroffenen gesund. Antikörper gegen das Virus sind nach 4–8 Wochen nachweisbar. Der beschwerdefreie Zustand kann sich über Jahre hinziehen. Die Virusträger können jedoch andere Menschen anstecken.	Auch in der beschwerdefreien Zeit vermehrt sich das Virus stets weiter. Schließlich ist das Immunsystem so stark geschwächt, dass erste Symptome auftreten. Lang andauernde Fieberschübe und Durchfälle, Pilzbefall von Mund- und Rachenraum, Nervenerkrankungen an Armen und Beinen sowie Gewebeveränderungen an der Mundschleimhaut sind für diese Krankheitsphase typisch.	Das Vollbild der Krankheit ist gekennzeichnet durch einen Gewichtsverlust von mehr als 10 Prozent. Tuberkulose, Lungenentzündung, Salmonellen- oder Pilzbefall der Bronchien können zum Tod des Patienten führen. Im Endstadium kann auch das Kaposisarkom auftreten, eine sonst sehr seltene Krebsform.

6 Bei einer HIV-Infektion können meist drei Krankheitsstadien unterschieden werden.

Fokus Medizin

Safer Sex

Hauptansteckungsweg von Aids ist der ungeschützte Geschlechtsverkehr. Safer Sex beinhaltet alle Praktiken, die eine Infektion mit dem HI-Virus weitgehend ausschließen, bei denen es also nicht zum Austausch von Körperflüssigkeiten kommt. Ein hohes Maß an Schutz bietet die Verwendung von Kondomen. Dabei ist allerdings Folgendes zu beachten:

- Man muss sie im richtigen Moment zur Hand haben!
- Sie müssen richtig angewendet werden. Gemeinsam übt sich's leichter! ☺
- Kondome müssen konsequent, also bei jedem sexuellen Kontakt, verwendet werden!

Weitere kostenlose Informationen bekommt man bei der Bundeszentrale für gesundheitliche Aufklärung, Köln, Internet: www.bzga.de.

Übertragungsweg in Endemiegebieten, in denen diese Bluttests noch nicht regelmäßig durchgeführt werden bzw. hohe Neuinfektionsraten bestehen, nicht auszuschließen. HIV-infizierte Mütter können die Viren während der Schwangerschaft, der Geburt oder beim Stillen auf ihr Kind übertragen. Als Übertragungswege scheiden Tätigkeiten des täglichen Umgangs wie Händeschütteln, Umarmen sowie gemeinsames Benutzen von Gläsern oder Besteck aus. Auch Küssen ist ungefährlich. Eine Übertragung durch Insekten ist bisher ebenfalls nicht nachgewiesen worden.

Schutz Da eine Infektion nur möglich ist, wenn Sperma, Scheidensekret oder Blut von Infizierten in die eigene Blutbahn gelangt, ist die Vermeidung einer Ansteckung eigentlich ganz einfach:

- Durch angemessenes Sexualverhalten, insbesondere durch die konsequente Verwendung von Kondomen, lässt sich das Ansteckungsrisiko stark vermindern.
- Bereits gebrauchte Spritzen nicht berühren.
- Vor Hilfeleistungen in Notsituationen oder bei Unfällen Gummihandschuhe anziehen. Sie sind in Erste-Hilfe-Kästen enthalten.

Beim Aufenthalt in Gebieten mit einem sehr hohen Anteil an HIV-Infizierten können, zum Beispiel beim Arztbesuch, weitere Schutzmaßnahmen nötig werden.

Therapie Eine HIV-Infektion führt in aller Regel zu einer Aidserkrankung und damit zum Tod. Durch eine frühe Diagnose lassen sich viele Sekundärinfektionen gut behandeln und der Ausbruch der Krankheit kann verzögert werden. Dies soll nicht darüber hinwegtäuschen, dass heute weder eine Impfung gegen Aids noch eine echte Heilung möglich sind.

Kurz und knapp **Die erworbene Immunschwäche Aids wird durch das HI-Virus ausgelöst, das die T-Helferzellen befällt und zerstört. Dadurch bricht das Immunsystem des Betroffenen zusammen und er erkrankt an Sekundärinfektionen, die schließlich zum Tod führen. Aids ist unheilbar. Die Viren werden mit Körperflüssigkeiten wie Blut, Sperma oder Scheidenflüssigkeit übertragen. Nach der Infektion kann es Jahre dauern, bis die Krankheit ausbricht. Trotzdem kann der Infizierte in dieser Zeit andere anstecken. Durch Safer Sex, insbesondere Kondome, kann man sich vor einer Infektion schützen.**

Arbeitsaufträge

1 Ermittle die aktuellen Zahlen der Ausbreitung des HI-Virus weltweit und in Deutschland. Informationen findest du auch unter www.rki.de und www.unaids.org.

2 Suche Gründe für die unterschiedliche Verbreitung des HI-Virus.

3 Der 1. Dezember ist der Welt-Aids-Tag. Gestaltet zu diesem Tag eine Pauseninformation für eure Mitschülerinnen und Mitschüler, in der ihr über die Krankheit, ihre Ursachen und Verbreitung sowie über den Umgang mit HIV-Infizierten informiert.

4 Betrachte die nebenstehenden Abbildungen. ↑1 Violett unterlegte Personen und Gegenstände sind HIV-Träger (mit HI-Viren behaftet). Diskutiere, bei welchem dargestellten Vorgang sich eine Person mit dem Virus infizieren kann.

5 Bei einer HIV-Infektion kann man verschiedene Krankheitsstadien beobachten.

a Erläutere die in Abbildung 2 dargestellten Daten.

b Stelle einen Zusammenhang mit den Angaben in Abbildung 6 auf Seite 227 her.

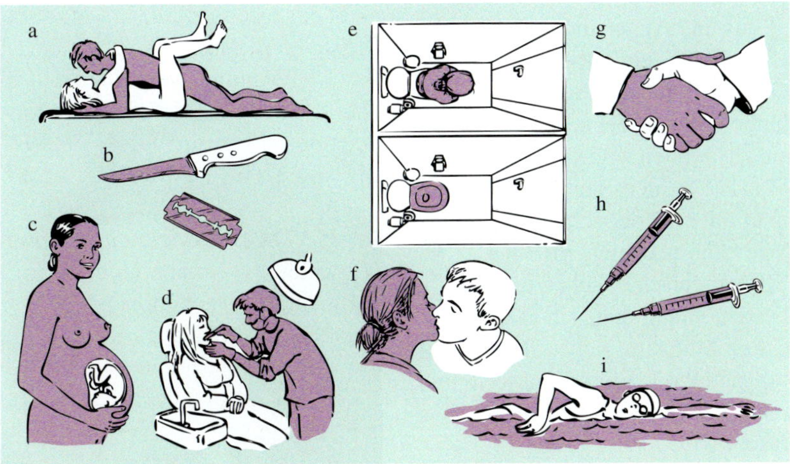

1 Möglichkeiten einer HIV-Infektion?

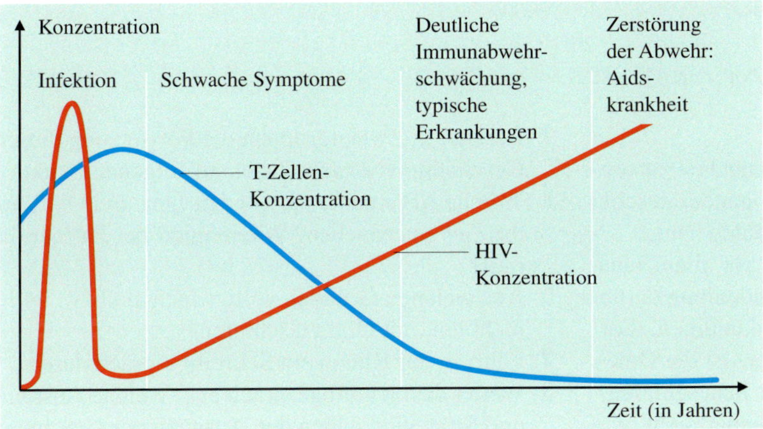

2 Typische Veränderungen nach einer HIV-Infektion

c Erkläre mithilfe der Daten, weshalb es bei der Aidserkrankung zu einer Immunschwäche kommt.

d Erläutere, wodurch sich die Aidserkrankung von anderen Infektionskrankheiten unterscheidet.

6 Zum Nachweis einer HIV-Infektion ist die Konzentration der Viren im Blut meist zu gering.

a Erkläre, weshalb dennoch ein HIV-Test möglich ist. ↑3

b Skizziere und erläutere die Vorgänge, wenn die Blutprobe „negativ" getestet wird.

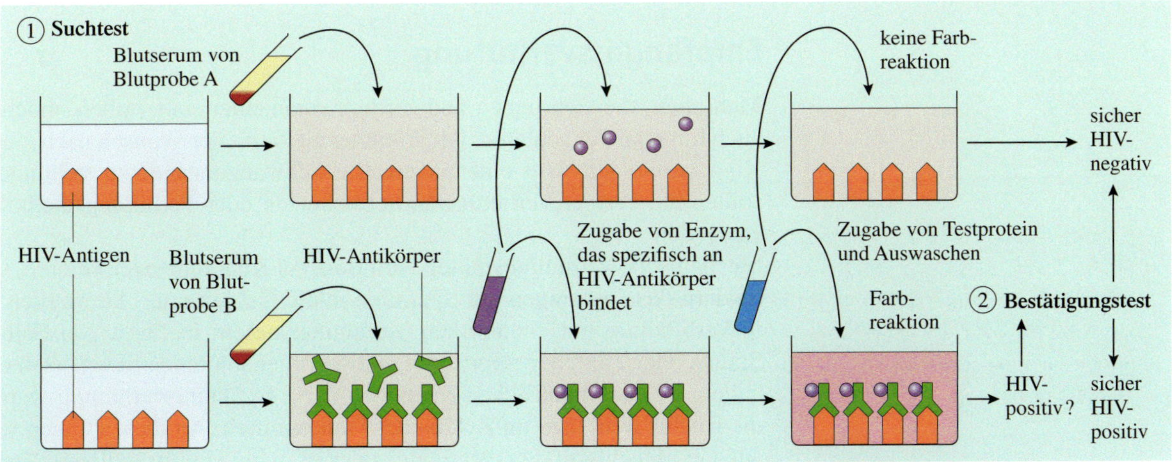

3 HIV-Test

Wenn Paare noch keine Kinder wollen

Jens und Antje sind ineinander verliebt – ein unbeschreibliches Gefühl. Beide sind auf einer Wellenlänge und alles ist so einfach, wenn sie zusammen sind.
Was ist, wenn es mehr wird? Wenn man miteinander schlafen möchte? Wie kann man sich vor einer Schwangerschaft schützen? Am besten, indem man schon vor dem ersten Mal ganz sicher über Verhütungsmethoden Bescheid weiß und nicht von der Verhütungsfrage überrascht wird!

1 Liebe ist auch, gemeinsame Entscheidungen zu treffen.

Beobachten Untersuchen Experimentieren

Das erste Mal!?
Jana und Olaf sind seit den Sommerferien fest zusammen, aber sie haben bislang nicht miteinander geschlafen. Für beide wäre es das erste Mal. Beide haben schon mit dem Gedanken gespielt und vor allem Jana hat auch mit ihrer besten Freundin stundenlang darüber geredet. Als Janas Eltern kurzfristig ankündigen, dass sie übers Wochenende verreisen müssen, ist die Gelegenheit da. Olaf möchte unbedingt mit Jana schlafen, auch sie ist voller Erwartung. Sie weiß aber nicht, wie weit sie gehen soll …

1 Bereitet in Zweiergruppen die Fortsetzung dieser Geschichte vor. Geht dabei auf folgende Punkte ein:
a Welche Argumente verwenden Jana und Olaf, um ihr Ziel zu erreichen? Wie reagiert der Partner darauf?
b Aus welchen Gründen willigt Jana ein bzw. willigt nicht ein, mit Olaf zu schlafen?

2 Führt in der Klasse ein Schreibgespräch durch.

3 Wertet das Schreibgespräch aus: Welche Aussagen und Strategien haben den Ausgang der Geschichte entscheidend beeinflusst? Welche Werte und Normen spielen bei diesem Thema eine Rolle?

Empfängnisverhütung

230-1

Menschen, die sich lieben und zärtlich zueinander sein wollen, möchten auch miteinander schlafen. Nicht immer ist damit der Wunsch nach einem Kind verbunden. Um eine ungewollte Schwangerschaft zu verhindern, sollten die Partner Verhütungsmittel benutzen oder Verhütungsmethoden anwenden.
Mechanische Verhütungsmittel, zum Beispiel Kondome oder Pessare, verhindern das Eindringen der Spermien in die Gebärmutter. Sie werden oft in Verbindung mit chemischen Verhütungsmitteln in Form von Salben, Sprays oder Zäpfchen verwendet, die spermienabtötende Substanzen enthalten. Bei den natürlichen Methoden der Empfängnisverhütung werden die fruchtbaren Tage im Zyklus der Frau ermittelt. An diesen Tagen wird auf Geschlechtsverkehr verzichtet oder es wird ein zusätzliches Verhütungsmittel verwendet.

Kondom Das Kondom ist ein mechanisches Verhütungsmittel, das der Mann benutzt. Es ist eine hauchdünne Gummihülle, die vor dem Geschlechtsverkehr über das steife Glied gerollt wird. Dadurch fängt sie das Sperma beim Samenerguss auf.
Kondome und Femidome (Kondome für Frauen ↑S.232/2) schützen als einzige Verhütungsmittel nicht nur vor einer Schwangerschaft, sondern auch vor sexuell übertragbaren Krankheiten wie Aids oder Hepatitis B.

Die Antibabypille Die Antibabypille, umgangssprachlich auch „Pille" genannt, ist ein sehr sicheres, hormonelles Verhütungsmittel. Die Tabletten enthalten in der Regel eine bei den erhältlichen Präparaten unterschiedliche Mischung aus weiblichen Sexualhormonen, Östrogenen und Gestagenen.
Die Wirkung der „Pille" beruht im Wesentlichen auf drei biochemischen Reaktionen: Östrogene und Gestagene unterdrücken bei regelmäßiger Einnahme die Ausschüttung der Hypophysenhormone FSH und LH. Sie verhindern auf diese Weise die Reifung einer Eizelle und einen Eisprung. Die Einnahme von Gestagenen verändert zusätzlich den Aufbau der Gebärmutterschleimhaut, sodass es einer möglicherweise doch befruchteten Eizelle unmöglich ist, sich dort einzunisten. Sie führt außerdem dazu, dass der Schleimpfropf im Gebärmutterhals zähflüssiger und fester wird. Den Spermien wird damit das Eindringen in die Gebärmutter erschwert.
Die „Pille" muss ärztlich verschrieben werden, da sie nicht von jeder Frau vertragen wird. Vor allem bei Frauen, die rauchen und an Übergewicht leiden, besteht ein erhöhtes Thromboserisiko.

Verhütungspflaster Das Pflaster wird auf Bauch, Oberkörper – mit Ausnahme der Brust –, Gesäß oder der Außenseite des Oberarms platziert. Es funktioniert ähnlich wie die Pille, indem es Östrogene und Gestagene freisetzt, die über die Haut in die Blutbahn gelangen. Durch die Wirkung der Hormone wird der Eisprung unterdrückt und die Einnistung einer befruchteten Eizelle in die Gebärmutterschleimhaut verhindert.

Spiralen Die Spirale ist ein T-förmiger Kunststoffkörper, der vom Frauenarzt in die Gebärmutter eingesetzt wird und dort bis zu fünf Jahre verbleiben kann. Sie ist entweder mit Kupferdraht umwickelt oder mit Hormonen versehen. ↑3 und 4
Die Kupferspirale ruft eine örtliche Entzündung in der Gebärmutterschleimhaut hervor und verhindert so die Einnistung einer bereits befruchteten Eizelle. Die Hormonspirale gibt kontinuierlich Gestagene an den Körper ab. Dadurch wird unter anderem der Schleim im Gebärmutterhals dickflüssig und damit zur unpassierbaren Barriere für Spermien.

Diaphragma Das Diaphragma oder Pessar ist eine schalenförmige Gummimembran, die über den Muttermund gelegt wird und eine Barriere gegen eindringende Spermien bildet. ↑1 Es muss mindestens 10 Minuten vor dem Geschlechtsverkehr eingeführt und zusätzlich mit einer spermienabtötenden Creme bestrichen werden. Das Pessar darf frühestens 6 bis 8 Stunden nach dem Geschlechtsverkehr entfernt werden.

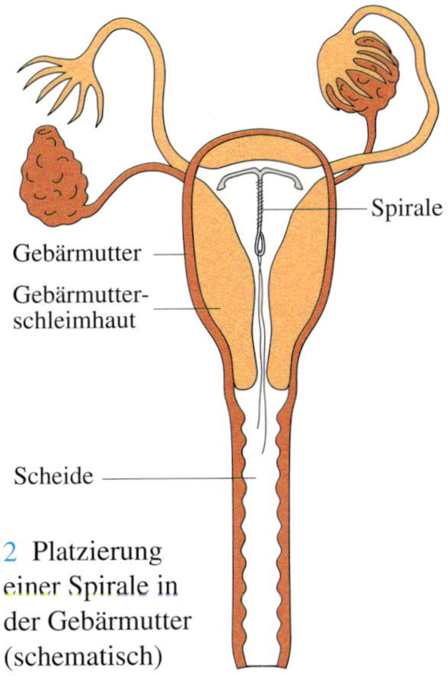

2 Platzierung einer Spirale in der Gebärmutter (schematisch)

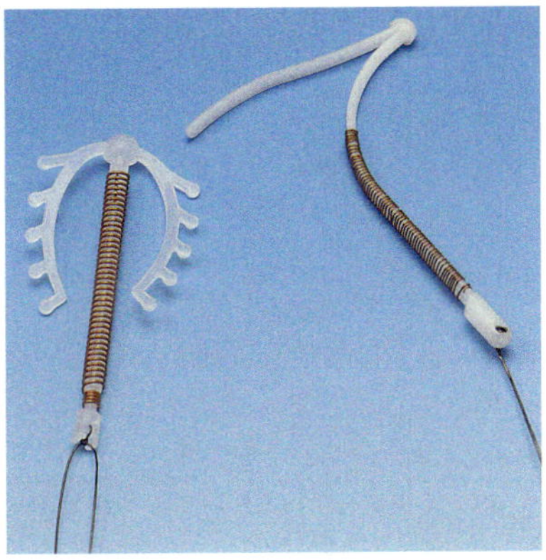
3 Kupferspiralen

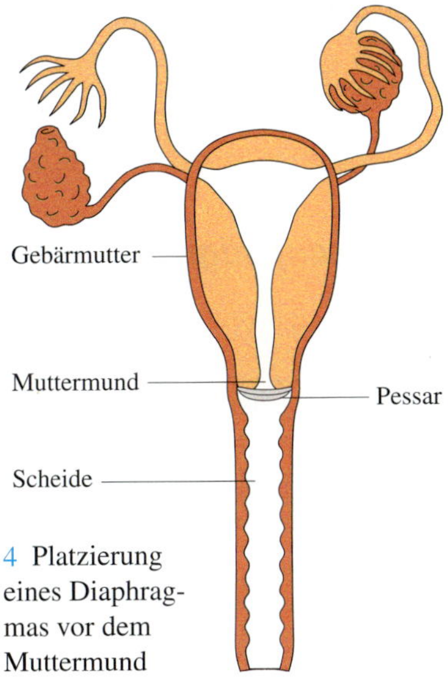

4 Platzierung eines Diaphragmas vor dem Muttermund (schematisch)

Basaltemperaturmessung Bei dieser Methode wird die morgendliche Körpertemperatur gemessen und in eine Tabelle eingetragen. Charakteristischerweise steigt die Körpertemperatur nach dem Eisprung um bis zu 0,5 °C und bleibt bis zur nächsten Regelblutung erhöht. ↑1 Vom dritten Tag mit erhöhter Temperatur bis zur nächsten Regelblutung kann man daher von unfruchtbaren Tagen ausgehen.

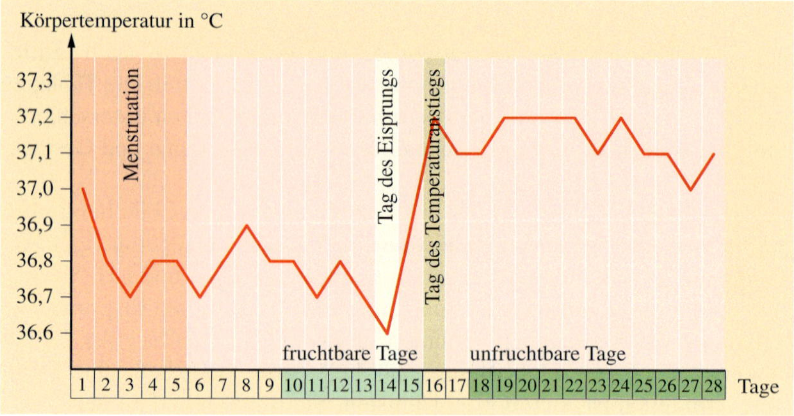

1 Verlauf der Körpertemperatur während eines 28-tägigen Zyklus (Beispiel)

Kalendermethode Bei der Kalendermethode werden die fruchtbaren Tage rein rechnerisch ermittelt. Vorher müssen ein Jahr lang die Tage von einer Blutung zur anderen gezählt und aufgeschrieben werden. Diese Methode eignet sich nicht zur Verhütung, sondern nur bei Kinderwunsch.

Verhütungscomputer Bei dieser Form der natürlichen Empfängnisverhütung werden die fruchtbaren Tage der Frau durch die morgendliche Messung des veränderten Hormonspiegels im Urin bestimmt. Der Computer wertet das Ergebnis aus. Im Display wird angezeigt, ob der Eisprung kurz bevorsteht oder ob er bereits erfolgt ist. An fruchtbaren Tagen muss an ein mechanisches oder chemisches Verhütungsmittel gedacht werden.

Kurz und knapp **Es gibt natürliche, chemische, mechanische und hormonelle Mittel und Methoden der Schwangerschaftsverhütung. Zu den gebräuchlichsten Verhütungsmitteln zählen Kondom und „Pille“.**

Arbeitsaufträge

1 Erkläre die Wirkungsweise der „Pille“.

2 Beschreibe den Verlauf der Temperaturkurve bei einem Zyklus von 28 Tagen. ↑2 Erkläre „fruchtbare“ und „unfruchtbare“ Tage.

2 Femidom

3 Informiere dich über Handhabung, Wirkung sowie Vor- und Nachteile des Femidoms.

4 Für jedes Verhütungsmittel gibt es einen Pearl-Index. Recherchiere seine Bedeutung und gib ihn für die im Text genannten Verhütungsmittel an.

Methode

Bewertung von Verhütungsmitteln

Erfolgreiches Bewerten und Entscheiden erfordert eine intensive Auseinandersetzung mit dem Thema und eine Überprüfung und Reflexion eigener und anderer Bewertungsprozesse. Diese Methode zeigt, wie ihr in aufeinanderfolgenden Informations- und Entscheidungsschritten ein objektives Bewertungsergebnis erzielt, das eure anfangs vorhandene Bauchentscheidung konkretisiert oder auch umwirft.

1 Sucht euch 4 Kriterien aus, die für die Wahl einer Verhütungsmethode eine Rolle spielen (z. B. Sicherheit).

2 Ordnet diesen Kriterien Wertungspunkte zu:
1 Punkt = nicht so wichtig … bis … 5 Punkte = sehr wichtig.

3 Vergleicht eure Kriterien und Wertungen mit denen einer anderen Gruppe und einigt euch auf ein Ergebnis.

4 Erstellt eine Tabelle nach unten stehendem Muster. Tragt eure Kriterien in die erste Spalte und die Punkte in die zweite Spalte der Tabelle ein.

5 Wählt drei unterschiedliche Verhütungsmethoden aus folgender Liste aus:
Kondom, Pille, Verhütungscomputer, Spirale, Temperaturmethode, Diaphragma, chemische Verhütungsmittel, Verhütungspflaster, Verhütungskappe, Hormonstäbchen.
Tragt die ausgewählten Verhütungsmethoden in die freien Kästchen der ersten Zeile ein.

6 Informiert euch umfassend über die ausgewählten Verhütungsmethoden. Es bieten sich neben dem Schulbuch auch das Internet und Broschüren an.

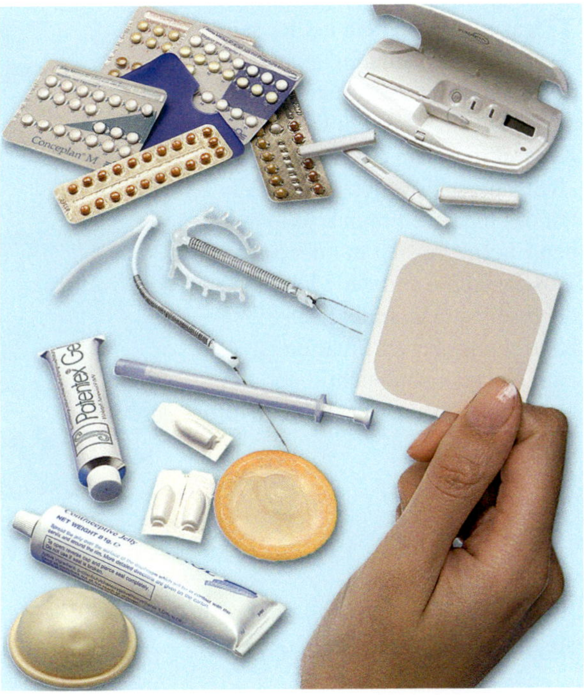

3 Verschiedene Verhütungsmittel

7 Entscheidet dann, inwiefern die Methode die 4 gewählten Kriterien erfüllt.
Wird das Kriterium voll erfüllt, werden 5 Punkte gegeben, wird es nicht erfüllt, 0 Punkte und wird es nur zum Teil erfüllt, erhält das Verhütungsmittel entsprechend der Gewichtung 1–4 Punkte. Die Punkte werden mit der Wertung des Kriteriums multipliziert. (Beispiel: Kriterium A hat eine Wertung von 3, Verhütungsmittel A erfüllt dieses voll → $3 \cdot 5 = 15$.) Das Endergebnis wird in die Tabelle eingetragen.

8 Diskutiert euer Bewertungsergebnis mit den anderen Gruppen in eurer Klasse.

Kriterium	*Wertung (1, 2, 3, 4, 5)*	*Verhütungsmethode*	*Verhütungsmethode*	*Verhütungsmethode*
Endergebnis		*… Punkte*	*… Punkte*	*… Punkte*

Ungewollt Schwanger – wenn Kinder Kinder kriegen

Das muss doch ein Fehler sein ..., aber nachdem auch der dritte Schwangerschaftstest positiv ausgefallen ist, besteht wohl kein Zweifel mehr am Ergebnis: „Schwanger! Und jetzt? Wie sag ich das meinem Freund? Wie meinen Eltern? Was ist mit der Schule? Was sagen die anderen? Ich bin doch selbst manchmal noch ein Kind!" – In dieser Situation ist Zeit zum Nachdenken wichtig und umfassende Beratung eine große Hilfe.

1 Jugendliche mit positivem Schwangerschaftstest

Beobachten Untersuchen Experimentieren

Schwangerschaften bei Minderjährigen
Jedes Jahr werden in Deutschland mehr als 10000 Minderjährige schwanger. Auch Aufklärungskampagnen in Schulen und die Übernahme der Kosten für die Pille durch die Krankenkassen haben nur zu einem leichten Rückgang solcher Schwangerschaften beigetragen.

1 Beschreibe das Diagramm. ↑2 Notiere die Informationen, die du dem Diagramm entnehmen kannst.
2 Beschreibe den Konflikt, der sich für schwangere Minderjährige ergibt.
3 Notiere Handlungs- und Beratungsmöglichkeiten, um die Zahl von Schwangerschaften bei Minderjährigen zu beeinflussen.
4 Nenne Gründe, warum es auch bei aufgeklärten Jugendlichen zu ungewollten Schwangerschaften kommen kann.
5 Erstellt in Gruppen einen konkreten Plan für eine Aufklärungskampagne an eurer Schule. Geht dabei auch auf den Zeitpunkt für die Kampagne, die Inhalte und die Vorgehensweise ein.

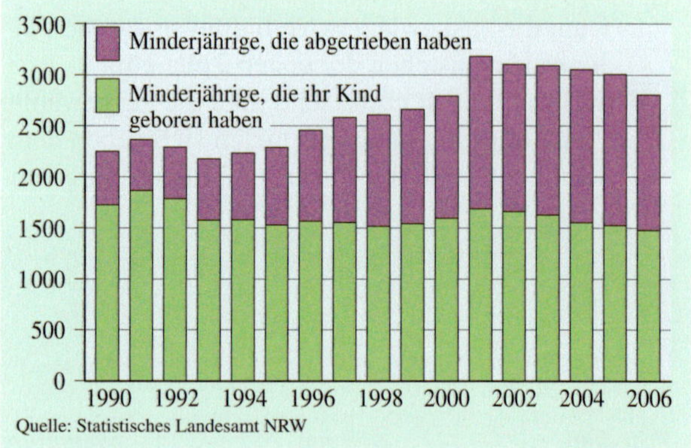

2 Minderjährige Schwangere in Nordrhein-Westfalen

Schon gewusst?

Schwangerschaftstest
Schwangerschaftstests aus der Apotheke weisen das Hormon HCG (humanes Choriongonadotropin) im Urin nach. Es verhindert, dass die Gebärmutterschleimhaut abgestoßen wird. Die Schwangerschaft wird so aufrechterhalten. Das Hormon kann frühestens 14 Tage nach der Befruchtung nachgewiesen werden. Die Tests haben bei richtiger Anwendung dann eine Zuverlässigkeit von über 95 Prozent. Bei einem positiven Schwangerschaftstest sollte das betroffene Mädchen oder die Frau umgehend eine Frauärztin oder einen Frauenarzt aufsuchen.

Zur Diskussion Schwangerschaftsabbruch

235-1

Unter Schwangerschaftsabbruch versteht man die Entfernung oder herbeigeführte Abstoßung des Embryos aus der Gebärmutter. Bei den meisten Schwangerschaftsabbrüchen zwischen der 6. und 14. Schwangerschaftswoche wird die Absaugmethode angewandt, bei der durch ein Röhrchen der Embryo mitsamt der Gebärmutterschleimhaut abgesaugt wird. Häufig wird die Gebärmutter anschließend ausgeschabt, um auch letzte Gewebereste zu entfernen. Etwa 10 Prozent der Schwangerschaften werden bis zur 9. Schwangerschaftswoche durch Abtreibungspillen abgebrochen. Dabei werden verschiedene Medikamente unter ärztlicher Aufsicht eingenommen, wodurch sich die Gebärmutter nach mehreren Tagen zusammenzieht und den Embryo abstößt.

Positionen zu Schwangerschaftsabbrüchen

Deutsche Gesetzgebung

§ 218 (1) Wer eine Schwangerschaft abbricht, wird mit Freiheitsstrafe bis zu drei Jahren oder mit Geldstrafe bestraft. Handlungen, deren Wirkung vor Abschluss der Einnistung des befruchteten Eies in der Gebärmutter eintritt, gelten nicht als Schwangerschaftsabbruch [...].

§ 218a (1) Der Tatbestand des § 218 ist nicht verwirklicht, wenn

1. die Schwangere den Schwangerschaftsabbruch verlangt und dem Arzt durch eine Bescheinigung [...] nachgewiesen hat, dass sie sich mindestens drei Tage vor dem Eingriff hat beraten lassen,
2. der Schwangerschaftsabbruch von einem Arzt vorgenommen wird und
3. seit der Empfängnis nicht mehr als zwölf Wochen vergangen sind.

Christliche Kirchen

Die katholische Kirche sieht die befruchtete Eizelle bereits als Person an und gesteht ihm damit die gleichen Rechte wie der werdenden Mutter zu. Sie lehnt einen Schwangerschaftsabbruch als Sünde ab. In der protestantischen Kirche werden unterschiedliche Positionen vertreten.

Von einem Embryo spricht man in der Zeit von der Einnistung des Keims (1 Woche nach der Befruchtung) bis zum Abschluss der Organbildung (10 Wochen nach der Befruchtung). In der folgenden Zeit bis zur Geburt spricht man von einem Fetus.
Die Schwangerschaftswochen (SSW) werden ab dem ersten Tag der letzten Regelblutung vor der Befruchtung gezählt. Die Einnistung erfolgt demnach am Ende der dritten SSW.

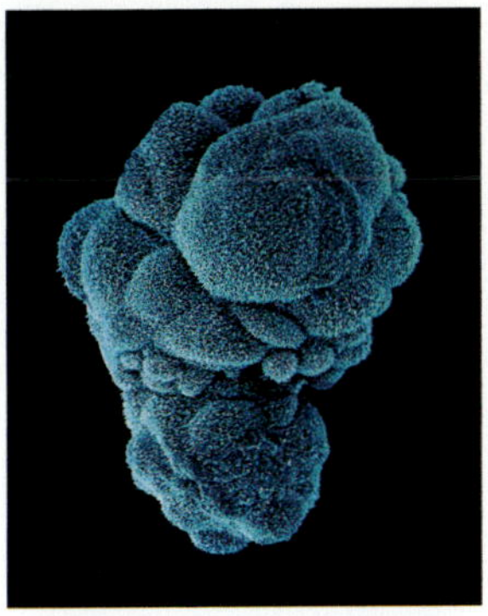

3 Embryo sechs Tage nach der Befruchtung

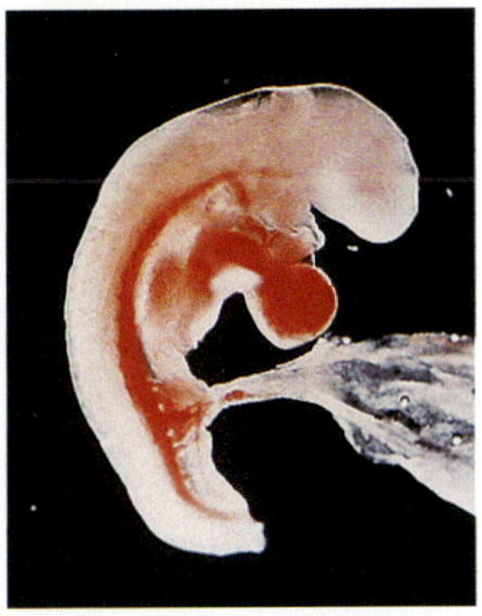

4 Vier Wochen alter Embryo

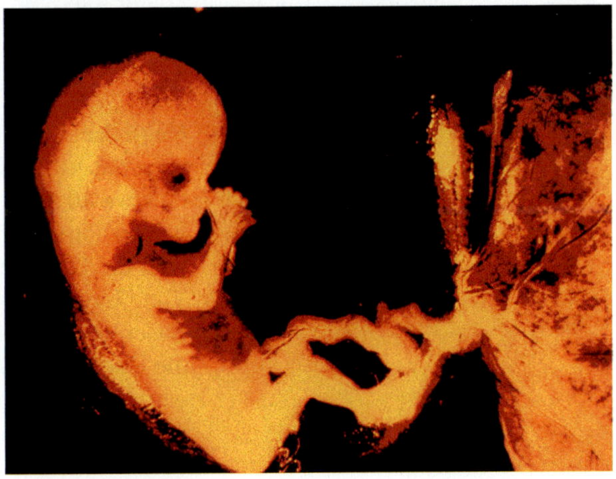

5 Embryo im Alter von 12 Wochen

Arbeitsaufträge

1 Recherchiere Erfahrungsberichte von Schwangerschaftsabbrüchen und stelle die genannten positiven und negativen Seiten des Eingriffs für die Frau gegenüber.

2 Es gibt Frauen, die ihr Recht auf ihre eigene freie Entscheidung, ob sie das Kind gebären möchten oder nicht, durch § 218 eingeschränkt sehen. Nimm Stellung.

3 Ab wann ist ein Mensch ein Mensch? Suche nach einer Antwort auf diese Frage und begründe sie. ↑S.209

Wenn Paare unbedingt Kinder wollen

Louise Brown galt 1978 als Weltsensation. Sie war das erste „Retortenbaby“ – das erste durch künstliche Befruchtung gezeugte Baby – der Welt und wurde am 25. Juli 1978 in Großbritannien geboren.
Seitdem konnte vielen Paaren, die ungewollt kinderlos blieben, auf diese Weise geholfen werden. Warum können manche Paare kein Kind bekommen? Welche Behandlungsmöglichkeiten bietet die moderne Medizin?

1 Louise Brown: 1979, bei ihrem ersten Fernsehauftritt

Ungewollte Kinderlosigkeit

Alles scheint perfekt zu sein: Ein Paar hat sich gefunden und ist glücklich, die Ausbildung ist beendet oder man hat bereits einen Arbeitsplatz. Jetzt könnte das gewünschte Baby kommen. Aber es passiert einfach nichts. Schätzungen zufolge ist etwa jedes siebte Paar in Deutschland ungewollt kinderlos.

Mögliche Ursachen Ungewollte Kinderlosigkeit kann zahlreiche Ursachen haben. Sie lässt sich zu etwa 40 Prozent auf den Mann zurückführen, zu etwa 40 Prozent auf die Frau. Bei etwa 20 Prozent der Paare liegen bei beiden Partnern Hindernisse für das Eintreten der Schwangerschaft vor oder die Ursache kann nicht geklärt werden.
Viele Ursachen sind Folgen von Infektionen, Nachwirkungen von Operationen oder angeborene Fehlbildungen. Bei der Frau können zum Beispiel die Eileiter blockiert oder beschädigt sein. Es können hormonelle Störungen, zum Beispiel bei der Eizellreifung, vorliegen oder Eierstöcke, Eileiter oder Gebärmutter fehlgebildet sein. Beim Mann ist vor allem die Spermaqualität entscheidend: Entweder ist die Anzahl der Spermien zu niedrig oder zu viele Spermien sind unbeweglich.
Auch das Alter, die Lebensweise und Umweltbelastungen spielen eine große Rolle für die Fruchtbarkeit. So entscheiden sich viele Paare heute erst spät für ein Kind. Im Alter nimmt jedoch die Fruchtbarkeit ab.

Behandlungsmethoden Die moderne Medizin bietet vielfältige Möglichkeiten, um Paaren, die ungewollt kinderlos bleiben, zu helfen. In Abhängigkeit von der Ursache kann zum Beispiel eine Spermienübertragung oder eine künstliche Befruchtung durchgeführt werden. ↑2

Wenn die Spermienanzahl des Mannes nicht ausreicht oder die Spermien nur eingeschränkt bewegungsfähig sind, ist eine Spermienübertragung oder Insemination möglich. Dabei wird aufbereitetes Sperma mit einem Katheter direkt in die Gebärmutter oder in einen der beiden Eileiter gespült, wo eine Befruchtung stattfinden kann. Der Spermienübertragung geht in der Regel eine Hormonstimulation bei der Frau voraus, die dafür sorgt, dass mehrere Eizellen gleichzeitig heranreifen.
Bei der In-vitro-Fertilisation (lat.: Befruchtung im Glas) werden die Eizellen der Frau außerhalb des Körpers mit Spermien des Mannes befruchtet. Zur Vorbereitung ist auch hier eine hormonelle Stimulation notwendig. Ist die Befruchtung erfolgt, werden maximal drei Embryonen in die Gebärmutter übertragen. ↑2 Dabei besteht die Möglichkeit, dass es zu einer Mehrlingsschwangerschaft kommt.
Die Möglichkeiten der Fortpflanzungsmedizin haben sich in den letzten Jahren ständig erweitert. Dennoch lässt sich auch heute der gewünschte Erfolg – die Geburt eines Kindes – nicht garantieren. Die psychische Belastung für die behandelten Paare, vor allem für die Frauen, ist dabei sehr hoch, da der Hoffnung auf einen Erfolg häufig die Enttäuschung folgt. So muss die Übertragung einer befruchteten Eizelle oft mehrmals durchgeführt werden, bis sich eine Schwangerschaft einstellt und häufig bleibt die Behandlung erfolglos. Die tatsächliche Geburtenrate nach medizinischer Behandlung liegt bei etwa 20 Prozent.

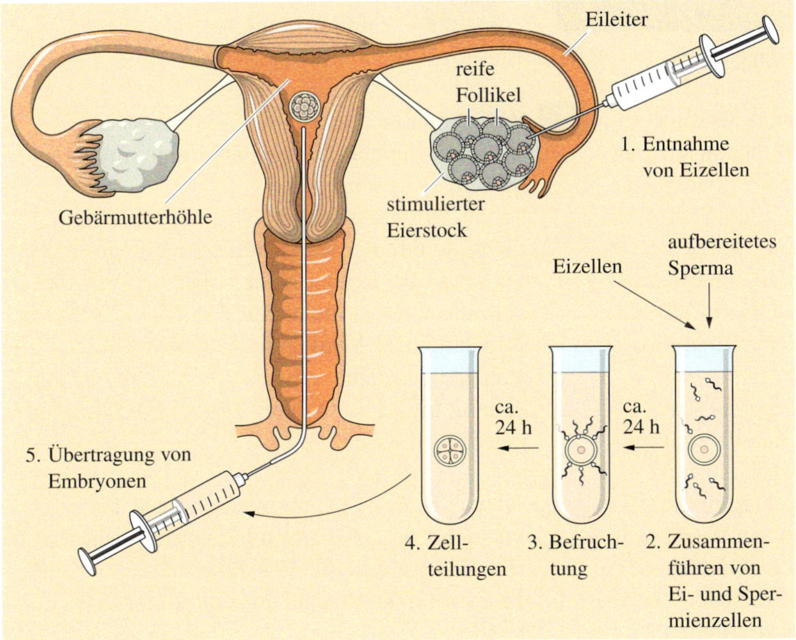

2 Künstliche Befruchtung: So wurden bis 2006 etwa 3 Millionen Babys gezeugt.

Fokus Medizin

Mehrlinge
Im Rahmen der künstlichen Befruchtung werden oft mehrere befruchtete Eizellen in die Gebärmutter übertragen. Dies führt häufig zu Mehrlingsschwangerschaften und -geburten. So waren im Jahr 2005 etwa 21 Prozent der Zwillings- und 53 Prozent aller Drillingsgeburten auf künstliche Befruchtung zurückzuführen.

3

Arbeitsaufträge

1 Nenne Ursachen für ungewollte Kinderlosigkeit.

2 Beschreibe mithilfe von Abbildung 2 die Vorgehensweise bei der künstlichen Befruchtung.

Methode

Bewerten, abwägen und entscheiden: Leihmutter

1 Darf eine Frau ihr eigenes Enkelkind austragen?

Tanja liest in der Zeitung, dass eine Griechin in einigen Monaten ihr eigenes Enkelkind zur Welt bringen wird. Sie darf für ihre eigene Tochter und deren Ehemann als Leihmutter fungieren.

Auch Tanja wünscht sich nichts sehnlicher als ein eigenes Kind. Doch aufgrund einer Operation kann sie kein Kind austragen. In ihren Eierstöcken reifen aber Eizellen heran, die durch In-vitro-Fertilisation mit Spermien ihres Mannes befruchtet werden könnten. Der so gezeugte Embryo könnte einer anderen Frau eingepflanzt werden, die das Kind austrägt und es nach der Geburt Tanja überlässt. Das ist jedoch in Deutschland verboten.

Tanja befindet sich in einem Dilemma. Sie hat verschiedene Handlungsmöglichkeiten und muss sich für eine entscheiden. Aber für welche? Welche Auswirkungen hat ihre Entscheidung für sie selbst, für das Kind, für die Leihmutter? Welche ethischen Werte sind durch ihre Handlung betroffen? Aus welchem Grund ist die Leihmutterschaft in Deutschland verboten? Um diese Fragen zu klären und um zu einer begründeten Entscheidung zu kommen, ist es hilfreich, in sechs Schritten vorzugehen:

1 Was genau ist Tanjas Dilemma?

Versuche zunächst Tanjas Dilemma mit eigenen Worten zu beschreiben.

Tanjas Dilemma besteht darin, dass sie sich nichts sehnlicher wünscht als ein eigenes Kind. Dieses kann sie aber nicht selbst zur Welt bringen; das würde eine andere Frau als Leihmutter für sie tun. Ihr Kind hätte also zwei Mütter – eine soziale und gleichzeitig genetische Mutter und eine biologische, in deren Körper das Kind herangewachsen wäre.

2 Welche Handlungsmöglichkeiten hat Tanja?

Versuche zunächst selbst herauszufinden, welche Handlungsmöglichkeiten Tanja hat.

a Tanja verzichtet zeitlebens auf ein eigenes Kind.

b Da in Deutschland die Leihmutterschaft verboten ist, sucht Tanja im Ausland eine Frau, die das fremde Kind gegen Zahlung einer Entschädigung austrägt und es nach der Geburt Tanja und ihrem Mann überlässt.

3 Welche ethischen Werte werden durch die Handlungsmöglichkeiten berührt?

Überlege zunächst selbst, welche ethischen Werte durch die beiden Handlungsmöglichkeiten betroffen sind.

a Tanja hat das Recht auf Selbstbestimmung. Solange kein Dritter zu Schaden kommt, kann ihr niemand verbieten sich fortzupflanzen, wobei sie auch Verfahren der Reproduktionsmedizin in Anspruch nehmen kann.

b Tanja geht ein gesundheitliches Risiko ein, denn sie muss sich hormonell behandeln lassen. Die Eizellen können ihr nur durch eine Operation entnommen werden. Auch die Leihmutter hat ein Recht auf Gesundheit. Mit einer Schwangerschaft sind jedoch Risiken verbunden. Die Leihmutter hat aber auch das Recht, Mitgefühl zeigen zu dürfen, indem sie Tanja hilft, das von ihr so sehnlichst gewünschte Kind zu bekommen. Dieses Kind hat ein Recht auf Fürsorge. Dazu gehört auch, dass Tanja über seine Zukunftsperspektiven nachdenkt und abschätzt, welche Probleme es durch die Aufspaltung der Mutterschaft haben könnte. Das Recht auf Gerechtigkeit ist betroffen, wenn durch die Leihmutterschaft die finanzielle Notlage von Frauen ausgenutzt wird. Reicht ein finanzieller Ausgleich für die Leistung der Ersatzmutter aus, die im Voraus nicht abschätzen kann, ob sie während der Schwangerschaft eine emotionale Bindung zu dem Kind aufbauen wird?

4 Welcher ethischen Denktradition sind die Argumente verpflichtet?

Der deontologischen Denktradition entspricht zum Beispiel das Recht auf Selbstbestimmung und Glück.

Die konsequenzialistische Denktradition bewertet zum Beispiel die Folgen für die Ersatzmutter, die sich von dem von ihr ausgetragenen Kind trennen muss.

Ordne weitere Werte entsprechend zu.

5 Wie sollte Tanja sich begründet entscheiden?

Jetzt solltest du noch einmal über die beiden Handlungsmöglichkeiten mit allen Argumenten nachdenken und dann eine begründete Entscheidung treffen.

Tanja sollte sich für Handlungsmöglichkeit A oder Handlungsmöglichkeit B entscheiden, weil ...

6 Welche Konsequenzen hätte Tanjas Entscheidung für wen?

– sie persönlich
– die Beziehung zu ihrem Partner
– das Kind
– die Leihmutter
– die Familie der Leihmutter
– die Gesellschaft

Denktraditionen der ethischen Bewertung

Deontologischer Argumentationstyp: Ziel des Handelns ist, die Rechte der Menschen oder anderer Lebewesen zu wahren. Bestimmte Werte oder Prinzipien gelten dabei als unumstößlich. Diejenige Handlung wird als gut angesehen, die im Einklang mit diesen Werten oder Prinzipien steht (griech. deon: Pflicht).

Konsequenzialistischer Argumentationstyp: Die moralische Richtigkeit einer Handlung wird von ihren Folgen her bestimmt. Maßstab für die Beurteilung der Folgen ist der Nutzen für die Betroffenen. Diejenige Handlung wird als gut angesehen, deren Folgen für das Wohlergehen aller Betroffenen optimal sind (lat. consequentia: Folge, Auswirkung).

Der Mensch durchläuft bei seiner Entwicklung verschiedene Lebensphasen. Das Alter ist gekennzeichnet durch körperlichen Abbau und schließlich stirbt jeder Mensch.

Durch Krankheiten und Alterserscheinungen können Organe geschädigt werden und ausfallen. Dies sind lebensbedrohliche Zustände. Erkrankten kann unter anderem mit einer Organspende geholfen werden. In seltenen Fällen können von Familienangehörigen Lebendspenden geleistet werden. Oft aber sind die Erkrankten auf Menschen angewiesen, die sich bereit erklärt haben, nach ihrem Tod ihre Organe zu spenden.

Organspender werden?

1 Alt werden und dabei jung bleiben -- geht das?

2 Wie alt werden wir? Warum altern wir? Warum und woran sterben wir?

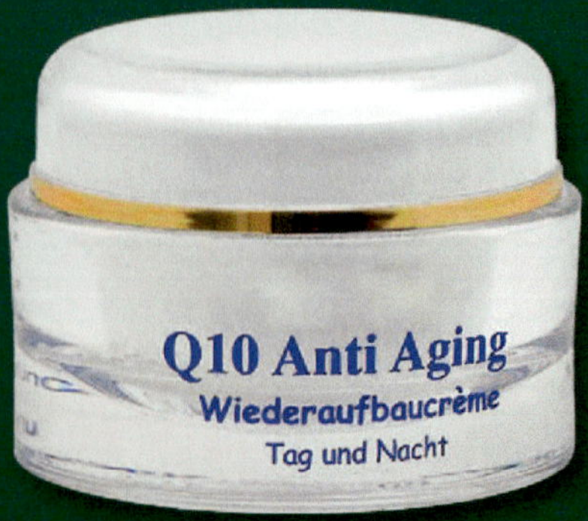

3 Antiaging – kann man das Altern wirklich aufhalten?

4 Was ist ein Organspendeausweis?

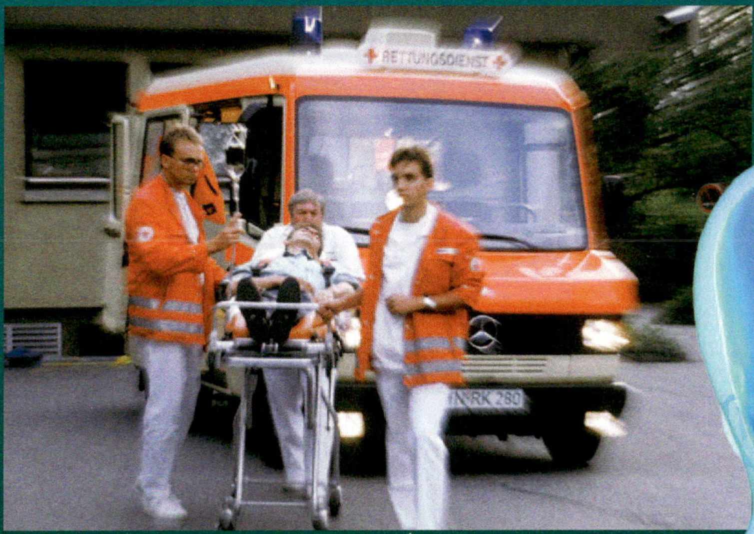

5 Was geschieht, wenn die Organe versagen? Kann jedes Organ gespendet werden?

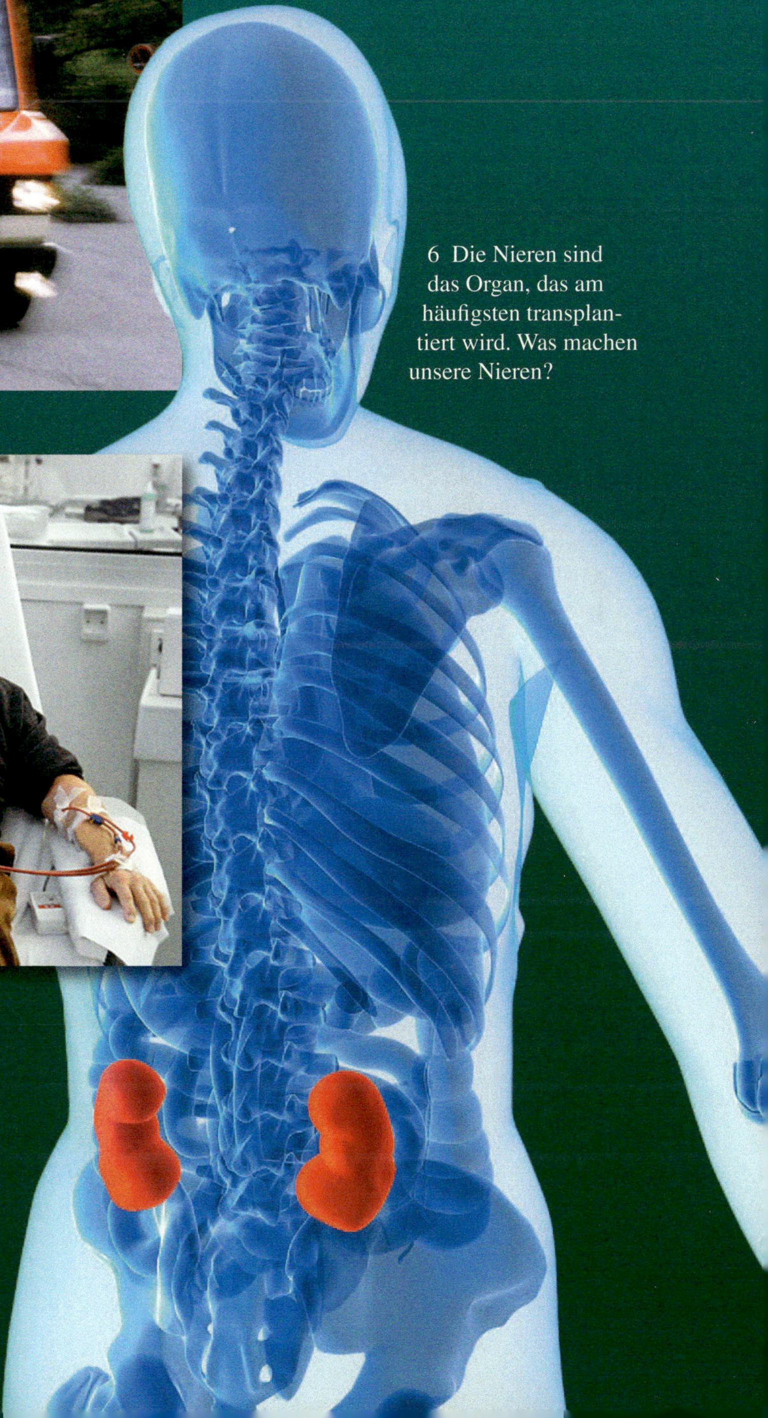

6 Die Nieren sind das Organ, das am häufigsten transplantiert wird. Was machen unsere Nieren?

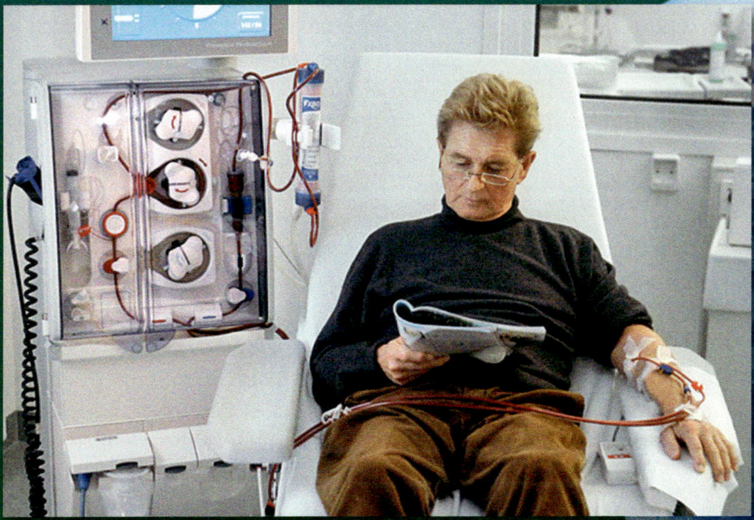

7 Was ist Dialyse?

Was passiert beim Altern?

Die Werbung verspricht ewige Jugend. Antifaltencremes und Haarkolorationen merzen angeblich alle äußeren Spuren des Alterns aus, Vitaminkapseln und Nahrungsergänzungsmittel sollen Gehirn, Gelenke und Herz fit halten. Aber wirklich aufhalten lässt sich das Altern nicht. Was passiert im Körper beim Altern? Warum altern wir?

1 Für immer jung?

Beobachten Untersuchen Experimentieren

Familienforschung
Ein Kennzeichen des Lebendigen ist die Entwicklung. Im Laufe unseres Lebens sind wir zahlreichen Veränderungen unterworfen. Wir durchlaufen verschiedene Stationen des Lebens. Unsere Körperzellen sterben ab und erneuern sich. Es heißt: Alle sieben Jahre hat sich jede Zelle des Körpers (ausgenommen Nervenzellen) einmal erneuert. Dabei verändern wir uns, unsere Körpergröße ändert sich, aber auch die Proportionen der einzelnen Körperteile zueinander wandeln sich. Die Gesichtszüge zeigen Veränderungen, die Haarfarbe variiert, aber auch unsere Leistungsfähigkeit, sowohl die körperliche als auch die geistige, steigt zunächst an und verringert sich wieder mit zunehmendem Alter.

Suche Fotos aus jedem Lebensjahrzehnt eines Eltern- oder Großelternteils heraus und lege sie in chronologischer Reihenfolge nebeneinander. Beschreibe die Veränderungen, die du wahrnehmen kannst.

Altern und Tod

Lebenserwartung Im Vergleich zu früheren Jahrhunderten ist die Lebenserwartung der Menschen um ein Vielfaches gestiegen. Betrug die durchschnittliche Lebenserwartung um 1750 etwa 30 Jahre, so liegt sie heute bei etwa 80 Jahren. ↑2 Die Lebenserwartung ist an den Lebensstil gekoppelt: Ein höherer Lebensstandard (wie ausreichende, qualitativ hochwertige Nahrung, medizinische Versorgung, Hygiene) kann eine höhere Lebenserwartung ermöglichen. Die längere Lebensdauer führt auch zu neuen Krankheiten und Alterserscheinungen, die früher nicht bekannt waren.

Jahr	Lebenserwartung
1750	30
1859	37
1900	45
1950	65
1975	72
1997	72 (Männer)
	79 (Frauen)
2006	77 (Männer)
	82 (Frauen)

2 Mittlere Lebenserwartung des Menschen bei Geburt

Wechseljahre Um das 47. Lebensjahr herum beginnen bei den meisten Frauen die Wechseljahre, die zwischen 1 und 15 Jahre andauern können. Gekennzeichnet sind sie durch eine geringere Hormonproduktion, insbesondere des Hormons Östrogen. Zu Beginn der Wechseljahre sind die ca. 300000 Eizellen, die zu Beginn der Pubertät vorhanden waren, verbraucht oder so stark gealtert, dass sie nicht mehr heranreifen. Der monatliche Eisprung findet nicht mehr statt, es kommt zu unregelmäßigen Menstruationszyklen und schließlich zur Menopause.

Damit finden keine Regelblutungen mehr statt und die fruchtbare Phase im Leben einer Frau ist beendet. Die geringe Östrogenausschüttung hat Folgen für den Körper wie zum Beispiel eine Strukturveränderung der Knochensubstanz, was manchmal Osteoporose, d. h. den Abbau der Knochensubstanz, zur Folge hat. Aber auch psychische Symptome können dem Verlust der Fruchtbarkeit folgen. Bei Männern erfolgt kein so deutlicher Einschnitt wie bei Frauen, aber auch bei ihnen verringert sich die Hormonproduktion.

Warum wir altern Die Altersforschung ist eine junge Disziplin der Wissenschaft, die verschiedene Aspekte des Alterns untersucht. Zum Beispiel wird nach der Ursache für das Altern gesucht. Eine Hypothese besagt, dass Zellen sich nur begrenzt oft teilen können. Zu beobachten ist auch eine Veränderung der Chromosomenstruktur nach vielen Verdopplungen, die diese These stützt. Es altern und sterben aber auch Zellen, die sich nicht teilen, wie Nerven- und Herzmuskelzellen. Eine andere Hypothese ist die von den freien Radikalen. Das sind freie, negativ geladene Sauerstoffmoleküle, die bei allen Stoffwechselvorgängen entstehen und die Zellmembranen, Chromosomen und Enzyme schädigen. Schließlich nimmt man an, dass Fehler, die bei der Umsetzung von Erbinformationen und im Zellaufbau entstehen, irgendwann nicht mehr korrigiert werden. Vermutlich altern auch die Reparaturgene, die diese Vorgänge steuern, und werden fehlerhaft. Daher nimmt die Zahl fehlerhafter Zellen zu, die ihre Aufgaben nicht mehr einwandfrei ausführen können. Die Anhäufung dieser Fehler kann als Altern bezeichnet werden. Jede Zelle trägt zwar ein Programm zum Vermehren und Teilen in sich, aber genauso ein Programm zum Zellselbstmord (Apoptose), das einsetzt, wenn die Zellstrukturen zu stark geschädigt sind.

Tod Sind die Schädigungen von Zellen und Organen zu groß geworden, stirbt der Mensch. Oft gehen verschiedene Erkrankungen dem Tod voran. Bedingt durch den höheren hygienischen und medizinischen Standard und die damit verbundene höhere Lebenserwartung sind es heutzutage ganz andere Erkrankungen als noch vor 200 Jahren, die zum Tod führen. Waren es früher häufig Infektionen, stehen heute Herz-Kreislauf-Erkrankungen ganz oben auf der Liste der Todesursachen.

Kurz und knapp **Die Lebenserwartung eines Menschen ist im Laufe der letzten Jahrhunderte stark gestiegen. Das Altern hat verschiedene Ursachen: Reparaturgene werden fehlerhaft, die maximale Anzahl möglicher Zellteilungen ist erreicht, freie Radikale zerstören Enzyme, Zellmembranen und Chromosomen. Bei zu großen Schädigungen tritt der Tod ein.**

Basiskonzept

Entwicklung ↑S.333
Entwicklung beschreibt nicht nur das Werden eines Lebewesens in Form von Wachstum, sondern ist ein stetiger Prozess, der durch Veränderungen gekennzeichnet ist. Auch das Altern in Form von Abbauprozessen, Verschleiß und Funktionsverlusten gehören zur Entwicklung eines Menschen und aller anderen Lebewesen.

3 Altern ist ein natürlicher Prozess.

Arbeitsaufträge

1 Informiere dich mithilfe von Geschichtsbüchern über die historischen Begebenheiten, die den Lebensstandard und damit die Lebenserwartung der Menschen verbessert haben.

2 Erkundige dich über verschiedene Todesursachen und deren Häufigkeit.

Methode

Diagramme und Daten interpretieren

Im Alltag begegnen dir immer wieder Tabellen und Diagramme, sei es in Zeitungen, Zeitschriften, Lehrbüchern und in anderen Medien. Diagramme dienen der Verbildlichung statistischer Aussagen und liefern oft eine übersichtliche Darstellung großer Datenmengen. Diagramme muss man lesen und interpretieren können.

Es gibt verschiedene Formen von Diagrammen: Säulen-, Balken-, Ring-, Kreis- und Flächendiagramme. Viele Diagrammtypen werden in einem Koordinatensystem dargestellt, da so der Zusammenhang zwischen zwei voneinander abhängigen Größen gezeigt werden kann.

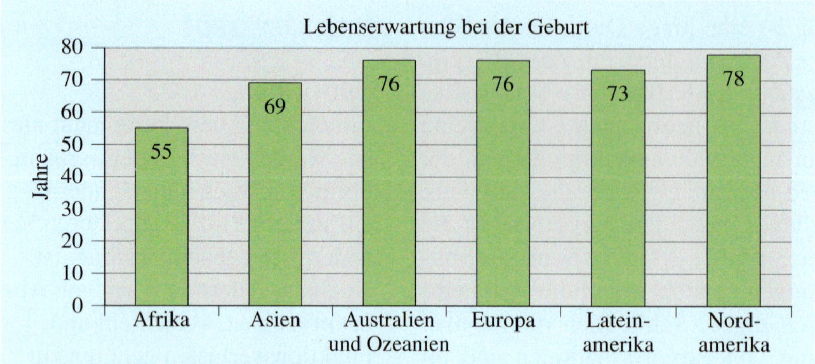

Quelle: DSW-Datenreport „Weltbevölkerung 2009“

1 Lebenserwartung bei der Geburt

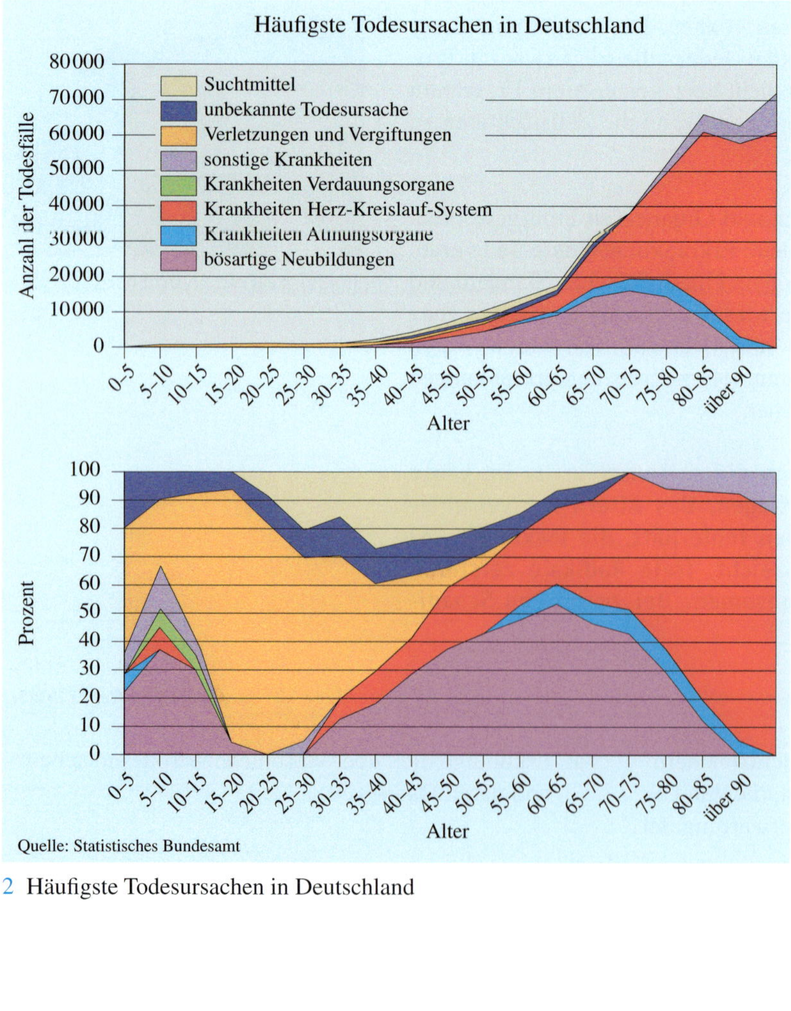

Quelle: Statistisches Bundesamt

2 Häufigste Todesursachen in Deutschland

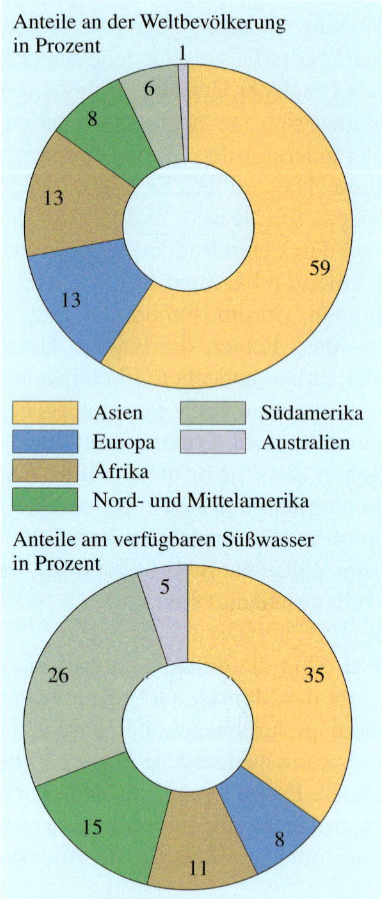

Quelle: BzgA, 2006

3 Anteile am weltweiten Trinkwasser und an der Weltbevölkerung

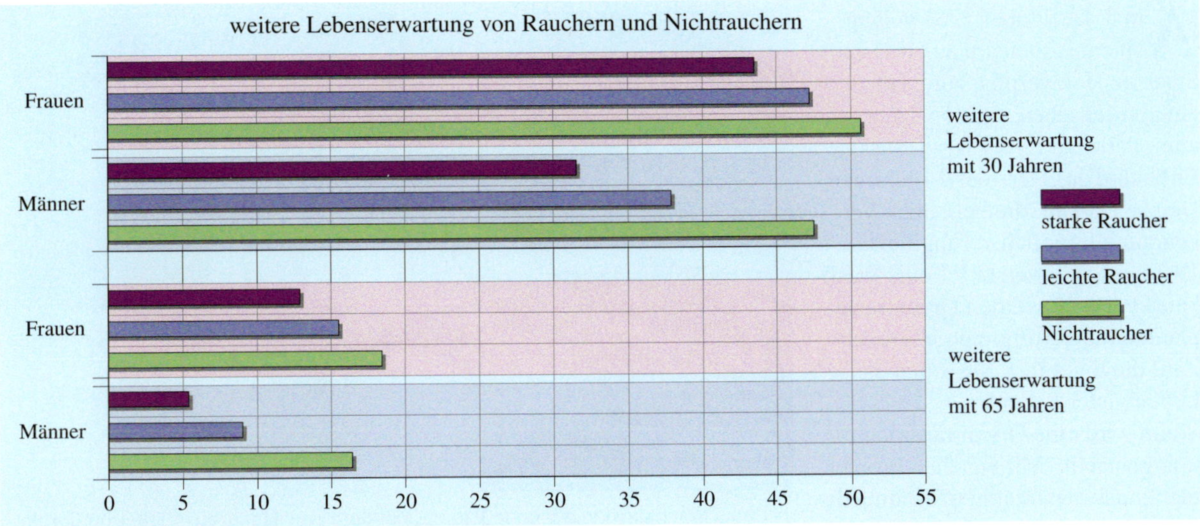

4 Weitere Lebenserwartung von Rauchern und Nichtrauchern

Um ein Diagramm auszuwerten, gehst du am besten folgendermaßen vor:

1. Lies die Informationen über oder unterhalb des Diagramms. Diese geben meistens Auskunft darüber, was dargestellt ist.
2. Erkenne, um was für einen Diagrammtyp es sich handelt.
3. Finde heraus, was auf den beiden Achsen des Diagramms aufgetragen ist. Um was für Größen bzw. Merkmale handelt es sich?
4. Beschreibe das Diagramm. Betrachte die Beziehung der Merkmale zueinander. Welche Informationen geben sie?
5. Fasse die dargestellten Ergebnisse zusammen und formuliere eine Schlussfolgerung.
6. Setze dich kritisch mit dem Diagramm auseinander, d. h.: Überlege dir, ob es noch Unklarheiten gibt, das Diagramm Fehler enthält oder weitere Informationen für eine Meinungsbildung fehlen.

Folgende Satzbausteine können dir helfen, ein Diagramm auszuwerten:

Die verschiedenen (Balken, Linien, Segmente) des Diagramms stehen für …

Das Diagramm zeigt …

Laut Legende steht der Wert … für …

Die Menge des … wird in (Prozent, Millilitern, ppm …) angegeben.

Es wird ein Zusammenhang hergestellt zwischen … und …

In dem Schema werden … und … gegenübergestellt.

In Abhängigkeit von … verändert sich …

Besonders auffällig ist …

Die Entwicklung legt nahe, dass …

Aus dem Schema geht hervor, dass …

Arbeitsaufträge

1 Werte die Diagramme 1–4 nach der Anleitung aus.

2 Vergleiche die Diagramme 1 und 3. Diskutiere, ob daraus Ursache-Wirkungs-Beziehungen geschlossen werden können.

3 Beschreibe den Unterschied zwischen den beiden Darstellungen in Abbildung 2.

4 Nimm unter Zuhilfenahme der Abbildung 2 Stellung zu der Aussage, dass Herz-Kreislauf-Erkrankungen die häufigste Todesursache in Deutschland seien.

5 Beschreibe einem Partner, ohne dass dieser es sieht, ein beliebiges Diagramm aus diesem Buch. Dein Partner soll das Diagramm nach deiner Beschreibung zeichnen. Vergleicht das Ergebnis mit dem Original und diskutiert die Unterschiede.

Organspender retten Leben

Am 3. Dezember 1967 gelang einem Ärzteteam aus Kapstadt die erste Herzverpflanzung bei einem Menschen, dem 55 Jahre alten Patienen Louis Washkansky. Er bekam das Herz der 24-jährigen Denise Darvall, die bei einem Verkehrsunfall tödlich verunglückte. 18 Tage später verstarb Louis Washkansky. Heute werden Organtransplantationen erfolgreich in großer Zahl durchgeführt. Sie retten das Leben vieler Patienten.
Wann wird eine Organtransplantation gemacht? Mit welchen Problemen muss man rechnen? Kann jedes Organ verpflanzt werden?

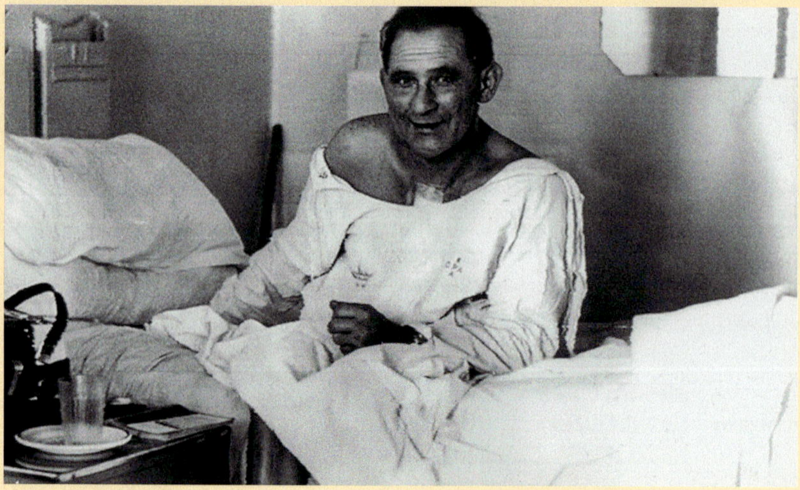

1 Louis Washkansky, der erste Patient, bei dem eine Herztransplantation durchgeführt wurde

Beobachten **Untersuchen** *Experimentieren*

Was ist ein Organspendeausweis? Jeder Mensch kann Organspender werden. Zu Lebzeiten kann man die Entscheidung treffen, seine Organe nach dem Tod für Transplantationen zur Verfügung zu stellen. Diese Entscheidung trägt man in Form eines Organspendeausweises mit sich.

1 Lies dir die Angaben auf dem Organspendeausweis genau durch.

2 Nenne persönliche und medizinische Gründe, einer Entnahme von Organen zu widersprechen.

3 Diskutiere mithilfe der Abbildungen 2 und 3, ob es sinnvoll wäre, dass jeder Mensch einen solchen Ausweis bei sich trägt, egal wie er zu einer Entnahme seiner Organe steht.

4 Nenne Gründe, warum manche Menschen Angst haben, eine schlechtere medizinische Behandlung zu erhalten, wenn sie einen Organspendeausweis bei sich tragen. Ist diese Furcht begründet?

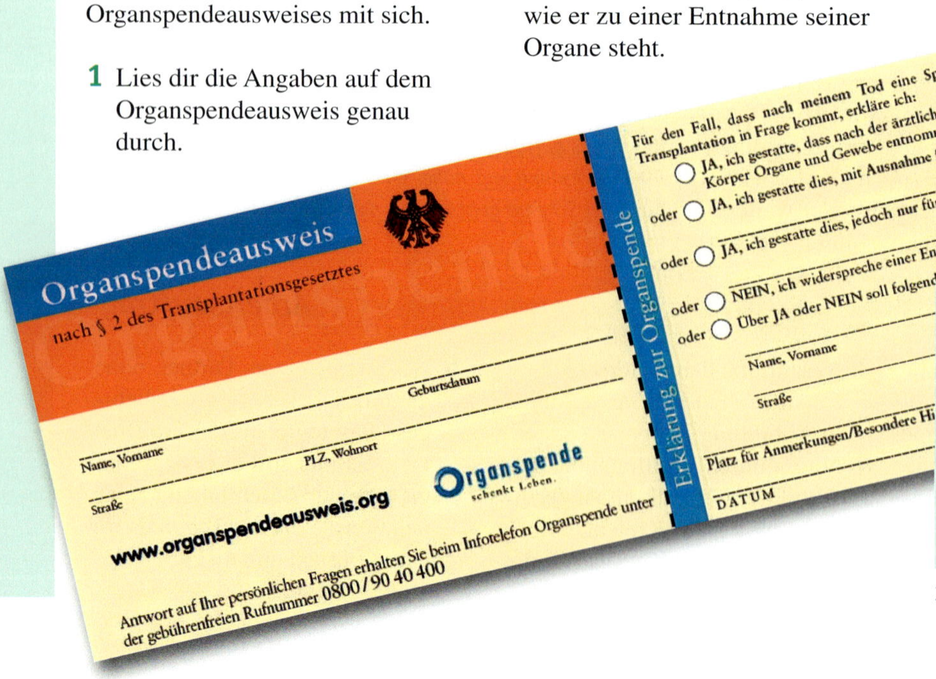

Organspendeausweis
nach § 2 des Transplantationsgesetzes
Organspende
Name, Vorname
Geburtsdatum
Straße
PLZ, Wohnort
www.organspendeausweis.org
Organspende schenkt Leben.
Antwort auf Ihre persönlichen Fragen erhalten Sie beim Infotelefon Organspende unter der gebührenfreien Rufnummer 0800/90 40 400

Erklärung zur Organspende
Für den Fall, dass nach meinem Tod eine Spende von Organen/Geweben zur Transplantation in Frage kommt, erkläre ich:
◯ JA, ich gestatte, dass nach der ärztlichen Feststellung meines Todes meinem Körper Organe und Gewebe entnommen werden.
oder ◯ JA, ich gestatte dies, mit Ausnahme folgender Organe/Gewebe:
oder ◯ JA, ich gestatte dies, jedoch nur für folgende Organe/Gewebe:
oder ◯ NEIN, ich widerspreche einer Entnahme von Organen oder Geweben.
oder ◯ Über JA oder NEIN soll folgende Person entscheiden:
Name, Vorname
Straße
Platz für Anmerkungen/Besondere Hi…
DATUM

2 Organspendeausweis

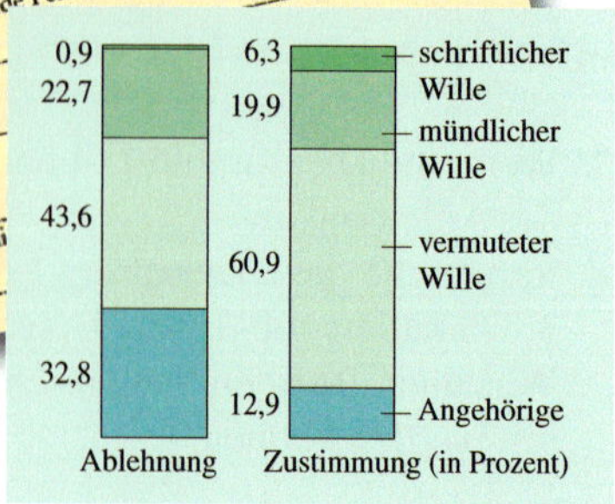

3 Entscheidung zur Organspende

Organtransplantation und Organspende

247-1

Transplantation Bei einer Transplantation wird ein gesundes Organ von einem Spender auf einen Menschen übertragen, der sehr schwer an dem betreffenden Organ erkrankt ist. Bisher können Nieren, das Herz, die Lunge, die Leber und die Bauchspeicheldrüse übertragen werden.

Abstoßungsreaktion Probleme können sich nach der Operation durch die Abstoßung des körperfremden Gewebes oder Organs ergeben. Unser Immunsystem bekämpft nämlich nicht nur Krankheitserreger, sondern alles, was nicht zu unserem Körper gehört. Das Fremdgewebe wird umso intensiver und schneller abgestoßen, je stärker sich bestimmte Antigene auf den Spender- und Empfängerzellen unterscheiden. Deshalb wird vor einer Transplantation die Gewebeverträglichkeit von Spender und Empfänger überprüft. Meist ist es aber notwendig, das Immunsystem des Empfängers auf Dauer durch Medikamente zu schwächen, um eine Abstoßung des Organs zu verhindern.

Organspende Die Organe für eine Transplantation stammen überwiegend von verstorbenen Spendern. Die Einwilligung für die Organentnahme haben sie entweder selbst durch den Organspendeausweis gegeben oder die nächsten Angehörigen haben ihre Zustimmung nach zweifelsfreier Feststellung des Hirntods des Betroffenen erteilt. Einige wenige Organe können auch von Lebendspendern (meist enge Verwandte des Erkrankten) gespendet werden, dazu gehören eine Niere oder ein Teil der Leber. Ist eine Lebendspende nicht möglich, kommt der Patient auf eine Warteliste, bis ein passendes Spenderorgan zur Verfügung steht.

Hirntod Noch vor etwa 50 Jahren galt der Stillstand von Herz-Kreislauf-Tätigkeit und Atmung als untrügliches Todeszeichen. Heute weiß man, dass erst eine minutenlange Sauerstoffunterversorgung des Gehirns alle Hirnfunktionen zerstört und eine Selbststeuerung des Organismus unmöglich wird. Der nicht mehr behebbare Ausfall der Gesamtfunktion von Großhirn, Kleinhirn und Hirnstamm wird als Hirntod bezeichnet. Der Tod ist nachgewiesen, wenn das Elektroenzephalogramm (EEG) keine Hirnaktivitäten mehr anzeigt. Vor Entnahme der Organe muss der Hirntod von zwei Ärzten unabhängig voneinander festgestellt werden. Diese Ärzte dürfen weder bei der Organtransplantation beteiligt sein, noch der Weisung eines daran beteiligten Arztes unterstehen.

Kurz und knapp **Bei vielen Erkrankungen kann eine Organspende Leben retten. Da der Körper aber fremdes Material abstößt, muss ein Patient mit transplantiertem Organ für den Rest seines Lebens Medikamente einnehmen, die diese Abstoßungsreaktion unterdrücken.**

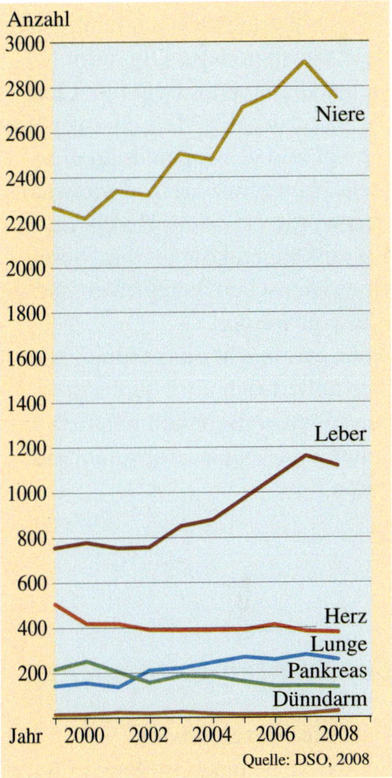

4 Transplantierte Organe in Deutschland

Arbeitsaufträge

1 Bei einer Transplantation wird die Immunabwehr mit Medikamenten geschwächt oder sogar weitgehend ausgeschaltet. Erkläre, welche Konsequenzen sich für den Patienten ergeben.

2 Werte Abbildung 4 aus. Stelle Vermutungen an, warum manche Organe häufiger transplantiert werden als andere.

Die Niere – das häufigste transplantierte Organ

Die Niere ist das am häufigsten transplantierte Organ in Deutschland. Dies liegt nicht nur daran, dass jeder Mensch zwei Nieren hat und deswegen doppelt so viele Nieren wie Herzen transplantiert werden können. Durch viele Erkrankungen können die Nieren eines Menschen angegriffen und geschädigt werden.
Aber was macht ein gesunde Niere? Wie äußert sich ein Nierenversagen? Welche Behandlungsmethoden gehen einer Nierentransplantation voran?

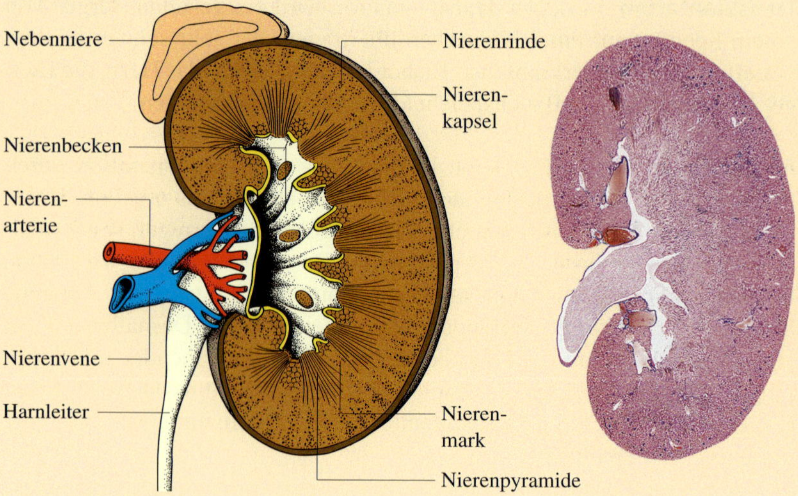

1 Bau einer Niere (links) und Längsschnitt durch eine Niere (rechts)

Beobachten Untersuchen Experimentieren

Was die Nieren leisten
Die Niere ist unser größtes Filterorgan. Ihre Hauptaufgabe ist die Reinigung des Blutes. In der Niere wird zunächst der Primärharn gebildet, der dann weitere Prozesse durchläuft und als Endharn über die Blase ausgeschieden wird. Die Tabelle zeigt Stoffmengen während eines Tages im Blut, Primärharn und Endharn.

Stoff	im Blut	im Primärharn	im Endharn
Wasser	1000 l	150 l	1,5 l
Natrium	7500 g	1500 g	5 g
Harnstoff	250 g	50 g	30 g
Glucose	900 g	180 g	Spuren

2 Stoffmengen, die täglich durch die Niere fließen

1 Vergleiche die in der Tabelle angegebenen Stoffmengen, die während eines Tages durch die Nieren fließen.

2 Erkläre anhand der Werte in der Tabelle, wie die Niere arbeitet. Stelle Vermutungen an, warum eine so deutliche Abnahme der Stoffmengen im Endharn festzustellen ist.

Bau und Funktion der Niere

248-1

Lage und Bau der Nieren Die Nieren haben eine bohnenförmige Gestalt. Die paarigen Organe liegen rechts und links der Wirbelsäule in den Lendengruben. Auf dem oberen Pol der Nieren liegen die Nebennieren, das sind etwa 7 g schwere Hormondrüsen. Ein Schnitt durch die Niere lässt zwei Schichten erkennen: ↑1 außen die körnige Nierenrinde und innen das hellere, gestreifte Nierenmark. Nieren sind intensiv durchblutet, daher ihre dunkelrote Färbung. Das Blut wird von der Nierenarterie zugeführt und verlässt die Nieren durch die Nierenvene. Das „Produkt" der Nieren, der Harn, wird vom Harnleiter zur Harnblase geleitet.

Schon gewusst?

Beim Erwachsenen ist die Niere etwa 12 cm lang, 6 cm dick und wiegt 120 bis 200 g. Wird eine Niere entfernt, kann die verbleibende fast doppelt so groß werden.

Leistung der Nieren Die beiden Nieren eines Erwachsenen werden in jeder Minute von 1,2 l Blut durchströmt. Das sind an einem Tag 1700 l. In einer Stunde wird das gesamte Blut unseres Körpers 14-mal in den Nieren filtriert und dabei von Schadstoffen befreit.

Die Funktionen der Nieren im Stoffwechsel Nieren erfüllen eine Ausscheidungsfunktion: Mit dem Harn werden alle wasserlöslichen Fremd- und Giftstoffe aus dem Körper entfernt. Dazu gehören in erster Linie Harnstoff und Harnsäure, aber auch Reste oder Abbauprodukte von Medikamenten und verschiedene Ionen. Darüber hinaus regulieren die Nieren den Wasser-, Salz- und Säurehaushalt des Körpers. Nieren produzieren Hormone, die an der Blutdruckregulation beteiligt sind und die Bildung der roten Blutkörperchen stimulieren.

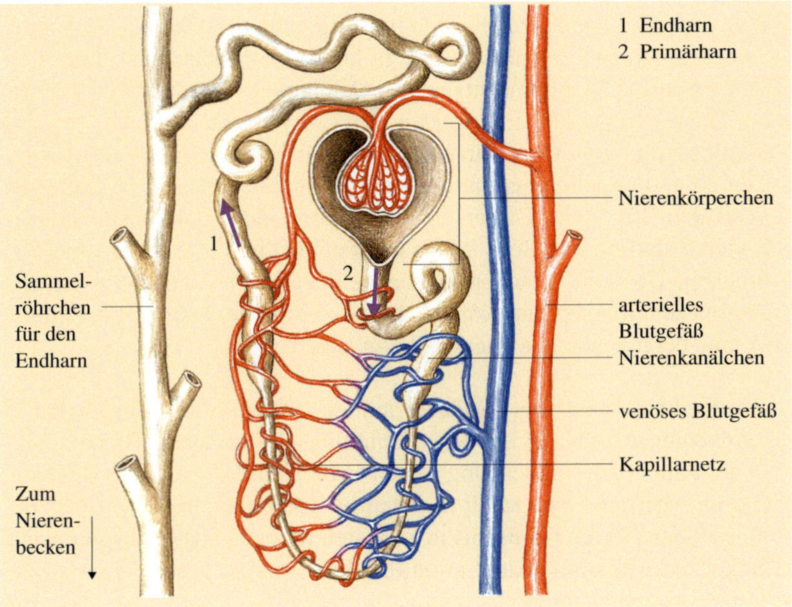

3 Bau eines Nephrons

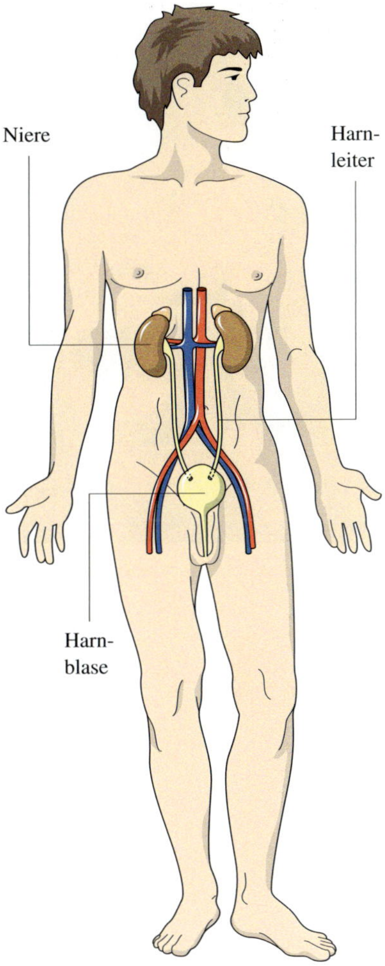

4 Lage der Nieren im Körper

Filtration, Harnbildung und Rückresorption Betrachtet man Nierengewebe im Mikroskop, kann man die Funktionseinheiten der Niere erkennen. Dabei handelt es sich um Nierenkörperchen und Nierenkanälchen, beide zusammen bilden ein Nephron. Jede Niere enthält etwa eine Million Nephrone. In den Nephronen erfolgt die Harnbildung. ↑3
Zunächst wird das Blut in den Nierenkörperchen gefiltert: Wasser und darin gelöste Stoffe werden durch die Kapillarwände gepresst, rote Blutkörperchen und Proteine werden zurückgehalten, da sie zu groß sind.
In der so gebildeten Flüssigkeit, dem Primärharn, befinden sich neben dem Wasser Harnstoff, Glucose, Vitamine, Mineralstoff-Ionen und verschiedene kleinere Moleküle. Täglich werden etwa 180 l Primärharn gebildet. Die wertvollen Stoffe und der größte Teil des Wassers werden in den Nierenkanälchen zurückgewonnen. Im Ergebnis dieser Rückresorption bleiben etwa 1,5 l Endharn übrig. Er gelangt über das Nierenbecken in den Harnleiter und von dort in die Harnblase. Der Endharn enthält überschüssige Ionen, Giftstoffe, Harnstoff und andere schädliche Abbauprodukte.

Basiskonzept

Struktur und Funktion ↑S.332
Die Strukturen der Niere sind so angeordnet, dass ein Konzentrationsgefälle in ihrem Innern entsteht. Dadurch kann Wasser aus dem Primärharn passiv zurück ins Blut gelangen und ein Wasserverlust vermieden werden.
Der enge Zusammenhang von Struktur und Funktion ist bei den Organen aller Lebewesen vorhanden.

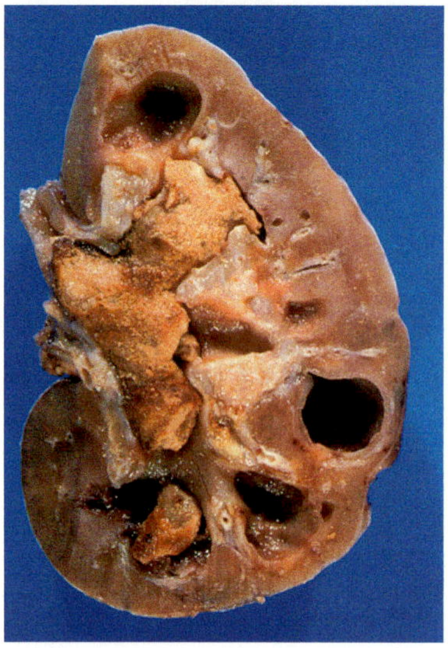

1 Nierensteine in einer aufgeschnittenen Niere

Erkrankungen der Nieren und Harnwege Die Niere kann durch folgende Grunderkrankungen geschädigt werden: Zuckerkrankheit, Bluthochdruck, entzündliche Erkrankungen, erbliche Krankheiten, Abflussstörungen des Urins, Harnwegsinfektionen. Insbesondere durch Unterkühlung kann es zu Entzündungen von Blase, Harnleiter und Nieren kommen. Zweckmäßige Bekleidung, vor allem für Fahrrad- und Motorradfahrer, kann derartigen Entzündungen vorbeugen.
Besonders schmerzhaft sind Nierensteine. Sie entstehen durch Auskristallisieren von Salzen, die normalerweise im Harn gelöst sind. Ursache ist eine erhöhte Harnkonzentration aufgrund unzureichender Flüssigkeitszufuhr.

Wenn die Niere ausfällt Die Folgen von Nierenversagen sind vielfältig: Werden Phosphat und Calcium nicht mehr ausreichend ausgeschieden, bilden sie unlösliche Salze, die sich in Blutgefäße und Gelenke einlagern, wo sie Schmerzen verursachen. Ein zu hoher Phosphatspiegel führt über mehrere Schritte zu einem Entzug von Calcium aus den Knochen, sodass sie brüchig werden. Das Einlagern neuen Calciums ist durch die gestörte Nierenfunktion verhindert. Ein zu hoher Kaliumspiegel greift die Herztätigkeit an und ein zu hoher Natriumspiegel bindet Wasser im Körper und steigert den Blutdruck. Die ersten Anzeichen einer Funktionsminderung der Nieren sind für den Betroffenen nicht eindeutig. Erste Symptome sind Erbrechen, Übelkeit, Erschöpfung, abnehmende Leistungsfähigkeit und Wasseransammlungen im Körper. Erst Laborwerte können Aufschluss über eine beginnende Nierenerkrankung geben.

Nierenfunktionstest Bei Verdacht auf eine Nierenschädigung wird in regelmäßigen Abständen ein Nierenfunktionstest gemacht. Hierfür sammelt der Patient 24 Stunden lang seinen Urin in einem speziellen Behälter. Im Labor wird dann der Gehalt an Albumin bestimmt, ein Eiweißstoff, der von gesunden Nieren höchstens in kleinsten Mengen ausgeschieden wird. Je höher die Albuminkonzentration im Tagesurin ist, desto größer ist die schon bestehende Nierenschädigung.

Kurz und knapp **Neben der Bildung von Hormonen hat die Niere Reinigungs- und Ausscheidungsfunktion. In der Niere wird das Blut von Gift- und Abfallstoffen befreit. In den Nierenkörperchen werden die flüssigen von den festen Blutbestandteilen getrennt. In den Nierenkanälchen werden aus dem Primärharn das meiste Wasser und wertvolle Stoffe zurückgewonnen. Der verbleibende Endharn wird über die Blase ausgeschieden. Eine eingeschränkte Nierenfunktion schädigt den Körper auf vielfältige Weise.**

Arbeitsaufträge

1 Beschreibe Lage und Bau der Nieren.
2 Erläutere die Aufgaben der Nieren im Stoffwechsel.
3 Stelle die Zusammensetzung von Primär- und Endharn gegenüber.
4 Erkläre die Bedeutung der Rückresorption im Prozess der Endharnbildung für den Körper.
5 Erkläre, wie man sich vor Entzündungen der Harnwege und der Nieren schützen kann.
6 Nierensteine verursachen die schlimmsten Schmerzen, die man sich vorstellen kann. Eine ausreichende Flüssigkeitszufuhr beugt der Bildung von Nierensteinen vor. Finde eine Erklärung.

Bewerten, abwägen und entscheiden: Organspende

Um Menschenleben zu retten, benötigen die Transplantationszentren Spenderorgane. In einer Informationsbroschüre steht: „Organspende rettet Leben! – Helfen Sie anderen Menschen, indem Sie einen Spendeausweis ausfüllen und stets bei sich tragen." Weiter liest man: „Bei entsprechender Einsichtsfähigkeit können auch Minderjährige eine Entscheidung zur Organspende treffen. Die Einwilligung und die Übertragung der Entscheidung können vom vollendeten 16., der Widerspruch kann vom vollendeten 14. Lebensjahr erklärt werden. Über den Entschluss sollten immer die Angehörigen informiert sein."

Wenn du einen Organspendeausweis ausfüllst und mit dir trägst, hast du eine Entscheidung getroffen: für oder gegen eine Organspende. Natürlich kannst du die Entscheidung jederzeit widerrufen.
Folgende Schritte können dir den Weg zu einer Entscheidung erleichtern:

1 Sammlung von Informationen zu offenen Fragen

Beispiele:
- Wie läuft eine Organentnahme ab?
- Erfährt der Empfänger, von wem das Transplantat stammt?

Versucht die gesammelten Fragen durch eine Recherche im Internet und eine anschließende Gesprächsrunde zu beantworten.

2 Sammlung von Argumenten pro und kontra Organspende

Beispiele:
- Pro: Organspende gilt als Zeichen der Nächstenliebe und Solidarisierung mit Kranken und Behinderten.
- Kontra: Die Möglichkeit einer Organentnahme könnte die Bemühungen um das Leben des Spenders und seine Behandlung behindern oder einschränken.
- Kontra: Aus Pietät und im Hinblick auf die Achtung der Gefühle der Angehörigen sollte der Körper nach dem Tod unversehrt bleiben.

Erläutere die Argumente in einer Gesprächsrunde.

3 Treffen der Entscheidung

Überlege, welche Argumente für dich persönlich besonders wichtig sind. Wenn du willst, erläutere zu Hause deine Entscheidung.

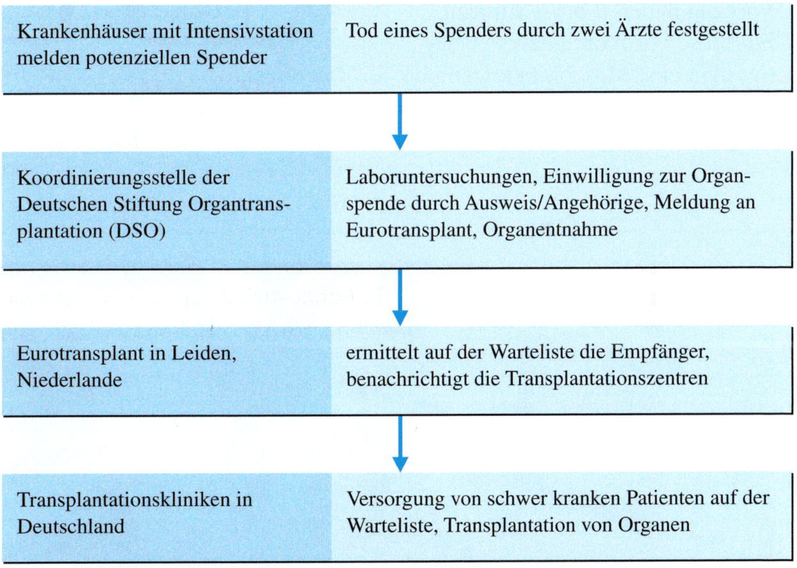

2 Vom Spender zum Empfänger: Das System der Organtransplantation in Deutschland (Quelle: BzgA)

Arbeitsaufträge

1 Beschreibe mithilfe der Abbildung 1, welche Schritte von einem Unfall bis hin zur Organtransplantation notwendig sind.

2 Informiere dich darüber, wie ein Organhandel in Deutschland verhindert wird.

3 Begründe, warum der Besitz eines Organspendeausweises generell als wichtig angesehen wird.

Fokus Medizin Dialyse und Nierentransplantation

252-1

Gesunde Nieren filtern giftige Stoffe (Stoffwechselprodukte, Medikamente, Drogen) aus dem Blut und scheiden sie mit dem Urin aus. Bei schweren Funktionseinschränkungen oder bei Funktionsverlust beider Nieren muss das Blut künstlich gereinigt werden.

Wie funktioniert die Dialyse?
Das Blut wird an künstlichen Filtermembranen entlanggeleitet. Auf der anderen Seite dieser Membranen befindet sich eine Dialyseflüssigkeit. Nach dem Prinzip der Osmose wandern die Giftstoffe aus dem Blut durch die halbdurchlässige Membran in die Dialyseflüssigkeit, die in einem ständigen Durchfluss erneuert wird. Dieser Vorgang dauert 4 bis 6 Stunden. Für diese Form der Dialyse benötigt man eine Maschine (künstliche Niere), die das Blut außerhalb des Körpers reinigt. Da bei der Dialyse auch Stoffe herausgefiltert werden, die der Körper noch benötigt, werden diese dem Blut wieder hinzugefügt.

Was bedeutet Dialyse für die Patienten?
In Deutschland gibt es etwa 60 000 Dialysepatienten. Damit ihr Blut ausreichend gereinigt wird, müssen sie meist 3-mal pro Woche 4 bis 6 Stunden an die künstliche Niere angeschlossen werden. In der Zeit zwischen den Dialyseterminen sammeln sich die Giftstoffe und auch Wasser im Blut an. Um den Körper so wenig wie möglich zu belasten, darf man pro Tag höchstens einen Liter Flüssigkeit zu sich nehmen und muss eine spezielle Diät einhalten.

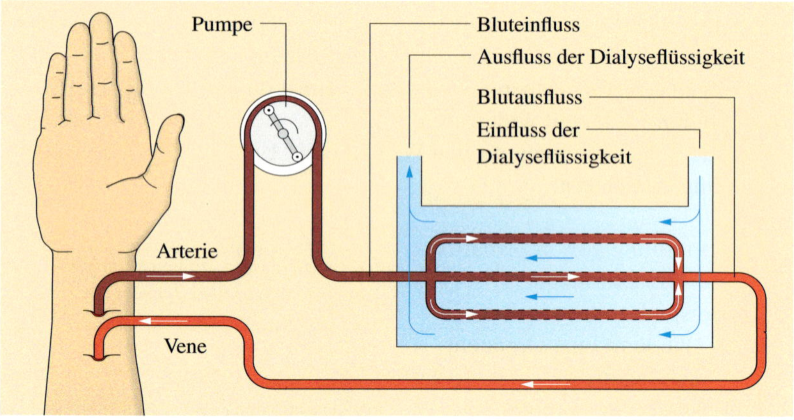

1 Prinzip der maschinellen Dialyse

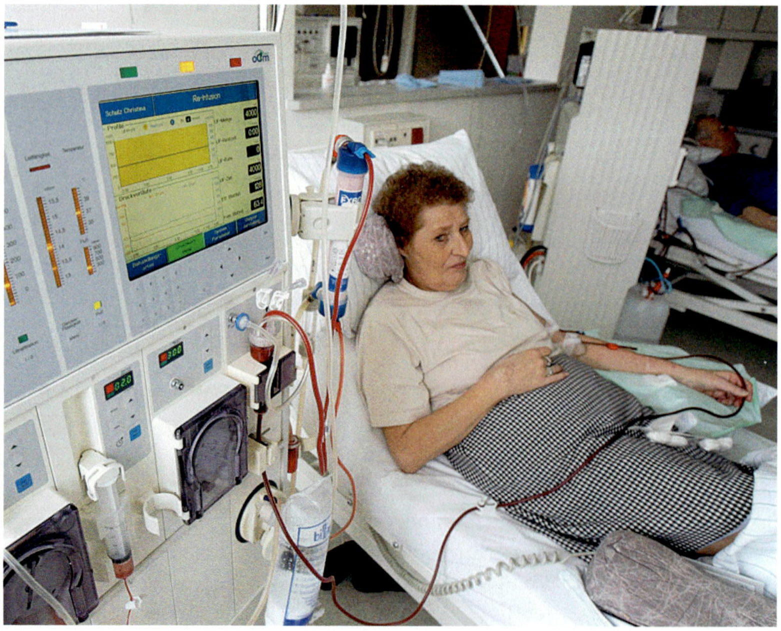

2 Blutwäsche in einem Dialysezentrum

Alternativ: Heimdialyse
Da die Dialyse ein schwerer Einschnitt im Leben eines Menschen bedeutet, gibt es eine intensive Alternativenforschung. In bestimmten Fällen kann der Arzt entscheiden, dass ein Patient zu Hause eine sogenannte Heimdialyse durchführen kann. Hierfür wird das Blut durch eine Dialyseflüssigkeit gereinigt, die der Patient sich selbst durch eine künstliche Öffnung unter das Bauchfell eingibt und alle 5 bis 6 Stunden wechseln muss. Da das Bauchfell stark durchblutet ist, bietet sich der Dialyseflüssigkeit eine große Oberfläche, über die ein Austausch von Giftstoffen und überschüssigem Wasser stattfinden kann.

Wie lange kann man das Leben eines Patienten durch Dialyse erhalten?

Eine Dialyse kann die Funktion der Nieren nicht vollständig ersetzen. Bei Langzeit-Dialysepatienten kommt es zu Spätschäden, beispielsweise Gefäßverkalkungen, Herzerkrankungen oder auch Knochen- und Gelenkschäden.
In Deutschland lebt heute die Hälfte der Dialysepatienten länger als 10 Jahre, etwa ein Viertel überlebt 20 und mehr Jahre.
Mithilfe der Dialyse kann man eine jahrelange Wartezeit auf eine Spenderniere überbrücken.

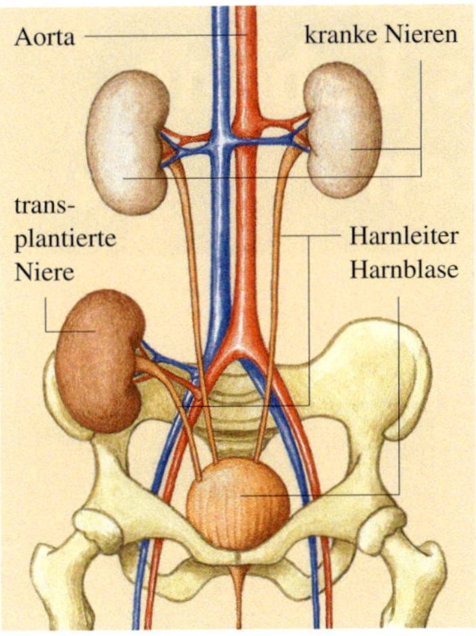

3 Transplantierte Niere

Nierentransplantation – Möglichkeiten und Probleme

Bei einer Nierentransplantation wird eine gesunde Niere von einem Spender auf einen schwer nierenkranken Menschen übertragen. Die erste Nierenverpflanzung wurde in Deutschland 1963 vorgenommen. Bis heute wurden etwa 60 000 Nieren transplantiert. Die Operation ist bereits ein etabliertes Behandlungsverfahren. Größere Risiken stellen sich nach der Operation ein.
Die Spenderniere wird unterhalb der eigenen Niere in das linke oder rechte Becken gelegt, dann werden Nierenarterie und -vene an die entsprechenden Blutgefäße angeschlossen. Der Harnleiter wird mit der Blase verbunden. Nach dem Anschluss an die Blutgefäße färbt sich die Niere rot.

Nach der Operation

Unser Immunsystem bekämpft alles, was nicht zu unserem Körper gehört. Das können Krankheitserreger sein, aber auch Gewebe und Organe, die von anderen Menschen übertragen wurden. Das Ergebnis wäre die Abstoßung des transplantierten Organs. Um das zu verhindern, müssen nach Organtransplantationen regelmäßig und dauerhaft Medikamente eingenommen werden, die die Leistung des Immunsystems schwächen und die Abstoßung verhindern. Dennoch können immer wieder Komplikationen auftreten, allerdings sind die Erfolgschancen gut. Nach einem Jahr funktionieren noch 90 Prozent der transplantierten Nieren, nach 10 Jahren sind es noch über die Hälfte.

Woher kommen die Transplantationsorgane?

Über 90 Prozent der Nieren stammen von verstorbenen Organspendern. Die Einwilligung für die Organentnahme haben sie entweder selbst durch den Besitz eines Organspendeausweises gegeben oder die nächsten Angehörigen haben ihre Zustimmung nach zweifelsfreier Feststellung des Hirntods erteilt.
Knapp 10 Prozent der Spendernieren kommen von Lebendspendern. Das deutsche Transplantationsgesetz erlaubt es, dass Verwandte ersten und zweiten Grades, Ehegatten, Verlobte und andere dem Patienten sehr nahestehende Personen eine Niere spenden dürfen. Der Handel mit Organen ist bei uns streng verboten.
Ist eine Lebendspende nicht möglich, kommt der Patient auf eine Warteliste. Sobald eine Spenderniere zur Verfügung steht, werden deren Daten mit den Patientendaten abgeglichen. Der Patient mit den meisten Übereinstimmungen wird als Empfänger ausgewählt.
In Deutschland warten über 10 000 Menschen auf eine Spenderniere.

Arbeitsaufträge

1 Erläutere die Funktionsweise der Dialyse.
2 Nenne mögliche Ursachen dafür, dass man die Dialyse nicht unbegrenzt lange durchführen kann.
3 Verschaffe dir Informationen über Diätvorschriften für Nieren- und Dialysepatienten und berichte darüber im Unterricht.
4 Nenne Gründe, warum eine Heimdialyse bevorzugt werden könnte. Finde auch Argumente gegen diese Form der Dialyse.

Berufe, die die Stationen unseres Lebens begleiten

254-1

Medizinisch-technische/r Laboratoriumsassistent/-in

(Ausbildungsberuf)

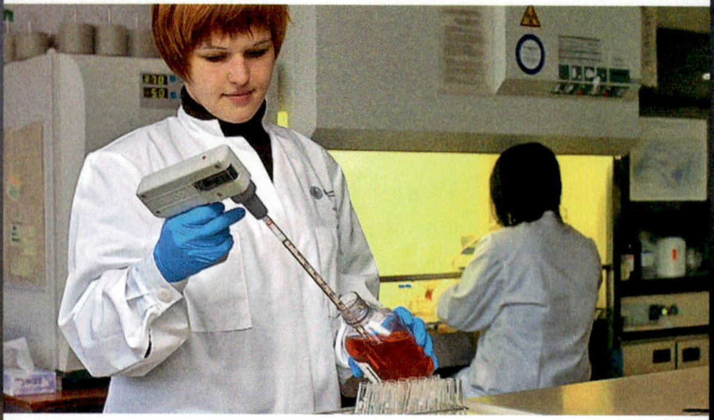

Tätigkeit: *Im Labor werden Körperflüssigkeiten und -gewebe untersucht und damit Krankheitsvorsorge, -erkennung und -behandlung geleistet. Außerdem können Laborassistenten in der medizinischen und pharmazeutischen Forschung oder in Gesundheitsämtern tätig sein.*
Ort der Tätigkeit: *Krankenhäuser, Arztpraxen und medizinische Laboratorien sowie bei Blutspendediensten und im Gesundheitsamt*

Ökotrophologe/-in

(Studium)

Tätigkeit: *Ökotrophologen befassen sich mit den physiologischen, ökonomischen und technologischen Grundlagen von gesunder Ernährung für den Menschen.*
Ort der Tätigkeit: *Ernährungsberatung, Lebensmittelindustrie, medizinische und ernährungswissenschaftliche Forschung, in der Produktentwicklung und Qualitätskontrolle von Betrieben, die Nahrungs- und Genussmittel herstellen, Krankenhäuser und Heime, Universitäten und andere Bildungseinrichtungen, Marktforschungsinstitute*

Augenoptiker/-in

(Ausbildungsberuf)

Tätigkeit: *Sehhilfen werden hergestellt und dem Kunden individuell angepasst. Es werden Brillen, Kontaktlinsen und optische Geräte verkauft.*
Ort der Tätigkeit: *vorwiegend Betriebe des Augenoptikerhandwerks, aber auch in der augenoptischen Industrie und in Augenkliniken*

Unter den vielen Berufen, die uns auf den Stationen unseres Lebens begleiten, gibt es zahlreiche, für die gerade biologische Kenntnisse bedeutsam sind. Im Folgenden sollen einige wenige dieser Berufe näher vorgestellt werden.

Hebamme

(Ausbildungsberuf und Studium)

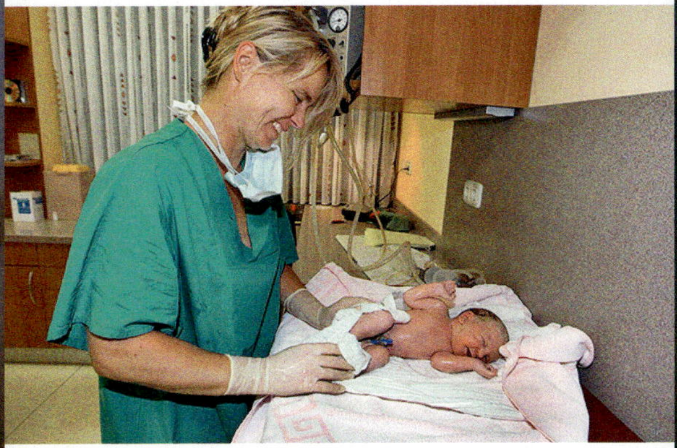

Tätigkeit: *Hebammen betreuen werdende Mütter während der Schwangerschaft und bei der Entbindung. Nach der Geburt helfen sie bei der Versorgung des Neugeborenen und beraten die Mutter.*

Ort der Tätigkeit: *Geburtsabteilungen von Krankenhäusern, Hebammenpraxen und Geburtshäuser*

Altenpfleger/-pflegerin

(Ausbildungsberuf)

Tätigkeit: *Altenpfleger und -pflegerinnen betreuen und pflegen hilfsbedürftige ältere Menschen. Sie unterstützen diese bei der Alltagsbewältigung, leisten Beratung, motivieren zu sinnvoller Beschäftigung und nehmen pflegerisch-medizinische Aufgaben wahr.*

Ort der Tätigkeit: *Krankenhäuser, Pflege- und Rehabilitationskliniken, Kurzzeitpflegeeinrichtungen, Pflegedienste, Altenwohn- und -pflegeheime, ambulante soziale Dienste, Seniorenberatungsstellen, Privathaushalte*

Kinderarzt/-ärztin

(Studium und Facharztausbildung)

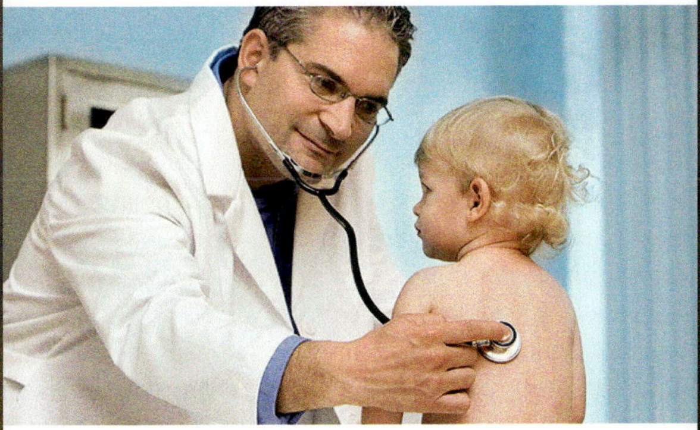

Tätigkeit: *Kinderärzte und -ärztinnen beurteilen die körperliche, soziale, psychische und intellektuelle Entwicklung von Kindern und Jugendlichen. Sie erkennen und behandeln angeborene sowie im Kindes- und Jugendalter vorkommende Erkrankungen. Außerdem veranlassen sie die Behandlung von Verhaltensauffälligkeiten.*

Ort der Tätigkeit: *Facharztpraxen, Krankenhäuser, Hospize, Einrichtungen zur Kurzzeitpflege von Kindern und Jugendlichen mit Behinderung, medizinische Forschung*

Arbeitsaufträge

1. Stelle einen Zeitstrahl der Stationen eines Lebens auf und ordne die Berufe Abschnitten des Lebens zu. Erläutere, warum das bei manchen Berufen leichter fällt als bei anderen.
2. Recherchiere die biologischen Kenntnisse, die für die jeweiligen Berufe von Bedeutung sind.
3. Ordne dem Zeitstrahl der Stationen eines Lebens weitere Berufe mit biologischem Hintergrund zu. Recherchiere einen Beruf besonders gründlich und erstelle einen eigenen Steckbrief dazu. Eine Expertenbefragung kann dabei sehr hilfreich sein.
4. In der Klasse könnt ihr entscheiden, ob ihr einen Vertreter einer der Berufsgruppen für eine ausführliche Befragung in den Unterricht einladen wollt. Bereitet zunächst die Befragung gründlich vor.

Überblick

256-1

Geschlechtsmerkmale/ Geschlechtsorgane
In der Pubertät bilden sich unter Hormoneinfluss die sekundären Geschlechtsmerkmale heraus. Die primären Geschlechtsmerkmale sind die angeborenen Geschlechtsorgane. Beim Mann reifen täglich Spermien in den Hoden heran und werden in den Nebenhoden gespeichert. Bei der Frau wird in jedem Zyklus eine Eizelle im Eierstock reif und gelangt beim Eisprung in den Eileiter. Bleibt sie unbefruchtet, wird sie abgebaut und die monatlich neu gebildete Gebärmutterschleimhaut wird während der Periode abgestoßen. Wird die Eizelle befruchtet, entsteht durch fortwährende Zellteilungen ein Keim, der sich in die Gebärmutter einnistet und dort vom Embryo zum Kind heranwächst.

Befruchtung
Ungeschützter Geschlechtsverkehr kann zu einer Schwangerschaft führen. Trifft ein Spermium auf eine reife Eizelle, dringt es in die Eizelle ein und die Zellkerne der beiden Keimzellen verschmelzen. Diesen Vorgang bezeichnet man als Befruchtung. Aus der befruchteten Eizelle (Zygote) kann sich ein neuer Mensch entwickeln.

Schwangerschaft und vorgeburtliche Entwicklung
Eine Schwangerschaft dauert etwa 40 Wochen. Während dieser Zeit wächst in der Gebärmutter der Frau ein Kind heran. Es wird bis zum Ende des 3. Schwangerschaftsmonats als Embryo, danach als Fetus bezeichnet. Das sich entwickelnde Kind wird über die Plazenta und die Nabelschnur mit Nährstoffen und Sauerstoff versorgt. Da der Embryo empfindlich auf alle störenden Einflüsse reagiert, ist eine gesunde Lebensführung der schwangeren Frau wichtig.

Geburt
Die Geburt kündigt sich durch Wehen, Kontraktionen der Gebärmuttermuskulatur, an und kann mehrere Stunden dauern. Sie verläuft in drei Phasen: Eröffnungs-, Austreibungs- und Nachgeburtsphase. Mit den Wehen wird das Kind durch die Scheide nach außen gepresst.
Anschließend wird es abgenabelt: Es ist nun vom Blutkreislauf der Mutter unabhängig.

Verhütungsmethoden
Es gibt verschiedene Mittel und Methoden, um eine ungewollte Schwangerschaft zu verhindern. Sie unterscheiden sich unter anderem in ihrer Zuverlässigkeit und Verträglichkeit. Für junge Paare besonders geeignet sind Kondome. Sie fangen das Sperma beim Samenerguss auf und schützen außerdem vor Aids und anderen sexuell übertragbaren Krankheiten.

Sexuell übertragbare Krankheiten
Sexuell übertragbare Krankheiten wie Syphilis oder Hepatitis B werden vor allem durch sexuelle Kontakte übertragen: beim Austausch von Körperflüssigkeiten, die Krankheitserreger enthalten, oder durch Kontakte mit verletzter Haut oder Schleimhaut. Sie müssen ärztlich behandelt werden, um eine Heilung zu gewährleisten und um eine Ansteckungsgefahr anderer zu vermeiden. Die Benutzung von Kondomen verringert die Ansteckungsgefahr beim Geschlechtsverkehr.
Auch das HI-Virus, der Erreger der Immunschwächekrankheit Aids, kann beim Geschlechtsverkehr übertragen werden. Es befällt und zerstört die T-Helferzellen. Dadurch bricht das Immunsystem des Betroffenen zusammen. Die Krankheit Aids ist nicht heilbar.

Altern und Tod
In der Entwicklung eines Lebewesens ist irgendwann ein Stadium erreicht, wo weitere Aufbauprozesse gehemmt werden. Durch äußere und innere Defekte wird die Funktion von Zellen beeinträchtigt. Erkrankungen von Herz, Lunge, Verdauungsorganen und Gehirn sind die Folge. Werden die Defizite in einem Organismus zu groß, stirbt er.

Organspende
Erkrankte Organe können durch funktionierende Organe von Spendern ersetzt werden. Organspender sind meist Verstorbene, die zu Lebzeiten verfügt haben, dass ihre Organe entnommen werden dürfen. Aber auch nach ihrem Tod dürfen Angehörige die Organe freigeben. Als untrügliches Todeszeichen muss der Hirntod festgestellt werden.
Nur wenige Organe dürfen lebend gespendet werden, dazu gehört eine Niere. Nach einer Organtransplantation muss der Betroffene für den Rest des Lebens Immunsuppressiva einnehmen, damit es zu keiner Abstoßungsreaktion des Fremdgewebes kommt.

Niere
Jeder Mensch hat zwei Nieren. Nieren sind die Klärwerke des Körpers, in ihnen wird das Blut von Abfallprodukten des Stoffwechsels und von anderen Giftstoffen gereinigt, die dann über die Blase als Urin ausgeschieden werden. Darüber hinaus reguliert die Niere die Konzentrationen wichtiger Mineralstoffe sowie den Wasserhaushalt des Körpers. Jede Störung dieser Funktionen fügen dem Körper schwere Schädigungen zu. Dialyseapparate können vorübergehend die Funktion der Nieren übernehmen. Eine Nierentransplantation kann das geschädigte Organ ersetzen.

Alles klar?

1 Versuche den Begriff Sexualität zu definieren.

2 Erläutere, was du unter einer verantwortungsvollen Einstellung zur Sexualität verstehst.

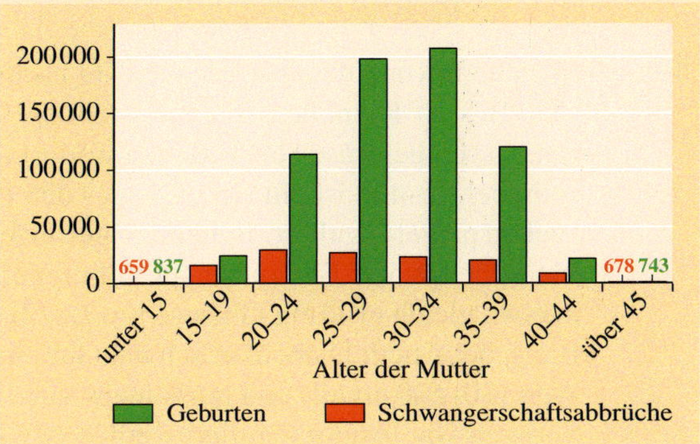

1 Geburten und Schwangerschaftsabbrüche nach Alter der Mutter

3 Ungewollt schwanger zu sein ist für ein Mädchen oder eine Frau eine sehr schwierige Situation.

a Betrachte Abbildung 1. Halte die wichtigsten Aussagen der Abbildung in wenigen Sätzen fest. Versuche die gezeigten Sachverhalte zu erklären.

b Erkundige dich, wie eine Schwangere in einer Notlagensituation vorgehen muss, wenn sie einen Schwangerschaftsabbruch vornehmen lassen will.

c Suche nach einer Begründung dafür, dass der Gesetzgeber den Schwangerschaftsabbruch in der Regel nur bis 12 Wochen nach der Befruchtung zulässt.

4 Während der Schwangerschaft verändert sich der Körper der Mutter.

a Beschreibe diese Veränderungen. Nimm Abbildung 2 zu Hilfe.

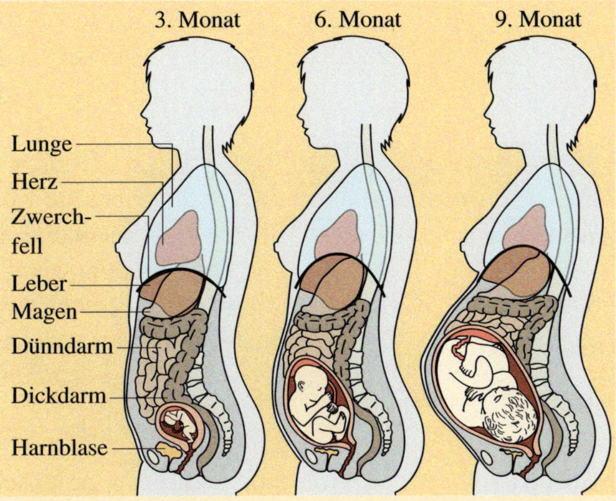

2 Körperliche Veränderungen während der Schwangerschaft

b Erläutere kurz die in der Abbildung dargestellten Entwicklungsstadien des Kindes.

5 Eine Frau hat als Leihmutter ein Kind für eine andere Frau ausgetragen. Nach der Geburt möchte sie das Kind jedoch behalten.
Wer sollte in diesem Streitfall die Mutter des Kindes sein? Formuliere kurz deinen Standpunkt und begründe ihn. Diskutiere anschließend mit deinem Nachbarn.

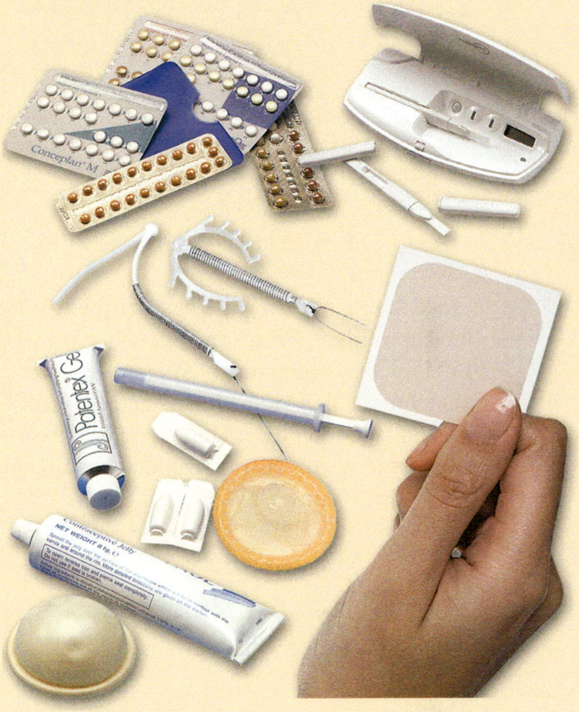

3 Verhütungsmittel

6 Das Foto zeigt verschiedene Verhütungsmittel.

a Benenne die Verhütungsmittel und erkläre, wie sie wirken.

b Erläutere, welche Verhütungsmittel besonders zuverlässig gegen eine ungewollte Schwangerschaft schützen.

c Nenne die Mittel, die gegen sexuell übertragbare Krankheiten schützen.

7 Organspende kann Leben retten. Manche Organe können von lebenden Personen gespendet werden.

a Benenne die Organe, bei denen das möglich ist.

b Führe Gründe an, die eine Lebendspende möglich machen.

c Erkläre, warum eine Lebendspende nur bei nahen Verwandten durchgeführt wird.

8 Erläutere die Funktionsweise der Nieren.

Check up

1 Die Hoden sind die männlichen Keimdrüsen.

a Beschrifte den Längsschnitt von Hoden und Nebenhoden. ↑1

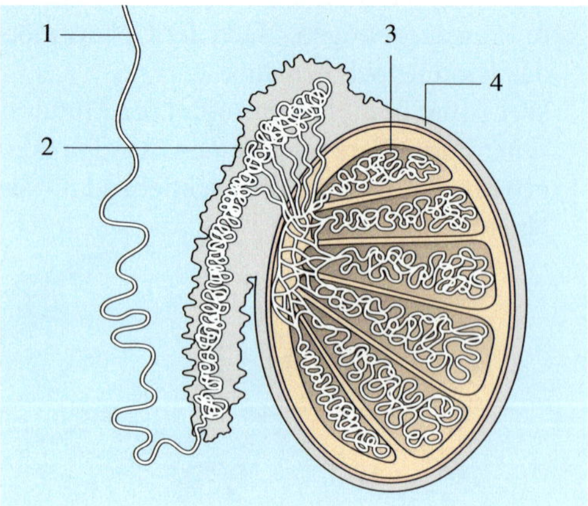

1 Hoden und Nebenhoden (Längsschnitt)

b Stelle in einer Tabelle die beschrifteten Teile ihrer jeweiligen Funktion gegenüber.

c Bei kleinen Jungen diagnostiziert der Arzt manchmal einen Hodenhochstand. Erkläre, weshalb eine Lage der Hoden außerhalb des Körpers bzw. mit ausreichendem Abstand vom Körper nötig ist.

2 Der weibliche Menstruationszyklus wird durch Hormone gesteuert.
Erstelle eine Übersicht, die berücksichtigt, welche Hormone beteiligt sind, wo sie gebildet werden und was sie bewirken.

3 Manche Erkrankungen ziehen andere nach sich. Bei der Krankheit Diabetes stellt die Bauchspeicheldrüse kein (oder zu wenig) Insulin her. Insulin ist ein Hormon, das den Blutzuckerspiegel reguliert. Bei einem gesunden Menschen ist der Blutzuckerspiegel immer in etwa gleich (100 mg Glucose pro Deziliter Blut), bei einem Diabetiker schwankt dieser Wert (30–600 mg/dl) und muss meist durch Spritzen von Insulin reguliert werden. Viele Organe eines Diabetikers werden durch diese Schwankungen stark geschädigt.

a Finde eine Erklärung, warum gerade die Niere ein Organ ist, das nach vielen Jahren einer Diabeteserkrankung schwer geschädigt ist.

b Blutarmut ist ein Anzeichen für eine nachlassende Nierenfunktion. Symptome sind Müdigkeit und Erschöpfung. Erläutere diese Symptome und stelle einen Zusammenhang zu den Aufgaben der Niere her.

c Nenne Maßnahmen, die ein Nierenkranker ergreifen kann, um eine weitere Schädigung der Nieren vorzubeugen. Gehe hierbei auch auf einen Diabetiker als Patienten ein.

258-1

Die Farben zeigen dir, um welchen Aufgabentyp es sich handelt:
■ Sachverhalte wiedergeben ■ Dein Wissen anwenden ■ Komplexe Probleme lösen

Die Lösungen findest du im Anhang.

Schätze deine Kenntnisse und Fähigkeiten ein.

Aufgabe	Lerngebiet/Fähigkeit	Lösungshilfe	Auswertung
1	Ich kenne den Aufbau der männlichen Geschlechtsorgane und kann ihre Funktionen erklären.	198 f.	Ordne dazu deiner Lösung im Heft ein Smiley zu:
2	Ich kann den Einfluss von Hormonen auf den Menstruationszyklus erklären.	220	☺ Ich konnte die Aufgabe richtig lösen.
3	Ich kenne die Funktionsweise der Nieren und kann die Auswirkungen einer Diabeteserkrankung auf diese Organe sowie Folgeschädigungen des Körpers erläutern.	248–250	😐 Ich konnte die Aufgabe nicht komplett lösen. ☹ Ich konnte die Aufgabe nicht lösen.

Vererbung

Alle Lebewesen ähneln in ihren Eigenschaften und Merkmalen ihren Eltern und Vorfahren. Von ihnen haben sie die Information für die Ausprägung der Merkmale bekommen. Die Weitergabe dieser Erbinformation von Generation zu Generation nennt man Vererbung.

Gene – Bauanleitung für Lebewesen

Alle Lebewesen tragen in ihren Zellen Gene. Diese enthalten alle Informationen für die Entwicklung des Lebewesens. Außerdem steuern sie viele weitere Vorgänge im Körper.

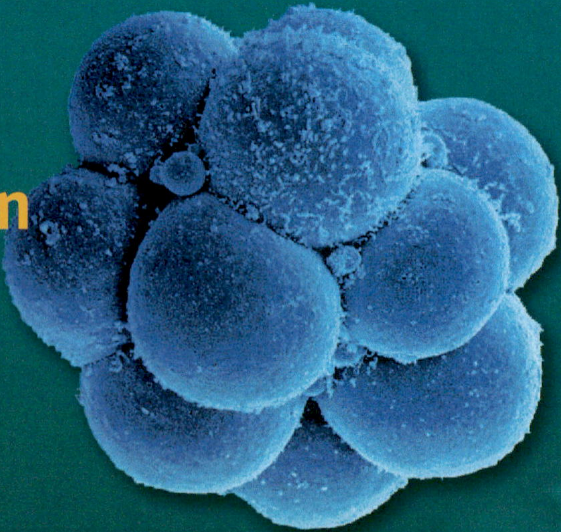

1 Alles Leben beginnt mit einer befruchteten Eizelle. Und darin sollen alle Informationen für die Entwicklung eines Menschen gespeichert sein?

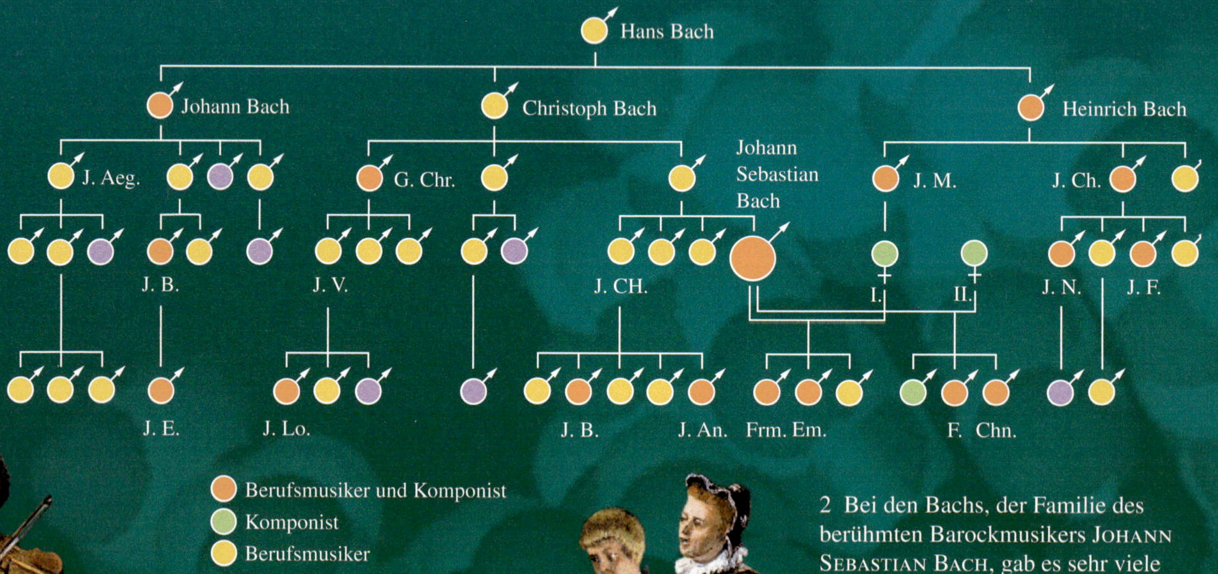

2 Bei den Bachs, der Familie des berühmten Barockmusikers JOHANN SEBASTIAN BACH, gab es sehr viele Musiker und Komponisten. Was für Gründe könnte es dafür geben? Kann die Darstellung eines Familienstammbaums bei dieser Frage weiterhelfen?

4 Manchmal haben Tiere mit normal gefärbtem Fell plötzlich weiße Nachkommen. Wie kommt das zustande?

3 Die Erbinformation befindet sich im Zellkern jeder Zelle. Sie liegt dort in Form eines chemischen Moleküls vor, der DNA. Im Hintergrund ist ein dreidimensionales Modell zu sehen. Aber wie kann denn ein Molekül Informationen enthalten?

5 Dolly war das erste geklonte Säugetier. Was ist Klonen und wie gehen Forscher dabei vor?

6 Warum sind die Gentechnik und das Klonen so umstritten?

7 Gentechnisch veränderter Mais. Wie und weshalb werden Pflanzen gentechnisch verändert?

Was ist eigentlich Vererbung?

„Ach wie niedlich! Ganz die Mama!" – „Ja, aber die Augen hat er vom Vater!" So oder so ähnlich hört man Tanten, Onkel und Großeltern auf der ganzen Welt reden. Und es stimmt ja auch, dass Kinder ihren Eltern ähneln.
Aber kann man denn behaupten, dass ein Kind die Nase der Mutter und die Augen des Vaters geerbt hat? Die Mutter behält doch ihre Nase im Gesicht! Was genau wird eigentlich vererbt?

1 Eltern und Verwandte bestaunen ein neugeborenes Kind.

Beobachten Untersuchen Experimentieren

Ähnlichkeiten in der Familie

Eltern und deren Nachkommen ähneln sich, weil Erbinformationen an die Nachkommen weitergegeben werden. Zwar wurde diese Tatsache von unseren frühen Vorfahren beobachtet und beschrieben, doch ist die Erforschung der Vererbung noch eher jung und begann vor etwa 200 Jahren mit Experimenten an Erbsenpflanzen.

1 Sucht in Partnerarbeit in Abbildung 2 und den Beschreibungen im Kasten Merkmale der verschiedenen Familienmitglieder heraus und diskutiert, zu welchen Merkmalen die Kinder von ihren Eltern Informationen vererbt bekommen haben könnten.

Mats ist sehr musikalisch und ein ruhiger Vertreter.
Lisa spielt sehr gut Klavier und liest viel.
Martina hat helles Haar, ihr Vater war Pianist.
In Peters Familie tritt Rot-Grün-Blindheit auf.
Paul ist rot-grün-blind.
Miguel hat dunkles Haar und ist gerade sehr verliebt.
Timo spielt Baseball und hat grüne Augen.

2 Erstellt aufgrund eurer Überlegungen in Aufgabe 1 einen Stammbaum. Beachtet Folgendes: 1 Kind wurde von der Familie adoptiert, 2 Kinder sind leibliche Kinder des Elternpaares, 1 Kind wurde von der Mutter, 1 Kind vom Vater mit in die neue Familie gebracht. Diskutiert eure Ergebnisse in der Klasse.

3 Nenne äußerliche Merkmale, die nicht auf Vererbung beruhen. Wie bist du auf diese Merkmale gekommen?

4 Formuliere möglichst genau, wie du dir Vererbung vorstellst. Erläutere dabei deine Vorstellung, wie die Ähnlichkeiten zustande kommen.

2 Wer ist wie mit wem verwandt?

Was wird vererbt?

Erbinformation Vererbung ist die Weitergabe von Informationen an die nächste Generation. Kinder sehen ihren Eltern ähnlich. Bei der geschlechtlichen Fortpflanzung verschmelzen die Zellkerne der Spermien- und der Eizelle miteinander. ↑S.201 Dort befinden sich die Erbanlagen bzw. Erbinformationen, eine Art Baupläne, die die Ausprägung von Merkmalen, wie zum Beispiel der Augenfarbe, steuern. Es werden also nicht die Merkmale selbst vererbt – Zellkerne verfügen ja nicht über eine Haar- oder Augenfarbe –, sondern Informationen zur Ausbildung bestimmter Merkmale werden weitergegeben. Jeder Zellkern enthält die Erbinformationen in doppelter Ausführung, einmal von der Mutter und einmal vom Vater. Allerdings unterscheidet sich der jeweilige Bauplan – die Eltern haben ja meist nicht die gleiche Augenfarbe.

Vererbung von Fähigkeiten und Talenten? Die Wissenschaft der Vererbung wird Genetik genannt. Sie erforscht die Erbinformationen und versucht herauszufinden, warum eine Erbinformation zur Ausprägung als sichtbares äußeres Merkmal kommt und eine andere nicht. Neben der Erforschung von Erbinformationen für Körpermerkmale wird auch untersucht, ob Fähigkeiten und Talente, wie zum Beispiel Musikalität oder Sportlichkeit, vererbbar sind. Dazu müsste es Erbanlagen geben, die Informationen für solche Eigenschaften liefern. Es könnte aber auch sein, dass Kinder von musikalischen Eltern musikalisch sind, weil es zum Beispiel ein Musikinstrument im Haus gibt und weil die Eltern das Kind musikalisch fördern. Die Beantwortung der Frage bleibt schwierig, weil es sich meistens um eine Mischung der Wirkung von Erbinformationen und Umwelteinflüssen handelt.

Zwillingsforschung Aufschluss darüber, wie Charaktereigenschaften durch Erbinformationen bestimmt werden, soll die Zwillingsforschung geben. Eineiige Zwillinge besitzen die gleichen Erbinformationen, zweieiige sind sich genetisch nicht ähnlicher als normale Geschwister. Doch wachsen beide in der gleichen Familie und zur gleichen Zeit auf. Merkmale, in denen sich eineiige Zwillinge stärker gleichen als zweieiige, werden daher eher auf die Erbinformationen zurückgeführt als auf Umwelteinflüsse.

Kurz und knapp **Vererbung ist die Weitergabe von Information an die nächste Generation. Bei der Verschmelzung von Ei- und Spermienzelle werden nicht Merkmale, sondern Erbinformationen von Mutter und Vater weitergegeben und neu kombiniert. Die Wissenschaft der Vererbung wird Genetik genannt.**

Historisches

Vererbungstheorien
Dass Kinder ihren Eltern mehr ähneln als anderen Menschen, war schon im Altertum bekannt. Damals gab es allerdings andere Erklärungsversuche für diese Familienähnlichkeit. Die Präformationslehre des ANAXAGORAS ging zum Beispiel davon aus, dass alle kindlichen Merkmale im Samen des Vaters vorgeformt, also präformiert sind. Der Samen keime im Körper der Mutter dann nur aus und entwickle sich wie Bohnensamen, den man in die Erde steckt. Diese Theorie war auch im 17. Jahrhundert noch so verbreitet, dass Gelehrte damals im Mikroskop präformierte Kinder in Spermienzellen zu erkennen glaubten.

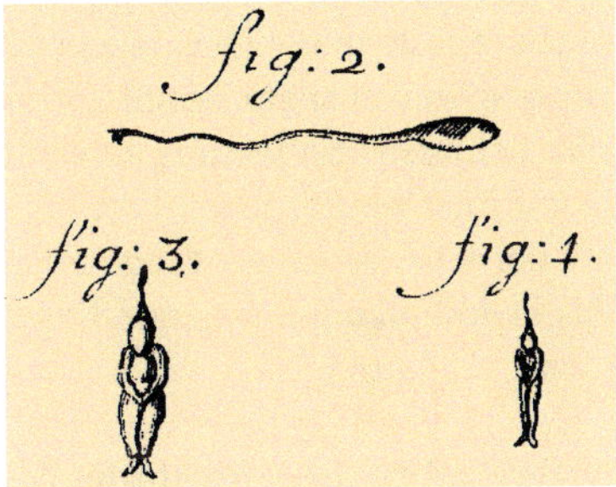

3 Zeichnung menschlicher Spermien von A. v. LEEUWENHOEK und JAN HAM, 1677 („Opera omnia“, 1722)

Arbeitsaufträge

1 Erkläre, was an der Aussage „Marc hat seine blonden Haare vom Vater geerbt“ falsch ist. Mache einen Vorschlag für eine korrekte Formulierung.

2 Lies den Abschnitt Historisches. Erläutere, was aus heutiger Sicht gegen diese Theorie spricht.

3 Argumentiere, warum zweieiige Zwillinge nicht die gleichen Erbinformationen haben.

4 Begründe, warum sich Geschwister ähnlich sehen, aber nicht gleichen.

Der Erbinformation auf der Spur

In jedem Architekturbüro werden die Baupläne für alle dort geplanten Gebäude in einem großen Archiv verwahrt. Davon werden die wenigsten ständig benötigt. Wenn aber ein Gebäude gebaut werden soll, werden die entsprechenden Pläne hervorgeholt. Auch in allen Körperzellen gibt es ein solches Archiv. Es sind die Erbinformationen.
Wo befinden sie sich? Und wie sind sie aufgebaut?

1 Archiv eines Architekturbüros

Beobachten Untersuchen Experimentieren

Wo befindet sich die Erbinformation?
Dass es Erbinformationen geben muss, wusste man schon lange, bevor man genau sagen konnte, wo sie sich befinden und woraus sie bestehen. Einen wesentlichen Fortschritt bei der Klärung dieser Frage brachte das in Abbildung 2 gezeigte Experiment.

a Beschreibe die Versuchsdurchführung.
b Formuliere eine passende Forschungsfrage.
c Deute das Ergebnis in Bezug auf die Frage: „Wo befindet sich die Erbinformation?“ Ziehe zur Klärung dieser Frage auch das Ergebnis des Kontrollversuchs heran.
d Welche Schlussfolgerung wird dadurch möglich, dass man den Kern einer fertigen, ausdifferenzierten Körperzelle verwendet hat, die dem Darm einer Kaulquappe entstammt?

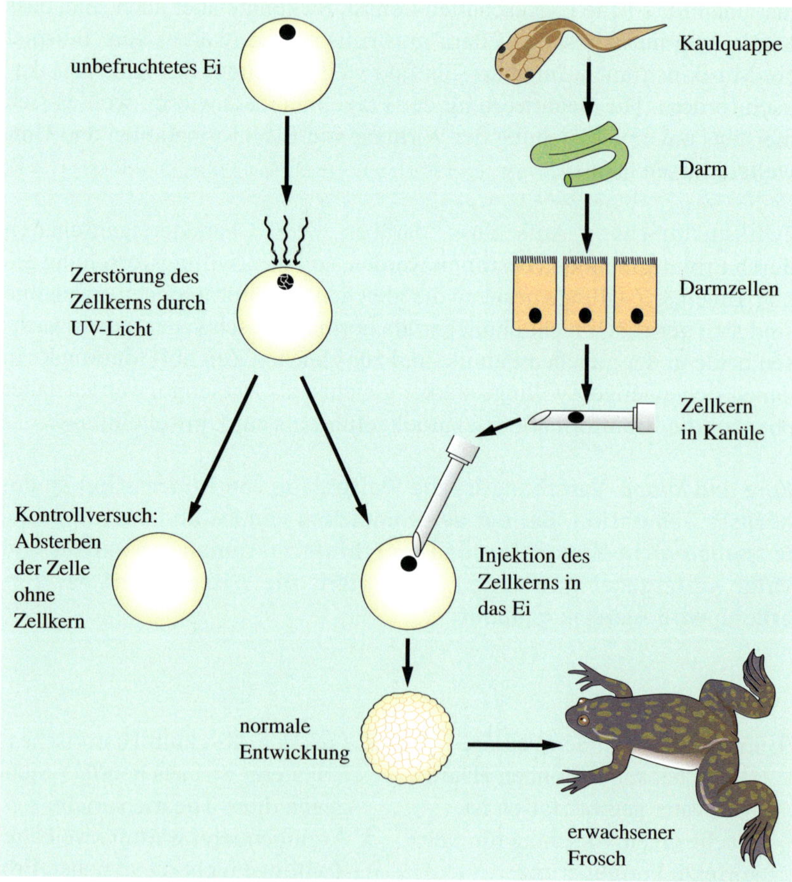

2 Kerntransplantation beim Krallenfrosch

Ort und Organisation der Erbinformation

265-1

Lage im Zellkern Die Zellen aller höheren Lebewesen besitzen einen Zellkern. Durch verschiedene Versuche konnte bewiesen werden, dass sich die Erbinformation im Zellkern befindet. ↑2 Die Kerne aller Zellen enthalten die vollständigen Erbinformationen, diese sind also in allen Zellen identisch.

Funktionen des Zellkerns Der Zellkern ist ein sehr auffälliger und wichtiger Bestandteil der Zelle. ↑3 Zerstört man ihn, stirbt die ganze Zelle. Vom Zellkern aus werden alle Vorgänge in der Zelle so gesteuert und reguliert, wie es in der Erbinformation festgelegt ist. Die Erbinformation liegt im Zellkern geschützt und ist so organisiert, dass ihre kontrollierte Weitergabe bei jeder Zellteilung möglich ist.

Chromatin im Zellkern Im Zellkern befindet sich eine Substanz, die mit bestimmten Farbstoffen angefärbt werden kann. Daher wird diese Substanz Chromatin (griech. *chroma:* Farbe) genannt. Das Chromatin besteht aus sehr langen, extrem dünnen Fäden. Im Lichtmikroskop erkennt man nur eine einheitliche farbige Substanz. ↑4 Als Wissenschaftler aber erstmals sich teilende Zellen färbten und mikroskopierten, ergab sich ein anderes Bild: Das Chromatin hatte sich hier zu mehreren x-förmigen Körperchen verdichtet. Man nannte sie Chromosomen. ↑5 und S.266/1 Die Chromatinfäden selbst bestehen aus einem noch viel längeren, dünneren Faden, der DNA, und Proteinen. Im Zellkern ist der DNA-Faden um viele kugelförmige Proteine gewickelt, die man Histone nennt. Diese Kette, die aussieht wie eine Perlenschnur, ist ihrerseits wiederum wie eine Spirale aufgedreht. ↑5 Der mithilfe von Histonen mehrfach aufgewickelte DNA-Faden ist der eigentliche Chromatinfaden.

Bedeutung der DNA Die DNA ist ein extrem langes, fadenförmiges Molekül, das aus verschiedenen Bausteinen besteht. Die Bezeichnung DNA ist eine Abkürzung des englischen Molekülnamens ***d**eoxyribo**n**ucleic **a**cid*. Da das englische Wort *acid* ins Deutsche übersetzt Säure bedeutet, wird statt DNA auch manchmal die Bezeichnung DNS verwendet. Die DNA ist die eigentliche Erbsubstanz, auf der alle Erbinformationen gespeichert sind.

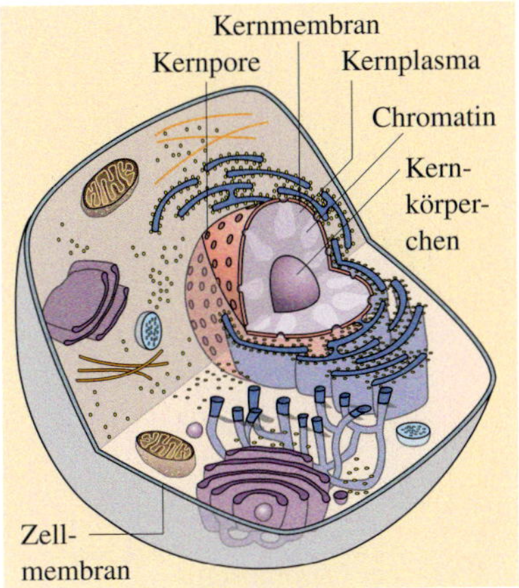

3 Schema einer tierischen Zelle

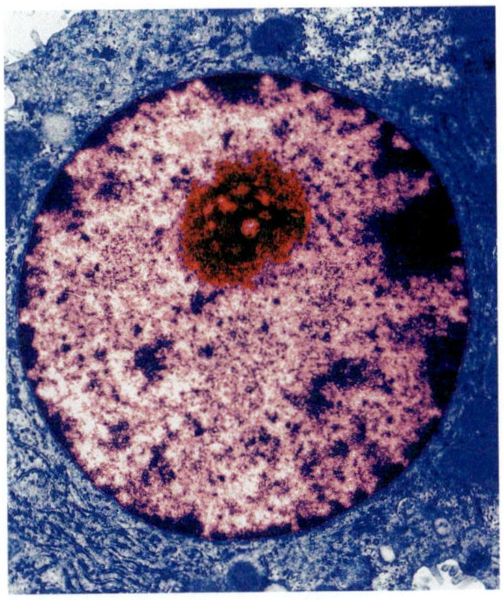

4 Zellkern, Erbsubstanz gefärbt (8 000-fache Vergrößerung)

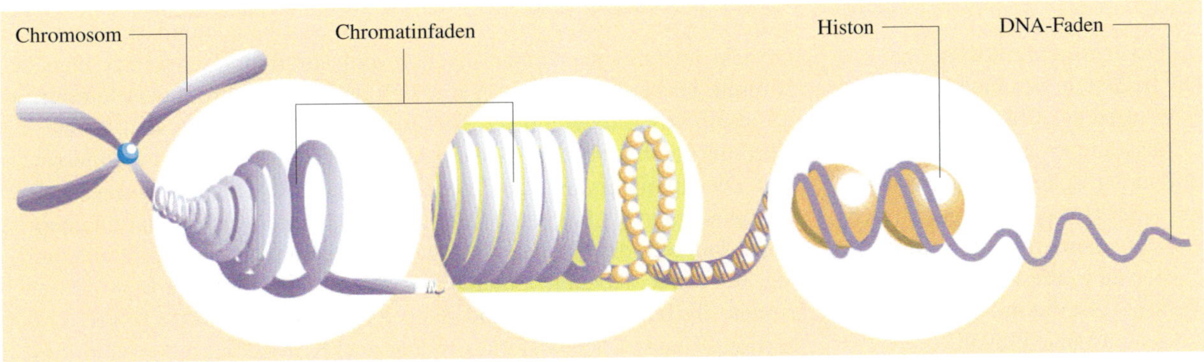

5 Vom Chromosom zur DNA. Die DNA aller Chromosomen in den Körperzellen ist etwa 2 m lang.

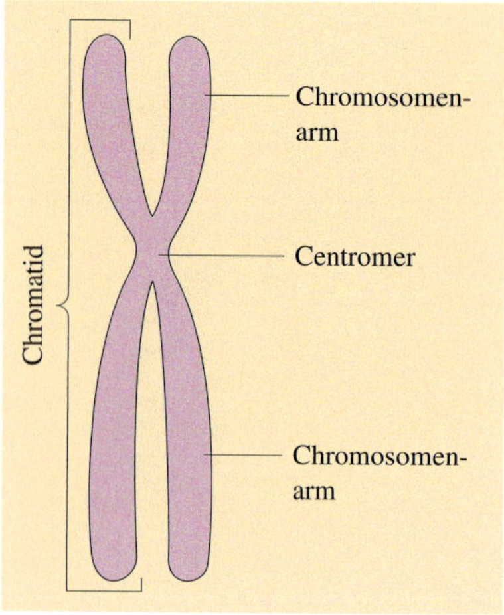

1 Bau eines Chromosoms

Arbeitsform und Transportform Die meiste Zeit über liegt die Erbsubstanz als Chromatinfaden im Zellkern vor. Der Chromatinfaden ist die sogenannte Arbeitsform der Erbinformation. In dieser Form können die auf der DNA gespeicherten Informationen abgelesen und zur Steuerung aller Vorgänge in der Zelle genutzt werden. Bei der Teilung von Zellen müssen die Erbinformationen gleichmäßig und unbeschädigt auf die beiden neuen Zellen, die Tocherzellen, verteilt werden. Dafür wird die Erbsubstanz vor der eigentlichen Zellteilung zusätzlich verdichtet. Dabei wird der Chromatinfaden mehrfach in Schleifen aufgewickelt, bis eine X-ähnliche Struktur entstanden ist. Diese Körperchen sind die Transportform der Erbinformation und werden als Chromosomen bezeichnet. Jedes Chromosom besteht zu diesem Zeitpunkt aus zwei identischen Strängen, den Chromatiden. Diese Schwesterchromatiden hängen an einer Stelle, dem Centromer, zusammen. Ein solches Chromosom wird auch als Zwei-Chromatid-Chromosom bezeichnet. ↑1

Die Chromosomen können durch spezielle Farbstoffe angefärbt werden, sodass man sie im Lichtmikroskop erkennen kann. Dabei kann man feststellen, dass sich in jeder Körperzelle mehrere Chromsomen befinden.

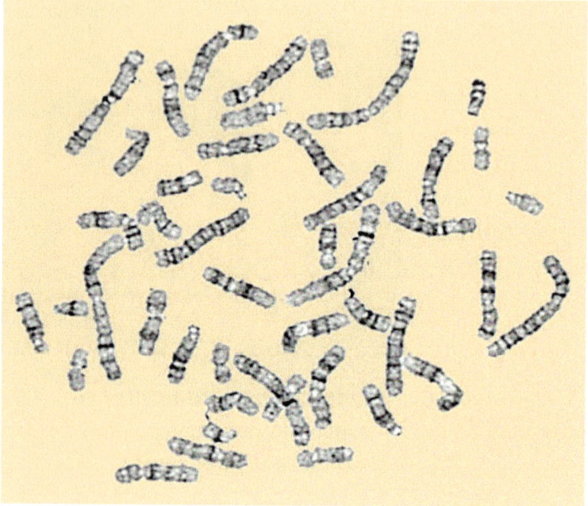
2 Ungeordneter Chromosomensatz eines Menschen

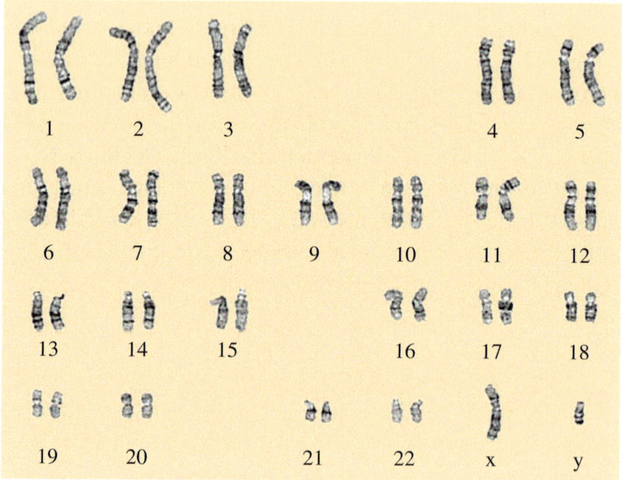

3 Karyogramm eines Mannes

Basiskonzept

Struktur und Funktion ↑S.334
Die beiden unterschiedlichen Strukturen des Chromatins stehen in Zusammenhang mit der Funktion in der Zelle. Als Arbeitsform muss der DNA-Strang gut erreichbar sein, damit die Informationen abgelesen werden können. Für den Transport ist ein möglichst kompakter Zustand sinnvoll.

Karyogramm des Menschen Bei teilungsaktiven Zellen des Menschen, zum Beispiel aus dem Fruchtwasser oder dem Knochenmark, kann man die Chromosomen sichtbar machen und anfärben. ↑2 Wendet man bestimmte Färbemethoden an, zeigt sich auf jedem Chromosom ein unverwechselbares Bandenmuster. Daran sowie an der Größe und Länge der Chromosomenarme kann man die einzelnen Chromosomen gut unterscheiden. Die charakteristischen Eigenschaften aller Chromsomen eines Individuums werden als Karyotyp bezeichnet. Zu diesen Eigenschaften gehören unter anderem die Größe, die Lage des Centromers und das Bandenmuster. Bei verschiedenen Untersuchungen werden die gefärbten Chromosomen digital fotografiert und dann paarweise nach absteigender Größe sortiert. Eine solche Darstellung nennt man Karyogramm. ↑3 Mithilfe von Karyogrammen ist es möglich, Erbkrankheiten zu erkennen, bei denen die Struktur oder Anzahl der Chromosomenzahl verändert ist. ↑S.278

Chromosomenzahl Am Karyogramm kann man gut erkennen, dass sich beim Menschen in jeder Körperzelle 23 verschiedene Chromosomen befinden, die jeweils doppelt vorkommen. Die einander gleichenden Chromosomen werden als homolog bezeichnet. Eine Ausnahme bildet das 23. Chromosomenpaar: Frauen besitzen zwei gleiche sogenannte X-Chromosomen, Männer dagegen nur ein X-Chromosom und das sehr viel kleinere Y-Chromosom. Insgesamt besitzen menschliche Körperzellen also einen doppelten Chromosomensatz, abgekürzt $2n$ (n = Chromosomenzahl eines einfachen Chromosomensatzes). Alle Zellen mit einem doppelten Chromosomensatz, wie die Körperzellen, nennt man diploid. Zellen, die jedes Chromosom nur einmal enthalten, wie die Keimzellen, werden als haploid bezeichnet. Für den Menschen gilt $2n = 46$, da er 23 Chromosomenpaare besitzt ($n = 23$).
Die Anzahl der Chromosomen unterscheidet sich bei verschiedenen Lebewesen. Es scheint aber kein Zusammenhang zu bestehen zwischen der Chromosomenzahl und der Größe oder Komplexität eines Lebewesens. ↑Tabelle Die Vertreter einer Art haben aber immer die gleiche Anzahl Chromosomen pro Körperzelle, die im Allgemeinen durch zwei teilbar ist.

Lebewesen	Chromosomenzahl ($2n$)
Champignon	8
Stubenfliege	12
Erbse	14
Mensch	46
Kartoffel	48
Kellerassel	56
Hund	78
Karpfen	104

Kurz und knapp **Die Erbinformation befindet sich im Zellkern. Jede Körperzelle verfügt über die gesamte Erbinformation. Chromatinfäden stellen die Arbeitsform der Erbinformation, Chromosomen die Transportform dar. Chromatinfäden bestehen aus einem mehrfach aufgewickelten DNA-Faden und Proteinen. Die DNA ist die eigentliche Erbsubstanz, auf der alle Erbinformationen gespeichert sind. Pflanzen und Tiere besitzen in den Körperzellen meist einen diploiden Chromosomensatz aus Paaren von homologen Chromosomen.**

Arbeitsaufträge

1 Erkläre, warum der Versuch auf Seite 264 beweist, dass im Zellkern jeder Körperzelle die gesamte Erbinformation gespeichert ist. Wie wäre das Experiment ausgegangen, wenn in der Darmzelle nur die Erbinformation für Darmzellen gespeichert wäre?

4 Chromosomenmodell aus Druckknöpfen und Draht

2 Beschreibe den Aufbau eines Chromosoms.

3 Beschreibe die Unterschiede zwischen der Transport- und der Arbeitsform der Erbinformationen.

4 Chromosomen im Modell
Material: großer Druckknopf, Draht, Bleistift
Durchführung: Schneide zwei 40 cm lange Drahtstücke zu. Ziehe je einen Draht durch zwei gegenüberliegende Löcher einer Druckknopfhälfte. Füge dann die beiden Druckknopfhälften wieder zusammen. Schraube die Drähte auf, indem du den Bleistift eng mit ihnen umwickelst. ↑4
Aufgaben: Vergleiche dein Modell mit dem Aufbau eines Chromosoms. In welchen Eigenschaften stimmt das Modell mit dem Original überein, in welchen nicht?
Demonstriere am Modell die Arbeits- und die Transportform eines Chromosoms.

Mitose – Zellen teilen sich und wachsen

Aus einer befruchteten Eizelle des Menschen entsteht durch Zellteilungen ein Organismus mit etwa 60 Billionen Zellen. Ständig werden Zellen erneuert, was zum Beispiel beim Haarwachstum oder an Hautschuppen deutlich wird. Wenn wir uns in den Finger schneiden, so wächst die Wunde wieder zu.
Wie ist dies möglich?

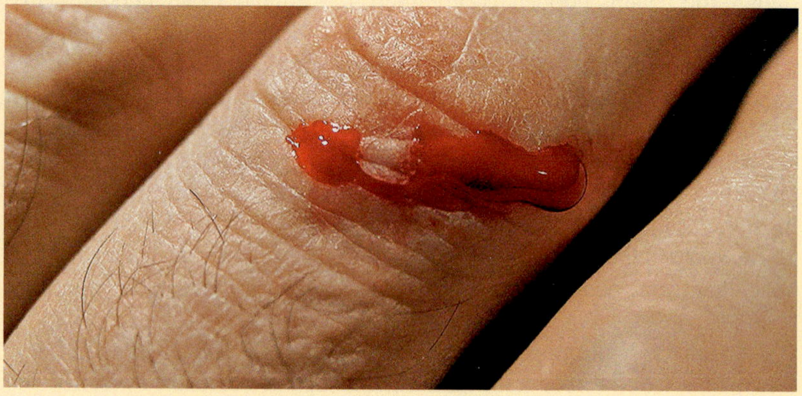

1 Wie wächst die Wunde wieder zu?

Beobachten Untersuchen Experimentieren

Kopieren und Verteilen
Jede Zelle enthält das komplette Erbgut. So sind in einer Hautzelle nicht nur genetische Informationen für die Hautfarbe, sondern ebenso für die Augenfarbe und Ohrläppchenform enthalten. Jede Zelle des menschlichen Körpers hat in ihrem Zellkern 46 Chromosomen.

1 Bastelt in Zweiergruppen mit folgenden Utensilien ein Zellmodell: 1 große und 1 kleine Butterbrottüte, 2 blaue und 2 rote Zwei-Chromatid-Chromosomen-Modelle aus Papier. ↑2
2 Führt mit eurem Modell eine Zellteilung durch, aus der 2 identische Zellen hervorgehen. Ihr dürft eine Schere benutzen.
3 Tauscht euch mit anderen Gruppen aus. Wo liegen Unterschiede? Welche Teilung kommt dem Ziel am nächsten?
4 Arbeitet den Text und die Abbildungen auf der folgenden Seite durch und findet die richtige Vorgehensweise für eine korrekte Zellteilung des Modells heraus.
5 Welcher Schritt der Mitose wurde bei dieser Aufgabe vorausgesetzt?
6 Modelle haben immer Grenzen. Zeigt auf, welche Probleme bei diesem Modell der Zellteilung vorliegen.

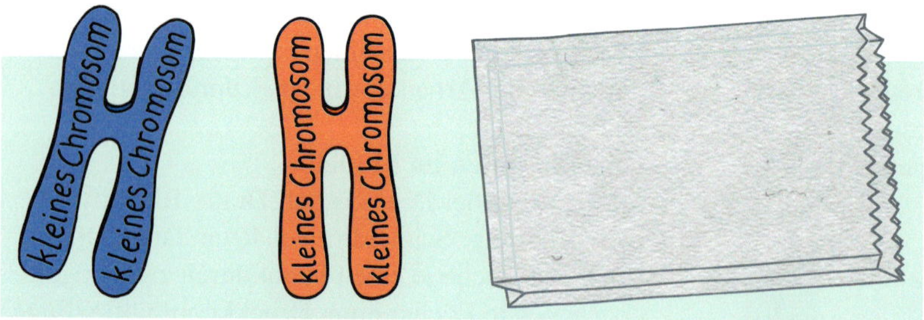

2 Materialien für ein Zellmodell

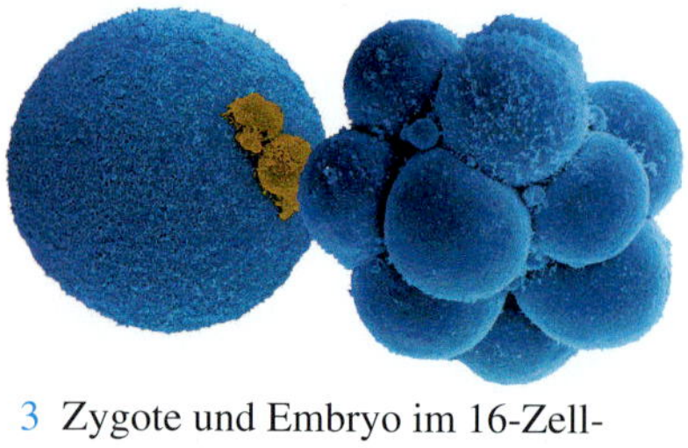

3 Zygote und Embryo im 16-Zell-Stadium

Zellteilung und Ablauf der Mitose

268-1

Zellteilung Jedes Lebewesen ist aus einer einzigen Zelle, der Zygote, entstanden. Durch Zellteilung hat sich diese Ausgangszelle vermehrt und schließlich ist ein Organismus herangewachsen. Aber nicht nur beim Wachstum, sondern ebenso zur Regeneration von Zellen ist Zellteilung nötig. Damit der Zellkern seine Funktion bei der Steuerung des Zellstoffwechsels erfüllen kann, muss bei der Zellteilung sichergestellt werden, dass jede Zelle alle Erbinformationen, also den gesamten Chromosomensatz, erhält. Dies wird durch die Mitose garantiert.

Interphase Vor der Zellteilung wird die Erbinformation verdoppelt. Die Chromosomen liegen in ihrer Arbeitsform als kaum sichtbare Chromatinfäden vor.

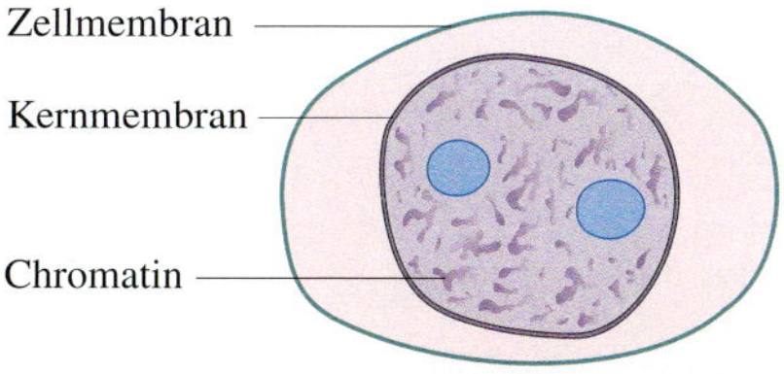

Prophase Nun werden die Chromosomen in die Transportform überführt. Die Chromatinfäden werden aufgewickelt und als Zwei-Chromatid-Chromosomen erkennbar, wobei das eine Chromatid eine Kopie des anderen darstellt. Die Kernmembran löst sich auf und ein Transportsystem, der Spindelapparat, bestehend aus dünnen Spindelfasern, wird sichtbar.

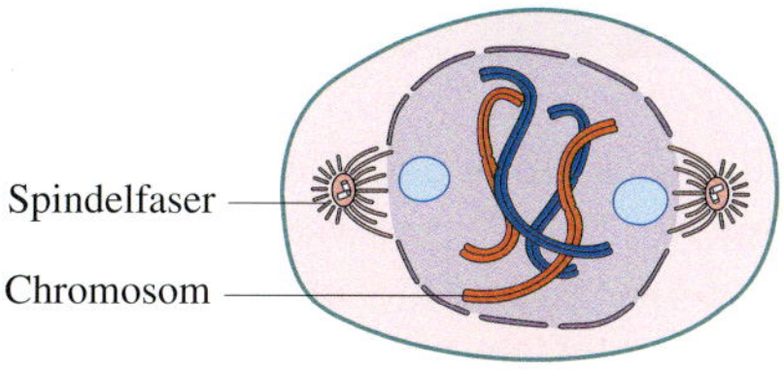

Metaphase Der Spindelapparat ist vollständig ausgebildet und zeigt die Form einer Spindel (daher sein Name). An das Centromer der Chromosomen haben sich von beiden Seiten Spindelfasern angeheftet. Diese sorgen dafür, dass sich die Chromosomen in der Mitte der Zelle anordnen.

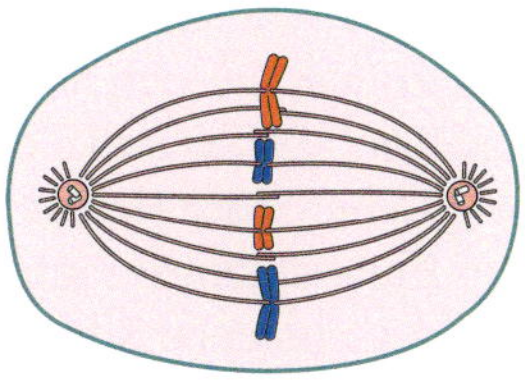

Anaphase Durch Verkürzung der Spindelfasern werden die Chromatiden zu den entgegengesetzten Zellpolen gezogen. Die Chromosomen werden dabei in zwei Chromatiden getrennt. An jedem Zellpol liegt nun die gleiche Anzahl an Chromatiden vor. Dies entspricht einem vollständigen Satz von Ein-Chromatid-Chromosomen.

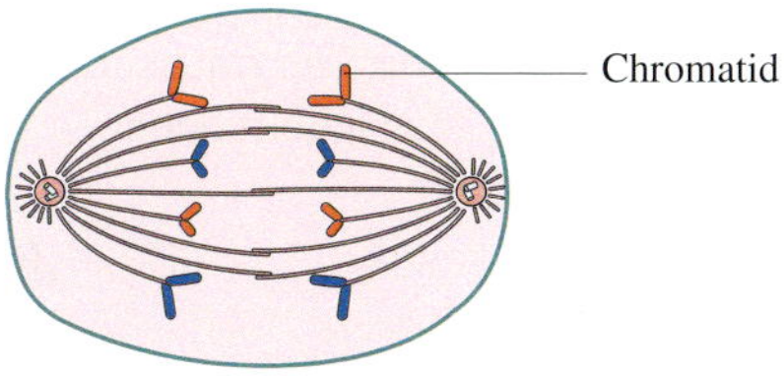

Telophase Die Kernmembranen bilden sich wieder aus. Die Zellmembran zwischen den Tochterzellen schnürt sich ein: Zwei neue Tochterzellen mit den kompletten Erbinformationen sind entstanden. Die Chromosomen gehen wieder in die Arbeitsform über und haben wieder die Form langer Fäden angenommen.

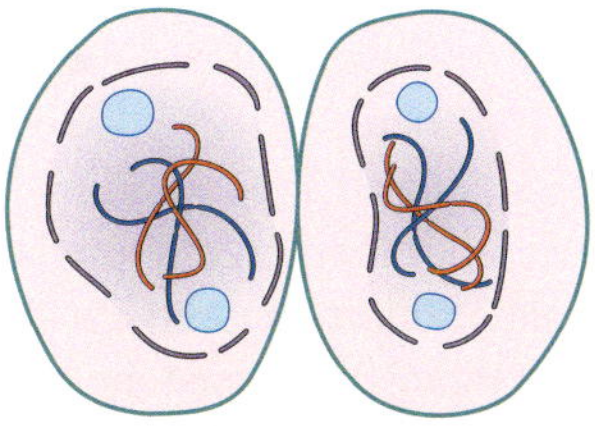

Interphase Die Zellen wachsen heran und erfüllen ihre Stoffwechselfunktion.

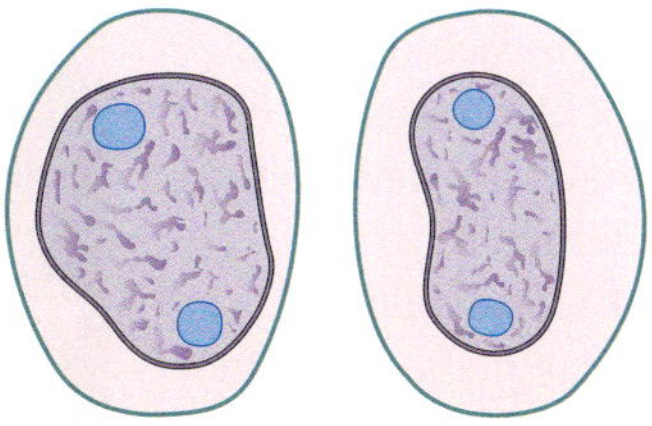

4 Ablauf der Mitose. Zur Vereinfachung sind nur 2 Chromosomenpaare ($2n = 4$) dargestellt.

Kurz und knapp **Dem Wachstum und der Regeneration von Zellen liegt die Mitose zugrunde. Diese Zellteilung garantiert, dass Tochterzellen die komplette Erbinformation erhalten.**

Arbeitsaufträge

1 Erkläre, warum die bei der Mitose entstehenden Tochterzellen erbgleich sind.

2 Ordne dem Modell von Seite 268 die gelernten Fachbegriffe zu und „spiele" die Mitose nach.

Methode

Bewerten, abwägen und entscheiden: Stammzellen und therapeutisches Klonen

Die Forschung an Stammzellen wird kontrovers diskutiert. Die Biomedizin verspricht sich in Verbindung mit der Gentechnik Fortschritte bei der Erforschung und Heilung schwerer Krankheiten.
Aber darf der Mensch alles, was er kann, um Menschenleben zu retten? Hat er vielleicht sogar die Verpflichtung, alles zu tun, um Menschenleben zu retten?

1

Biologische Grundlagen: Klonen

Weil der Zellkern jeder Körperzelle die komplette Erbinformation enthält, könnte theoretisch aus jeder Zelle ein vollständiger Organismus entstehen. In Wirklichkeit funktioniert das nicht. Schon während der Entwicklung des Embryos werden Zellen auf ihre Funktion festgelegt und spezialisieren sich. Das Zellplasma der Zygote und der embryonalen Zellen enthält Stoffe, die die Entwicklung des Organismus steuern. Zellen in der Hirnregion etwa entwickeln sich zu Nervenzellen. In ihren Zellkernen werden nur noch bestimmte Erbinformationen abgelesen. Diese Spezialisierung ist normalerweise nicht rückgängig zu machen: Aus einer Nervenzelle kann keine Herzmuskelzelle werden.
Im Jahr 1997 ist es Forschern dennoch gelungen, aus dem Zellkern einer Euterzelle und der Eizelle eines Schafs ein komplettes Schaf heranwachsen zu lassen. Dazu wurde der Zellkern der Euterzelle in eine Eizelle transplantiert und in die Gebärmutter eines anderen Schafs eingepflanzt. ↑2 Nach der üblichen Tragzeit von 5 bis 6 Monaten kam das neue Schaf Namens „Dolly" zur Welt. Dolly ist mit dem Schaf, dem der Zellkern entnommen wurde, genetisch identisch: Es handelt sich um einen Klon. Das Verfahren der künstlichen Erzeugung von erbgleichen Lebewesen wird Klonierung bzw. reproduktives Klonen genannt.

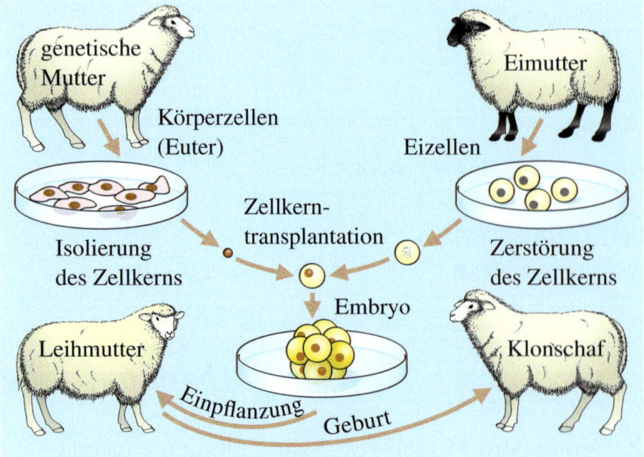

2 Entstehung des Klonschafs Dolly

Biologische Grundlagen: Stammzellen

Stammzellen sind Zellen, die sich noch nicht zu einem Gewebetyp spezialisiert haben und sich zu verschiedenen Zelltypen wie Leber- oder Hautzellen entwickeln können. Nach der Entwicklungsmöglichkeit und Herkunft werden drei verschiedene Stufen unterschieden:
- Totipotente Zellen können einen kompletten Organismus entwickeln. Es handelt sich um Zellen, die durch maximal dreimalige Teilung der Zygote entstanden sind (Embryo im 8-Zell-Stadium).
- Aus späteren Stadien lassen sich embryonale Stammzellen gewinnen, die zwar keinen kompletten Organismus, jedoch alle Zelltypen ausbilden können. Man nennt sie pluripotente Zellen.
- Adulte Stammzellen kommen, wie der Name sagt, in fertig ausgebildeten „erwachsenen" Organen vor, um hier zum Beispiel Haut- und Blutzellen zu regenerieren. Sie sind multipotent und können meist nur be-

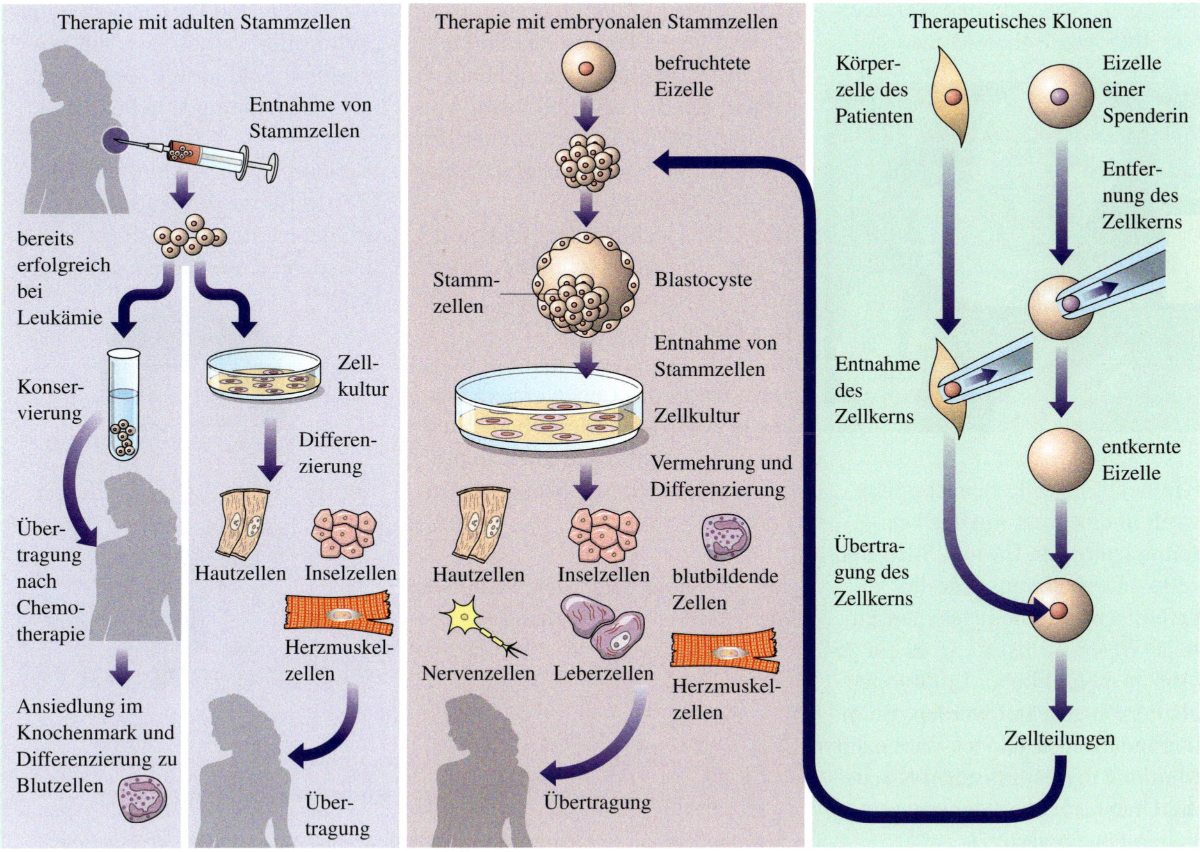

3 Ansätze und Visionen zur Therapie mit Stammzellen und zum therapeutischen Klonen

stimmte Gewebearten ausbilden. Aus Knochenmark gewonnene Stammzellen konnten schon mehrmals erfolgreich bei der Heilung von Leukämie angewendet werden.

Vor Kurzem ist es Forschern gelungen, Körperzellen in pluripotente Zellen umzuprogrammieren. Für diese iPS-Zellen (induzierte pluripotente Zellen) müssen keine Embryonen verbraucht werden. Allerdings wird noch erforscht, ob diese Zellen genauso gut verwendbar sind wie embryonale Stammzellen.

Biologische Grundlagen: Therapeutisches Klonen

Im Unterschied zum reproduktiven Klonen entwickelt sich beim therapeutischen Klonen kein kompletter Organismus. Vielmehr wird die Entwicklung des Keims vorzeitig unterbrochen: Dem Gewebe werden Stammzellen entnommen, die sich durch Zugabe von bestimmten Substanzen zu verschiedenen Geweben entwickeln können. In Zukunft erhofft man sich, mit diesen einen Ersatz für kranke Organe zu schaffen.

Der Vorteil dieses Verfahrens wäre, dass man nicht auf Transplantationsorgane warten müsste und dass das erzeugte Gewebe aufgrund der gleichen Erbinformationen nicht wie manches Spenderorgan abgestoßen würde. Allerdings sind dies Zukunftsvisionen, die bisher noch zu keiner erfolgreiche Anwendung beim Menschen geführt haben.

Gesetzeslage

In Deutschland dürfen keine Embryonen für die Forschung verbraucht werden. ↑S.208 Aber es darf an Stammzellen geforscht werden, die bereits bis zu einer bestimmten Frist produziert wurden, damit kein Anreiz zum weiteren Embryonenverbrauch geschaffen wird (Stammzellgesetz ↑S.272).

Methode

Bewerten, abwägen und entscheiden: Stammzellen und therapeutisches Klonen

Aussagen, Stimmen und Anfragen zum therapeutischen Klonen

1

Kirchen: „Jedes Leben ist gottgewollt und beginnt mit der Verschmelzung von Ei- und Spermienzelle.“ Deshalb muss für die katholische Kirche jedes menschliche Wesen, selbst wenn es ein geklonter menschlicher Embryo ist, als Person geachtet werden. Beim therapeutischen Klonen wird nach Meinung der katholischen Kirche die Unantastbarkeit der menschlichen Person verletzt.
In der evangelischen Kirche gehen die Meinungen auseinander. Grundsätzlich gilt es, die Würde der Person zu achten, wobei umstritten ist, ob eine Zelle, die nicht eingenistet ist, bereits eine Würde hat.

Fakten aus der Forschung:
In Deutschland wird bereits mit Erfolg daran geforscht, wie aus adulten Stammzellen Zellen gewonnen werden können, die ein ähnliches Entwicklungspotenzial wie embryonale Stammzellen haben.

Ab der 6. Woche nach der Einnistung in die Gebärmutter kann man beim Embryo erste Herzaktionen beobachten. Die Bildung des Nervensystems beginnt 14 Tage nach der Einnistung.

Philosophen: „Beim therapeutischen Klonen liegen ethische Konflikte vor: Wann beginnt menschliches Leben: mit der Verschmelzung von Ei- und Spermienzelle, mit der Einnistung, mit dem ersten Herzschlag oder der Geburt?
Handelt es sich bei der erzeugten Zygote um einen Zellhaufen oder muss das sich entwickelnde Leben geachtet werden?
Ist das Leben eines Embryos weniger wert als das Leben eines kranken erwachsenen Menschen? Sind wir nicht verpflichtet, alles zu tun, was wir können, um Menschen zu heilen?“

Art. 1 Grundgesetz: „Die Würde des Menschen ist unantastbar.“

Alzheimer- und Parkinsonpatient: „Wir hoffen darauf, dass die Wissenschaft bald unsere weitverbreiteten Erkrankungen heilen kann.“

Wissenschaftler: „Stammzellen können für die Krebsforschung verwendet werden und helfen, verschiedene Krankheiten zu verstehen.“

2

§4 Einfuhr und Verwendung embryonaler Stammzellen

(1) Die Einfuhr und die Verwendung embryonaler Stammzellen ist verboten.
(2) Abweichend von Absatz 1 sind die Einfuhr und die Verwendung embryonaler Stammzellen zu Forschungszwecken unter den in § 6 genannten Voraussetzungen zulässig, wenn
1. zur Überzeugung der Genehmigungsbehörde feststeht, dass
a) die embryonalen Stammzellen in Übereinstimmung mit der Rechtslage im Herkunftsland dort vor dem 1. Januar 2002 gewonnen wurden und in Kultur gehalten werden oder im Anschluss daran kryokonserviert gelagert werden (embryonale Stammzell-Linie);
b) die Embryonen, aus denen sie gewonnen wurden, im Wege der medizinisch unterstützten extrakorporalen Befruchtung zum Zwecke der Herbeiführung einer Schwangerschaft erzeugt worden sind, sie endgültig nicht mehr für diesen Zweck verwendet wurden und keine Anhaltspunkte dafür vorliegen, dass dies aus Gründen erfolgte, die an den Embryonen selbst liegen;
c) für die Überlassung der Embryonen zur Stammzellgewinnung kein Entgelt oder sonstiger geldwerter Vorteil gewährt oder versprochen wurde und
2. der Einfuhr oder Verwendung der embryonalen Stammzellen sonstige gesetzliche Vorschriften, insbesondere solche des Embryonenschutzgesetzes, nicht entgegenstehen.

3 Stammzellgesetz

4 „Blaue Augen und dunkles Haar, bitte!“ Hilft die Forschung, Kinder nach Bestellung zu produzieren?

1 Argumente und Informationen sammeln:
Lies die Informationen und Meinungen auf den vorangegangenen Seiten. Recherchiere im Internet, falls du mehr Informationen benötigst.

2 Argumente ordnen und verstehen:
Erarbeite aus dem Text und den Stimmen Argumente pro und kontra therapeutisches Klonen heraus und halte diese in einer Tabelle fest. Unterscheide und kennzeichne außerdem, ob es sich um eine beschreibende (b) oder wertende Aussage (w) handelt (z. B. eine Meinung). ↑Tabelle

Pro therapeutisches Klonen	*Kontra therapeutisches Klonen*
Es können in der Zukunft möglicherweise schwere Krankheiten geheilt werden. (b)	*Die Unantastbarkeit der menschlichen Person wird verletzt. (w)*
…	…

3 Argumente gewichten:
Verteile 10 Punkte an die Argumente, die dir am wichtigsten erscheinen. Dabei kann ein Argument auch mehrere Punkte bekommen.

4 Alternative Lösungen suchen:
Versuche Alternativen zum therapeutischen Klonen aus den Texten herauszulesen.

5 Eine Bewertung formulieren und begründen:
Formuliere deine Bewertung des therapeutischen Klonens. Bringe deine Argumente ein und schwäche Gegenargumente ab. Überlege dabei auch, welche Konsequenzen deine Bewertung für die Praxis hat.

Arbeitsaufträge

1 Erläutere, warum das Klonen theoretisch mit jeder beliebigen Ausgangszelle funktioniert. Vergleiche auch S. 264 (Krallenfrosch).

2 Nenne Gemeinsamkeiten und Unterschiede zwischen therapeutischem und reproduktivem Klonen. Wo könnten ethische Probleme liegen?

3 Worin liegt der Vorteil von Gewebe, das durch therapeutisches Klonen gewonnen wurde, gegenüber Organen, die transplantiert werden? Erläutere.

4 Gestaltet ein Plakat mit einer ethischen Frage zum therapeutischen Klonen. ↑5

5

Meiose – Keimzellen werden gebildet

Würde jeder Nachkomme die kompletten Erbinformationen der Eltern erhalten, dann würde sich die Erbsubstanz mit jeder Generation verdoppeln.
Was muss also während der Bildung der Keimzellen passieren, damit auch der Nachkomme nur 46 und nicht 92 Chromosomen erhält und dennoch von der Mutter als auch vom Vater jeweils 23 Chromosomen bekommt?

1 Wie wird erreicht, dass der neue Korb nicht überfüllt ist?

Beobachten Untersuchen Experimentieren

Reduktion des Chromosomensatzes
Jeder gesunde Mensch besitzt in seinen Körperzellen je 46 Chromosomen. Dabei stammen jeweils 23 Chromosomen von der Mutter und vom Vater. Wann und wie wird die Anzahl der Chromosomen reduziert?

1 Stelle 2 Hypothesen auf, wie und wann es zur Reduktion von 46 auf 23 Chromosomen kommen könnte.

2 Geht zu zweit zusammen. Mithilfe eures Federmappeninhalts wird die Meiose nachgespielt: Jeder legt Stift und Radiergummi auf den Tisch, sodass ihr Paare von unterschiedlichen Schreibutensilien habt. ↑2

a Kombiniert nun die 4 Schreibutensilien so, dass immer eine Kombination aus 1 Radiergummi und 1 Stift herauskommt. Zeichnet eure Kombinationsmöglichkeiten auf, indem ihr Stift und Radiergummi des einen Spielers jeweils rot malt und die des anderen blau. Wie viele Kombinationen bekommt ihr heraus?

2

b Wie viele Möglichkeiten gibt es mit 3 Paar Schreibutensilien?

3 Arbeite die Texte und Abbildungen auf der folgenden Seite durch und stelle einen Vergleich zwischen dem Modellversuch mit Schreibutensilien und der Meiose an.

a Was stellen Radiergummi und Stifte im Modell dar?

b Weshalb braucht man von jedem Schreibutensil zwei, wobei eins von jedem Spieler kommt?

c Was entspricht den Kombinationsmöglichkeiten in 2a?

d Was entspricht einer Kombination der Produkte aus 2a von 2 Gruppen?

4 Überprüfe, welche deiner Hypothesen aus Aufgabe 1 zutrifft.

Der Chromosomensatz wird reduziert

275-1

Meiose Die Meiose ist eine spezielle Zellteilung, die nur bei der Bildung von Keimzellen auftritt. Aus einer diploiden Vorläuferzelle mit dem doppelten Chromosomensatz $2n$ (beim Menschen $2n=46$) gehen dabei haploide Keimzellen mit dem einfachen Chromosomensatz n (beim Menschen $n=23$) hervor.
Vor der Zellteilung liegt die Erbsubstanz als Chromatinfaden in der Arbeitsform vor. Zu Beginn der Meiose, in der Prophase, wird die Erbsubstanz in die Transportform überführt: Unter dem Mikroskop werden Chromosomen erkennbar. Hier zeigt sich auch, dass die Erbsubstanz vor der Meiose verdoppelt wurde: Die Chromosomen bestehen aus zwei identischen Chromatiden (Zwei-Chromatid-Chromosomen). Die Zellkernhülle löst sich auf und der Spindelapparat, das Transportsystem für die Chromosomen, wird sichtbar. Anschließend, in der Metaphase, ordnen sich die Chromosomenpaare in der Mitte der Zelle (am Äquator) an. Dabei liegen die homologen Chromosomen jeweils eng aneinander. An den Centromeren heften Spindelfasern an. In der Anaphase werden die Zwei-Chromatid-Chromosomen zu den Polen gezogen. Es ist dem Zufall überlassen, welches der homologen Chromosomen an welchen Zellpol gelangt. In der Telophase schnürt sich die Zelle zwischen den Polen ein, die Kernhüllen bilden sich aus und der Spindelapparat löst sich auf. Als Ergebnis sind zwei Tochterzellen mit dem haploiden Chromosomensatz entstanden. Damit ist die 1. Reifeteilung (Meiose I) abgeschlossen.
Es schließt sich die 2. Reifeteilung (Meiose II) an. Diese entspricht vom Ablauf der Mitose: Die Chromatiden der Zwei-Chromatid-Chromosomen werden getrennt, sodass wiederum 2 Tochterzellen entstehen, die aber den haploiden Satz aus Ein-Chromatid-Chromosomen enthalten. ↑3
Das Ergebnis der Meiose sind folglich 4 Tochterzellen mit dem jeweils haploiden Chromosomensatz (n).

Basiskonzept

Fortpflanzung und Vererbung
↑S.317
Bei allen Lebewesen, die sich geschlechtlich fortpflanzen, findet man eine spezielle Form der Zellteilung, die Meiose. Dabei werden aus diploiden Zellen haploide Keimzellen gebildet. Durch die Verschmelzung von männlichen und weiblichen Keimzellen entsteht die Zygote. Sie enthält mütterliche und väterliche Erbinformationen. Aus ihr geht der diploide Organismus hervor.

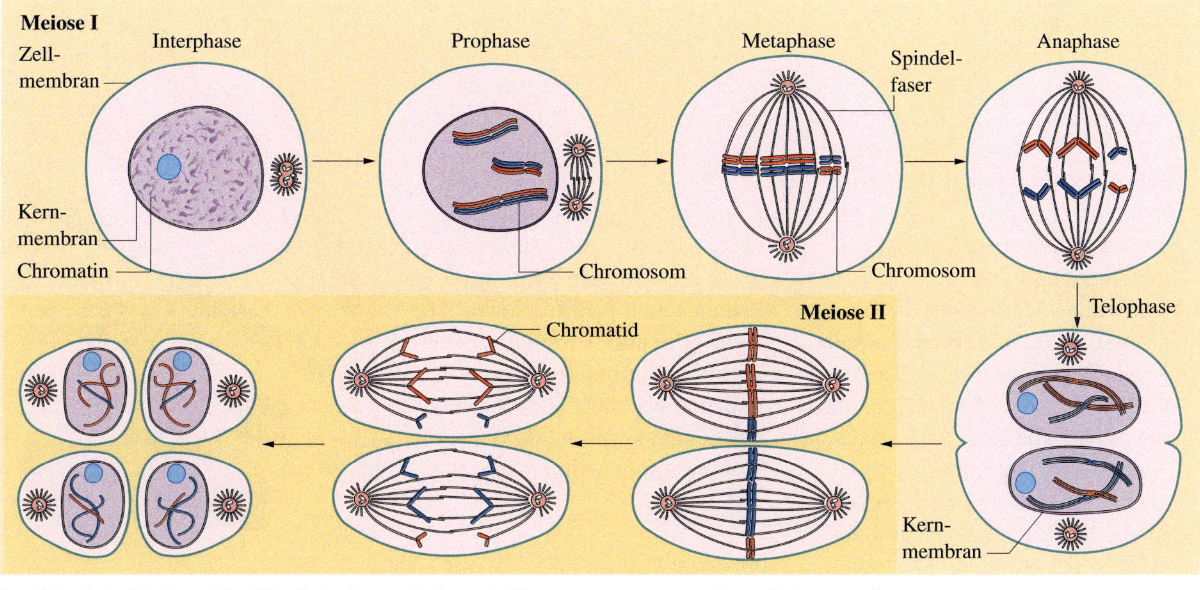

3 Ablauf der Meiose. Zur Vereinfachung sind nur 3 Chromosomenpaare ($2n=6$) dargestellt; mütterliche Chromosomen rot, väterliche blau.

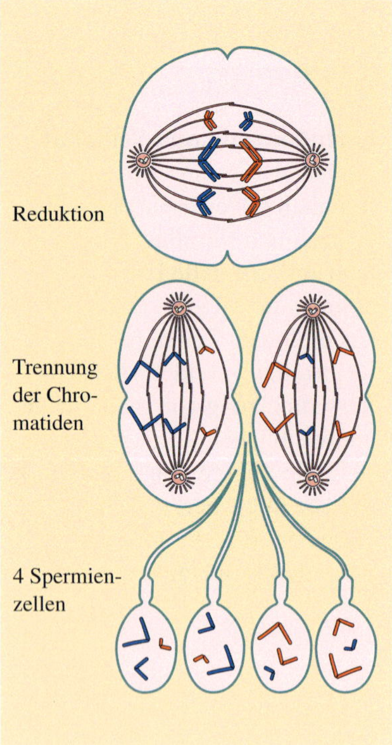

1 Ergebnis der Meiose beim Mann (Chromosomensatz auf 3 Paare reduziert)

Bildung von Ei- und Spermienzellen Die Meiose läuft bei Mann und Frau gleich ab, aber die Teilung des Zellplasmas unterscheidet sich. Aus einer diploiden Spermienmutterzelle reifen vier gleich große haploide Spermienzellen. ↑1 Aus einer diploiden Eimutterzelle entstehen eine große, plasmareiche haploide Eizelle und drei kleine, plasmaarme haploide Polkörperchen. Diese sterben jedoch bald ab. ↑2 Die Bildung der Eizelle bei der Frau beginnt bereits vor der Geburt mit der Meiose aus den Eimutterzellen. Die vollständige Reifung der Eizellen in einem Follikel der Eierstöcke findet nach einer Ruhepause ab der Geschlechtsreife etwa vom 13. bis 50. Lebensjahr statt.

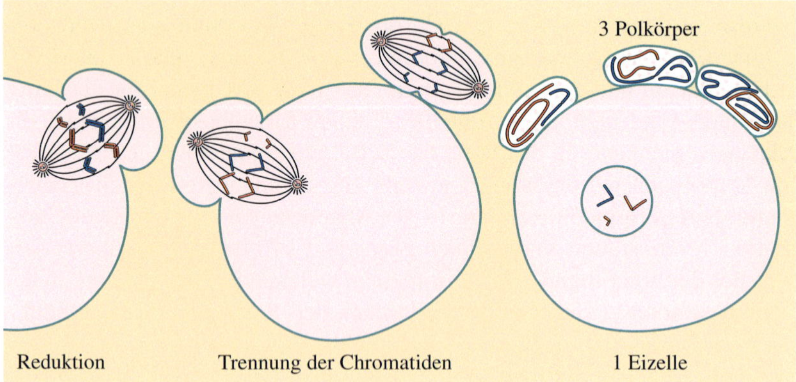

2 Ergebnis der Meiose bei der Frau. Zur Vereinfachung ist der Chromosomensatz auf 3 Paare reduziert.

Beobachten **Untersuchen** Experimentieren

Wie wird die Erbinformation weitergegeben?
Prüfe deine Hypothesen von Seite 274 unter folgenden Annahmen:

a Angenommen, es gäbe Marsmännchen, bei denen die Vererbung genauso abläuft wie bei Menschen. Marsväter mit grüner Nase und grünen Haaren und Marsmütter mit roter Nase und roten Haaren bekommen Marskinder mit grünen Nasen und roten Haaren, grüner Nase und grünen Haaren, roter Nase und roten Haaren oder roter Nase und grünen Haaren.

b Auch wenn beide Eltern grüne Haare haben, können sie Marskinder mit roten Haaren bekommen.

c Kommen wir noch einmal zu den Modellversuchen mit den Schreibutensilien von Seite 274 zurück: Ein Stift steht für die Haarfarbe grün, einer für die Haarfarbe rot, die Radiergummis für die jeweiligen Nasenfarben. Wählt nun eine der möglichen Kombinationen aus und schließt euch mit einer anderen Zweiergruppe zusammen. Notiert die „genetischen Informationen" für Haarfarbe und Nasenfarbe, wenn ihr eure Kombination von Stift und Radiergummi mit den anderen beiden kombiniert. Wie viele Kombinationen sind insgesamt möglich?

3

Neues entsteht: Neukombination von Erbinformationen In der Metaphase der Meiose I ordnen sich die 46 Chromosomen des Menschen zu 23 Paaren an. Dabei werden aber nicht die mütterlichen Chromosomen auf der einen Seite und die väterlichen Chromosomen auf der anderen Seite angeordnet, sondern auf jede Seite kommen je 23 Chromosomen, die eine zufällige Mischung von Chromosomen beider Eltern sind. So liegen auf einer Seite vielleicht die Chromosomen 1, 8, 15, 18, 20 vom Vater und der Rest von der Mutter. Die Erbinformation wird also neu kombiniert. Zudem können während der Paarung der homologen Chromosomen Stücke zwischen den Chromosomenpaaren ausgetauscht werden.

Vererbung des Geschlechts Das Geschlecht des Menschen wird von zwei Chromosomen bestimmt, den Geschlechtschromosomen oder Gonosomen. Nach ihrer Gestalt werden sie als X- oder Y-Chromosom bezeichnet. ↑4 Frauen besitzen in ihren Körperzellen zwei X-Chromosomen, Männer ein X- und ein Y-Chromosom. ↑5 und S.266/3 Eizellen haben stets ein X-Chromosom, während Spermienzellen entweder ein X- oder ein Y-Chromosom enthalten.

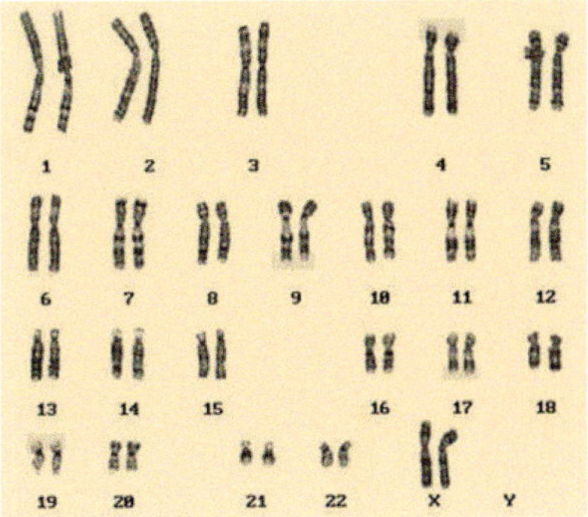

5 Karyogramm einer Frau

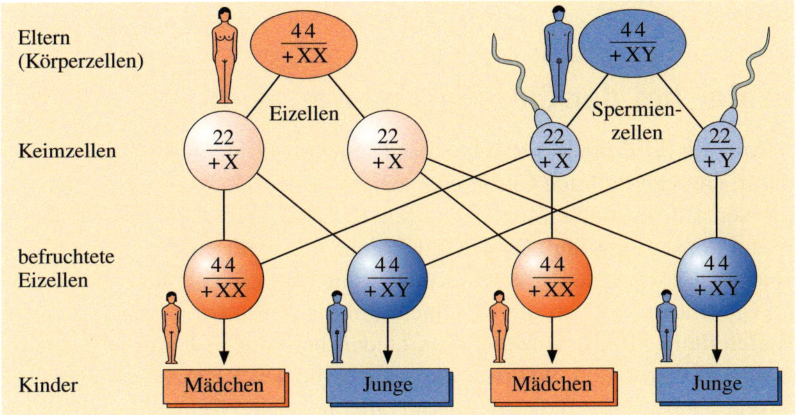

4 Vererbung des Geschlechts beim Menschen

Kurz und knapp **Die Meiose ist eine spezielle Zellteilung, die nur bei der Bildung von Keimzellen auftritt. Dabei wird der diploide Chromosomensatz der Vorläuferzelle (46 Chromosomen beim Menschen) auf den haploiden Satz (23 Chromosomen) in der Ei- bzw. Spermienzelle reduziert. Die 23 Chromosomen stellen dabei eine Kombination aus mütterlichen und väterlichen Chromosomen dar. Das Geschlecht des Menschen wird durch die Gonosomen bestimmt. Frauen tragen zwei X-Chromosomen, Männer ein X- und ein Y-Chromosom.**

Arbeitsaufträge

1 Begründe, warum die vier bei der Meiose entstehenden Tochterzellen nicht identisch sind.

2 Erläutere, weshalb Keimzellen haploid sein müssen.

3 Vergleiche Mitose und Meiose. Lege dazu eine Tabelle an.

4 Erläutere die Aussage: Bei der Bildung der Keimzellen werden die Chromosomen neu kombiniert.

5 Die Fruchtfliege besitzt im diploiden Satz 8 Chromosomen. Wie viele Keimzell-Kombinationen sind möglich? Entwickle ein Schema zur Berechnung.

Fehler bei der Chromosomenverteilung

Eine gewisse Familienähnlichkeit kann man bei den meisten Kindern ja leicht erkennen. Nicht so bei Boris. Er sieht weder seinen Eltern noch seinen Geschwistern ähnlich.
Weshalb sieht er so völlig anders aus? Wodurch lässt sich erklären, dass Boris von Geburt an anders ist?

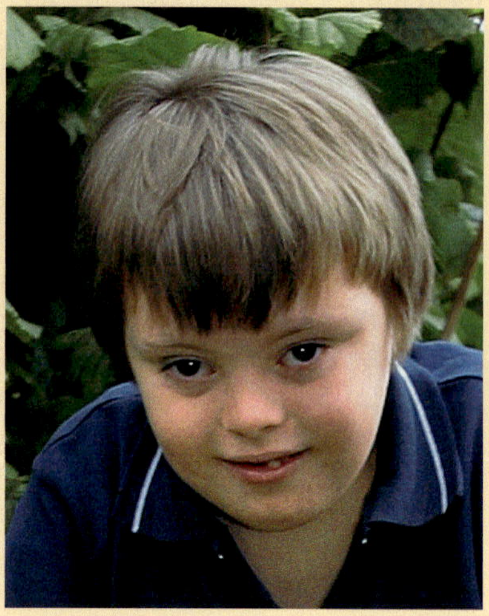

1 Boris und seine Eltern

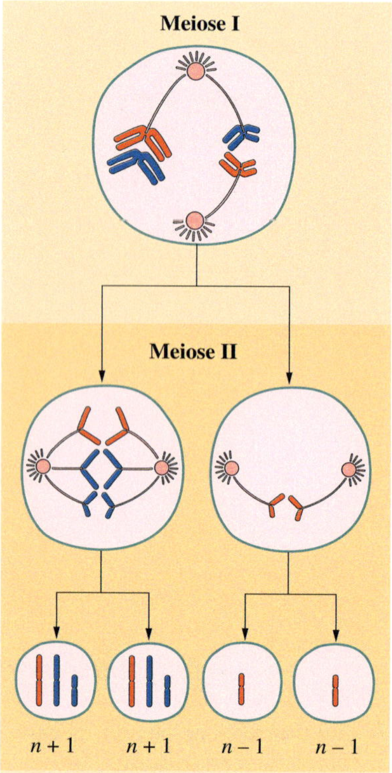

2 Folgen einer fehlenden Trennung von homologen Chromosomen während der Meiose I

Fehler bei der Chromosomenverteilung

Keimzellenbildung Im Rahmen der Keimzellenbildung sorgt die Meiose dafür, dass der diploide Chromosomensatz der Vorläuferzellen auf den haploiden Chromosomensatz der reifen Keimzellen reduziert wird. Diese Reduktionsteilung läuft aber nicht immer fehlerfrei ab. So kann es beispielsweise während der ersten Reifeteilung passieren, dass zwei homologe Chromosomen sich nicht trennen. Folglich besitzen nach der zweiten Reifeteilung zwei Keimzellen von beiden homologen Chromosomen jeweils ein Chromatid, während die anderen beiden Keimzellen keines besitzen. ↑2 Nach der Befruchtung mit einer normalen Keimzelle enthält die Zygote dann nicht zwei homologe Chromosomen, sondern entweder drei Chromosomen oder nur eines. Im ersten Fall spricht man von einer Trisomie, im zweiten von einer Monosomie. Solche Verteilungsfehler lassen sich im Karyogramm erkennen.

Auswirkungen Man kann sich vorstellen, dass Trisomien und Monosomien ernste Konsequenzen für die Betroffenen haben: Im Fall einer Monosomie liegt eine bestimmte Erbinformation in jeder Körperzelle nur einmal und nicht doppelt vor. Entsprechend werden im Fall von Monosomien nur die Hälfte der normalerweise vorhandenen Produkte der Erbinformation gebildet. Die Folgen sind so gravierend, dass Monosomien fast immer zu Totgeburten führen. Aber auch Trisomien haben starke Beeinträchtigungen zur Folge. Hier wird zu viel Produkt der Erbinformation gebildet, da jede Information dreimal vorliegt. Daher sind auch die Träger von Trisomien der größeren Chromosomen (1 bis 18) meist nicht lebensfähig.

Trisomie 21 verursacht das Downsyndrom Eine Trisomie des kleinen Chromosoms 21 verläuft nicht tödlich. Sie führt jedoch zu starken Beeinträchtigungen. Das Krankheitsbild ist als Downsyndrom bekannt. Äußerlich macht sich das flächige Gesicht mit den schrägen Lidfurchen und die eher untersetzte Gestalt bemerkbar. ↑1 Oft treten auch Organstörungen wie zum Beispiel Herzfehler auf. Zwar sind weniger als 10 Prozent der Menschen mit Downsyndrom schwer geistig behindert, aber bei allen Betroffenen verläuft die geistige Entwicklung verzögert. Für die volle Entfaltung ihrer Möglichkeiten sind sie auf eine intensive Förderung in den ersten Lebensjahren angewiesen.

Veränderungen der Geschlechtschromosomen Monosomien und Trisomien treten auch bei den Geschlechtschromosomen auf. ↑3 Sie sind mit weniger starken Störungen verbunden: Das Y-Chromosom trägt nur sehr wenige Erbinformationen und überzählige X-Chromosomen werden beim Menschen fast vollständig inaktiviert. Daher sind Frauen mit einer Trisomie des X-Chromosoms völlig gesund. Sie lassen sich nur anhand ihres Karyogramms von anderen Frauen unterscheiden. Bei Männern mit zusätzlichem X-Chromosom allerdings sind die Hoden unterentwickelt, was zur Sterilität führt. Steril sind auch Frauen mit einer Monosomie des X-Chromosoms. Geistige Behinderungen treten durch Verteilungsfehler bei den Geschlechtschromosomen nicht auf.

normale Spermien (*n*) / veränderte Eizelle (*n*)	23 + 1 XX	23 – 1 –
23 X	2*n*: 46 + 1 XXX Poly-X-Syndrom	2*n*: 46 – 1 X– Ullrich-Turner-Syndrom
23 Y	2*n*: 46 + 1 XXY Klinefelter-Syndrom	2*n*: 46 – 1 Y– Letal †
	Trisomien	**Monosomien**

3 Anomalien der Geschlechtschromosomen

Kurz und knapp **Werden bei der Meiose homologe Chromosomen nicht sauber voneinander getrennt, entstehen sowohl Keimzellen mit überzähligen als auch solche mit fehlenden Chromatiden. Durch die Verschmelzung mit einer normalen Keimzelle bei der Befruchtung kommt es dann zu Trisomien bzw. Monosomien. Je nach betroffenem Chromosom führt dies zu mehr oder weniger starken Beeinträchtigungen.**

Schon gewusst?

Häufigkeit von Trisomien
Die Häufigkeit von Trisomien bei Neugeborenen nimmt mit dem Alter der Mutter zu. ↑4 Dies hängt mit einer Besonderheit der Eizellreifung beim Menschen zusammen: Schon zum Zeitpunkt ihrer Geburt befinden sich in den Eierstöcken der Frau alle Eizellen, die jemals heranreifen werden. In dieser frühen Phase der Eizellreifung sind die homologen Chromosomen schon paarweise aneinandergelagert. Reift in den Eierstöcken einer 35-jährigen Frau ein Ei heran, befindet sich dieses Ei also schon 35 Jahre in dieser frühen Phase der Meiose. Entsprechend groß ist die Wahrscheinlichkeit, dass sich die homologen Chromosomen nun nicht mehr fehlerfrei trennen.

Alter der Mutter	Wahrscheinlichkeit der Geburt eines Kindes mit Trisomie 21
<30	<1 : 1 000
30–34	1–2 : 1 000
35–39	2–10 : 1 000
40–44	10–20 : 1 000
>44	20–40 : 1 000

4 Häufigkeit von Trisomie 21

Arbeitsaufträge

1 In Abbildung 3 sind verschiedene Anomalien der Geschlechtschromosomen dargestellt. Informiere dich über die dort ebenfalls genannten Krankheitsbilder.

2 Gesunde Eltern erwarten ein Kind. In den Familien der beiden sind bisher keine Erbkrankheiten aufgetreten. Wäre es dennoch möglich, dass ihr Kind mit Downsyndrom geboren wird? Begründe.

3 Verteilungsfehler bei den Geschlechtschromosomen sind oft nicht mit schwerwiegenden Leiden der Betroffenen verbunden. Erkläre, woran das liegen könnte.

4 Eine Frau mit einer Trisomie möchte ein Kind bekommen. Zeige, ob das Kind gesund sein wird.

Vom Gen zum Merkmal

In den unterschiedlichsten Zusammenhängen hört und liest man heute das Wort Gen, zum Beispiel genetischer Fingerabdruck, gentechnisch veränderte Lebensmittel, Gentherapie oder Gentechnologie. Was aber ist ein Gen? Und in welchem Zusammenhang stehen Gene mit den Erbinformationen?

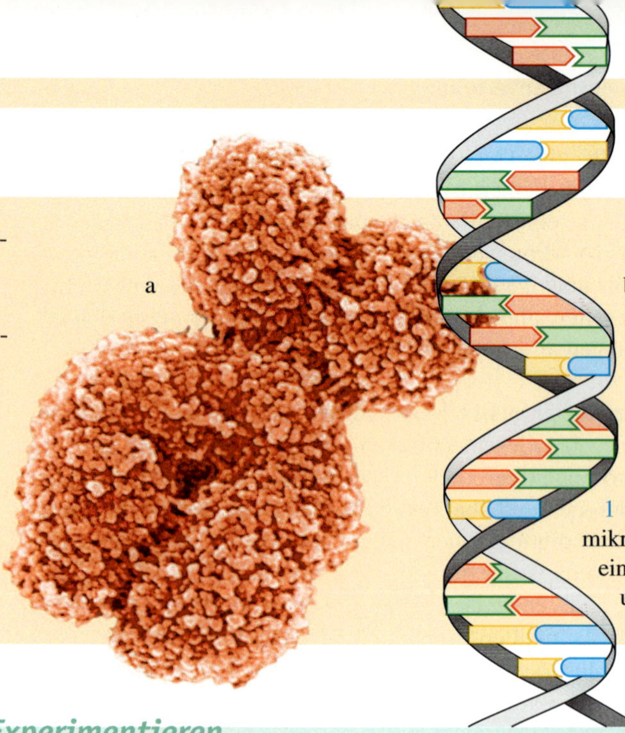

1 Rasterelektronenmikroskopisches Bild eines Chromosoms (a) und DNA-Modell (b)

Beobachten Untersuchen Experimentieren

Gentechnik hilft Diabetikern

Etwa 10 Prozent der deutschen Bevölkerung sind von der Zuckerkrankheit (Diabetes mellitus) betroffen. Bei dieser Stoffwechselkrankheit ist die Regulation des Blutzuckerspiegels gestört. Er wird unter anderem durch das Hormon Insulin gesteuert. Bei an Diabetes mellitus Typ I erkrankten Menschen ist die Bildung von Insulin beeinträchtigt. Meist kann durch die Verabreichung von künstlichem Insulin der Blutzuckerspiegel reguliert und den erkrankten Menschen so geholfen werden. Früher wurde künstliches Insulin aus den Bauspeicheldrüsen von Tieren gewonnen. Heute wird es biotechnologisch von gentechnisch veränderten Bakterien oder Hefepilzen hergestellt. Dazu haben Wissenschaftler einen kleinen Teil der menschlichen DNA in Bakterien übertragen. Diese bilden dann menschliches Insulin, das aufgefangen und gereinigt für Medikamente verwendet werden kann. ↑2

1 Erkläre, warum die insulinbildenden Bakterien als gentechnisch verändert bezeichnet werden.

2 Erkläre, warum ausschließlich die DNA für eine solche Übertragung geeignet ist.

3 Nenne die Eigenschaften, die das übertragene DNA-Stück haben muss. Begründe.

4 Erkläre den Zusammenhang zwischen dem übertragenen DNA-Stück und der Insulinbildung der Bakterien.

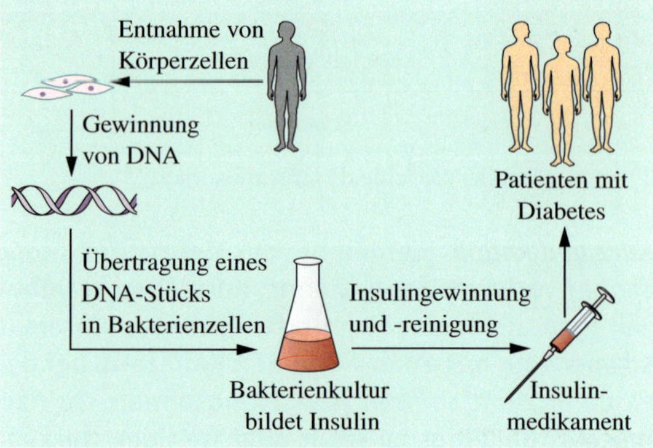

2 Insulinproduktion durch Bakterien

Die DNA als Träger der Erbinformationen

280-1

Der Stoff aus dem die Gene sind Im Zellkern jeder Körperzelle des Menschen befinden sich die 46 Chromosomen, deren Chromatinfäden aus einem aufgewickelten, langen DNA-Faden bestehen. Dieser setzt sich aus einer Abfolge von miteinander verbundenen kleineren Molekülen zusammen, die als Nukleotide bezeichnet werden. In der DNA gibt es vier verschiedene Nukleotide. Sie stehen sich im DNA-Molekül wie die Sprossen einer Strickleiter paarweise gegenüber. ↑1b

Der genetische Code Bei genauerer Betrachtung kann man erkennen, dass ein einzelner DNA-Strang aus einer unregelmäßigen Abfolge von Nukleotiden besteht. In Form dieser variierenden Abfolge der Nukleotide sind die eigentlichen Erbinformationen gespeichert. Die Nukleotidabfolge funktioniert dabei wie eine Art Alphabet, bei dem jedes Nukleotid für einen bestimmten Buchstaben steht. Das genetische Alphabet umfasst allerdings nur vier Buchstaben für die vier verschiedenen Nukleotide: A, T, G und C. Um auch komplizierte Informationen speichern zu können, werden jeweils drei Nukleotide zusammengefasst. Eine feste Abfolge von drei Nukleotiden steht dabei immer für einen bestimmten Proteinbaustein. ↑3 Insgesamt gibt es 20 verschiedene Proteinbausteine. Da die Abfolge von jeweils drei Nukleotiden die Informationen für die Proteinbausteine enthält, bezeichnet man sie als genetischen Code.

Vom Gen zum Merkmal Durch den genetischen Code wird eine Abfolge von Nukleotiden in eine Abfolge von Proteinbausteinen übersetzt. Werden diese Bausteine verbunden, entsteht ein vollständiges Protein. Der Abschnitt auf der DNA, der die Nukleotidabfolge für ein vollständiges Protein enthält, wird als Gen bezeichnet. Wird in einer Zelle ein Gen in ein Protein übersetzt, kann dies auch äußerlich zu erkennen sein. Das sichtbare Merkmal wird durch dieses Protein beeinflusst. Zum Beispiel ist ein bestimmtes Protein (Enzym) in den Hautzellen für den Aufbau des Farbstoffs Melanin verantwortlich. Dieser sorgt bei Säugetieren für die Haut- und Fellfarbe. Wenn das entsprechende Gen defekt ist, wird es gar nicht abgelesen oder es wird in ein defektes Enzym übersetzt. Dann wird kein Melanin gebildet und die Hautzellen sind sehr hell. Säugetierarten mit einem solchen Defekt werden als Albinos bezeichnet. ↑S.284

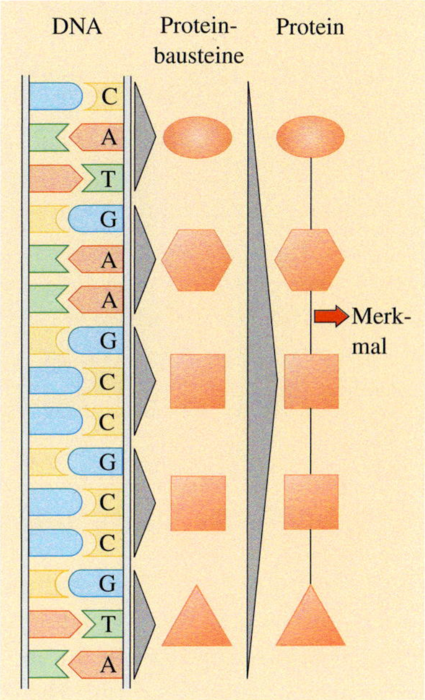

3 Vom Gen zum Merkmal

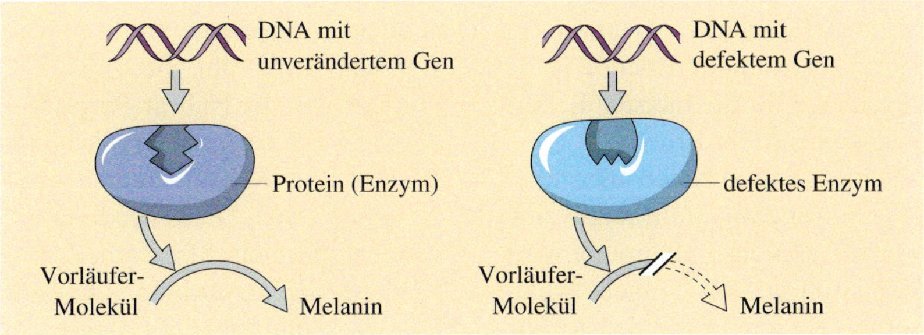

4 Entstehung von Albinismus

Basiskonzept

Struktur und Funktion
Enzyme binden vorübergehend Moleküle und verändern sie, z. B. durch Spaltung. Die Struktur des Enzyms passt genau zum jeweiligen Molekül (Schlüssel-Schloss-Prinzip). Ist das Enzym durch einen Gendefekt verändert, kann es seine Funktion nicht mehr erfüllen.

Kurz und knapp **Die DNA in jedem Zellkern ist Träger der Erbinformation. Die Abfolge von jeweils drei Nukleotiden der DNA codiert für bestimmte Proteinbausteine. Ein Gen ist ein DNA-Abschnitt, in dem die Information für ein bestimmtes Protein gespeichert ist.**

Arbeitsaufträge

1 Beschreibe schrittweise den Weg vom Gen zum Merkmal am Beispiel der Farbe einer Tulpenblüte.

2 Erkläre die Bezeichnung genetischer Code.

3 Definiere den Begriff Gen in deinen eigenen Worten.

4 Vergleiche ein Gen mit einer Bauanleitung. Nenne Vor- und Nachteile dieser Modellvorstellung.

5 Erkläre den Unterschied zwischen Erbinformation und Erbsubstanz. Berücksichtige dabei auch die Informationen der vorangegangenen Seiten.

Biologie verstehen mit Basiskonzepten

In der Biologie gibt es einige Prinzipien, die in vielen verschiedenen Zusammenhängen eine Rolle spielen. Diese Basiskonzepte können dabei helfen, Biologie besser zu verstehen, leichter zu lernen und Zusammenhänge herzustellen.

Basiskonzept Stoff- und Energieumwandlung

Die Aufnahme und Umwandlung von Stoffen und Energie ist lebensnotwendig für alle Lebewesen. Sie erzeugen damit ihre Strukturen und erhalten ihre Funktionen aufrecht. ↑Basiskonzept Struktur und Funktion **Bei der Umwandlung von Stoffen erfolgt auch eine Energieumwandlung. Energie kann nicht vernichtet, sondern nur umgewandelt werden.**

Enzyme

Die Umwandlung von Stoffen wird in den Zellen durch spezielle Proteine, die Enzyme, ermöglicht. Ihre spezifischen Eigenschaften sind in der DNA gespeichert. ↑S.281 Ist das Gen für ein Protein defekt, kann kein Protein gebildet werden. Die entsprechende Stoffumwandlung kann nicht oder nur sehr langsam stattfinden. Zum Beispiel ist ein defektes Gen für Albinismus verantwortlich, da ohne entsprechendes Enzym kein Melanin gebildet werden kann. ↑1

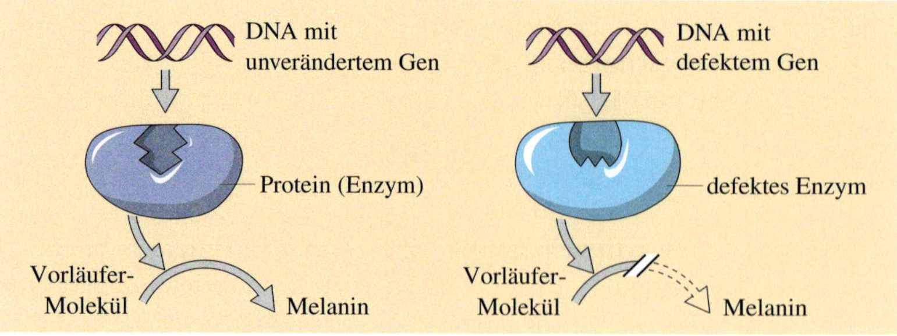

1 Entstehung von Albinismus

Fotosynthese und Zellatmung

Unter Nutzung von Lichtenergie werden bei der Fotosynthese die energiearmen Stoffe Wasser und Kohlenstoffdioxid in energiereiche Glucose und Sauerstoff umgewandelt. Die bei der Fotosynthese chemisch gespeicherte Energie ist die Grundlage für die meisten Lebensvorgänge auf der Erde.
Alle Lebewesen bauen energiereiche Stoffe ab, um Energie zu gewinnen. Bei der Zellatmung wird Sauerstoff aus der Umgebungsluft verbraucht und zu Kohlenstoffdioxid umgewandelt. ↑2

Destruenten

Die Überreste von Pflanzen und Tieren werden von Pilzen und Bakterien abgebaut und in energiearme Stoffe wie Kohlenstoffdioxid und Mineralstoffe umgewandelt. Die dabei frei werdende Energie nutzen die Destruenten für ihren eigenen Stoffwechsel.

Energiefluss im Ökosystem

Pflanzen wandeln mithilfe von Sonnenlicht energiearme Stoffe in energiereiche Stoffe um. Sie sind die Produzenten der Nahrungspyramide. Sie werden von den Pflanzenfressern oder Konsumenten 1. Ordnung gefressen. Diese wiederum werden von Fleischfressern, den Konsumenten 2. Ordnung, gefressen usw. Der Hauptteil der Energie, den Tiere mit der Nahrung aufnehmen, wird für Bewegung und Stoffwechselvorgänge benötigt. Nur etwa 10 Prozent werden für den Aufbau von Körpersubstanz genutzt. Daher erreicht nur ein sehr geringer Teil der von den Pflanzen chemisch gebundenen Energie die Konsumenten höherer Ordnung und die Endkonsumenten. Der Hauptteil der Energie wird als Wärme abgegeben und dadurch entwertet. Er kann von den Lebewesen nicht mehr genutzt werden. ↑3

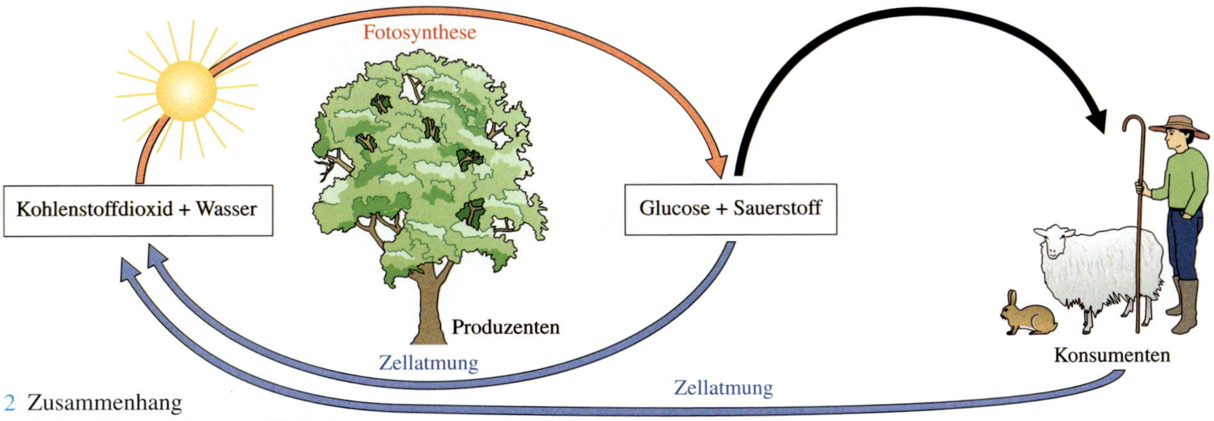

2 Zusammenhang zwischen Fotosynthese und Zellatmung

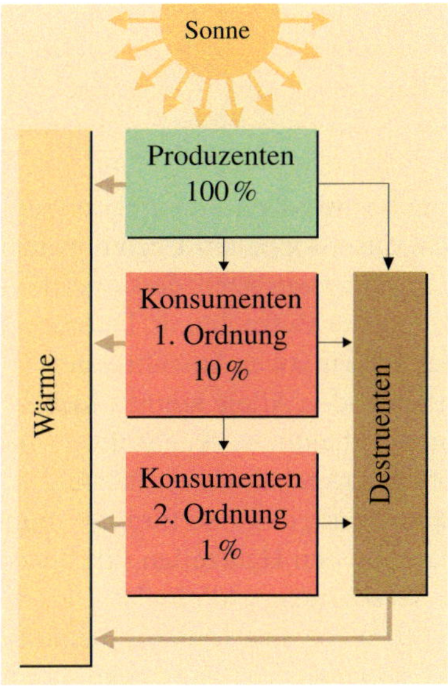

3 Energiefluss

Baustoffe und Energie für die Zellen

Aus der befruchteten Eizelle entstehen durch Zellteilung zunächst 2, dann 4, 8, 16 usw. Zellen. Nach jeder Zellteilung nehmen die Zellen wieder an Größe zu, bevor die nächste Teilung beginnt. Für den Aufbau der Zellen und ihren Stoffwechsel werden Baustoffe und Energie benötigt. Diese werden dem Embryo bei seiner Entwicklung über die Plazenta der Mutter zur Verfügung gestellt. ↑S.203 Aber auch nach der Geburt benötigen alle Zellen ständig Energie, die in Form energiereicher Stoffe mit der Nahrung aufgenommen werden muss. Ebenso werden ständig Baustoffe für die Erneuerung und den Aufbau neuer Zellen benötigt. Erst mit dem Tod endet die Stoff- und Energieumwandlung in den Körperzellen. ↑S.243

Blutzuckerspiegel

Der Zuckergehalt des Blutes wird im Körper genau reguliert. ↑Basiskonzept Steuerung und Regelung, S.180 Überschüssige Glucose wird in den Leberzellen zu Glykogen umgewandelt und die darin enthaltene Energie so zwischengespeichert. Bei einem niedrigen Blutzuckerspiegel wird das Hormon Glucagon ausgeschüttet, das eine Rückumwandlung von Glykogen in Glucose bewirkt.

Arbeitsaufträge

1 Zu einigen Beispielen findest du Verweise auf Seiten im Buch. Schlage auf den angegebenen Seiten nach und erkläre das Basiskonzept Stoff- und Energieumwandlung mithilfe der Informationen auf den Seiten ausführlich in eigenen Worten.

2 Basiskonzepte spielen nicht nur bei den angegebenen Beispielen, sondern auch in vielen anderen Bereichen der Biologie eine wichtige Rolle. Finde im Buch weitere Beispiele für das Basiskonzept Stoff- und Energieumwandlung. Erkläre es mithilfe dieser Beispiele und nenne jeweils die Systemebene (Zelle, Gewebe, Organ, Organsystem, Organismus, Population, Lebensgemeinschaft, Ökosystem).

Vererbung erfolgt nach bestimmten Regeln

In einigen Zoos und Zirkussen werden Tiere mit reinweißem Fell, sogenannte Albinos, als besondere Attraktionen präsentiert, zum Beispiel Tiger oder Gorillas. Auffällig ist dabei, dass verwandte Tiere häufig ebenfalls diese ungewöhnliche Fellfarbe haben.
Warum tritt Albinismus in manchen Familien gehäuft und sonst sehr selten auf?

1 Albino-Gorilla

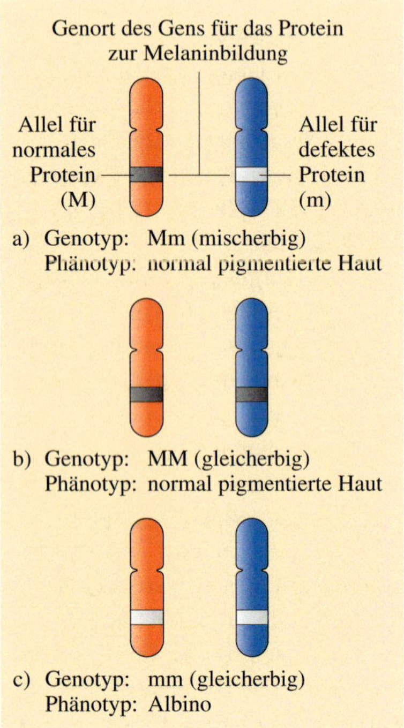

2 Allele, Genotypen und Phänotypen

Regeln der Vererbung

284-1

Gene und Allele Alle Körperzellen haben beim Menschen und den meisten anderen Säugetieren einen diploiden, also doppelten Chromosomensatz. Er entsteht aus den haploiden Chromsomensätzen des väterlichen Spermiums und der mütterlichen Eizelle bei der Befruchtung. Dies bedeutet, dass in jeder Körperzelle auch jedes Gen in zwei Ausführungen vorliegt, die man als Allele bezeichnet. Diese beiden Allele können identisch sein. Von vielen Genen gibt es aber unterschiedliche Allele. Die Allele eines Gens können sich in ihrem Informationsgehalt unterscheiden. Auf dem Chromosom 11 befindet sich beispielsweise das Gen für ein Protein, das für die Bildung des Farbstoffs Melanin in den Hautzellen verantwortlich ist. Von diesem Gen gibt es zwei verschiedene Allele. ↑2 Das eine Allel enthält die Informationen für das Protein, das Melanin herstellen kann (Abkürzung: M). Das andere Allel hat einen Defekt, sodass das zugehörige Protein nicht in der Lage ist, Melanin herzustellen (Abkürzung: m). Zwei gleiche Allele eines Gens bezeichnet man als gleicherbig. Unterscheiden sich die Allele, spricht man von mischerbig.

Genotyp und Phänotyp Aus den verschiedenen Allelpaaren aller Gene ergeben sich die individuellen genetischen Eigenschaften jedes Lebewesens, der Genotyp. Im Gegensatz dazu wird das äußere Erscheinungsbild eines Lebewesens als Phänotyp bezeichnet. Wie aber beeinflusst der Genotyp den Phänotyp? Ein besonders auffälliger Einfluss zeigt sich bei dem Beispiel des Proteins zur Melaninbildung. Individuen, die in beiden Allelen das defekte Gen haben (gleicherbiger Genotyp mm ↑2c), sind im Phänotyp Albinos. Da sie kein Gen für das Melanin aufbauende Protein haben und daher keinen Farbstoff bilden können, haben sie eine weiße, unpigmentierte Haut und weißblonde Haare. Im Gegensatz dazu haben die Individuen mit den beiden anderen möglichen Genotypen (gleicherbig MM ↑2b und mischerbig mM ↑2a) normal pigmentierte Haut.

Dominante und rezessive Allele Wie ist es möglich, dass Individuen trotz unterschiedlicher Genotypen phänotypisch identisch bezüglich des Merkmals sind? Dass Individuen mit dem Genotyp MM eine normal pigmentierte Haut haben, ist nicht überraschend. Sie verfügen gleich in doppelter Ausführung über das nötige Gen. Aber auch die Individuen mit dem mischerbigen Genotyp Mm, bei dem auf einem Chromosom ein defektes Gen liegt, haben ein Gen für das Protein zu Melaninsynthese. Sie erscheinen daher im Phänotyp normal. Der Phänotyp wird hier nur von dem einen normalen Allel des Gens (M) bestimmt. Da sich dieses Allel gegenüber dem anderen phänotypisch durchsetzt, bezeichnet man es als dominant und kennzeichnet es mit einem Großbuchstaben. Ein Allel, das von einem anderen überdeckt wird und im Phänotyp nicht erkennbar ist, nennt man rezessiv. Es wird mit einem Kleinbuchstaben gekennzeichnet. Ein rezessives Allel wird phänotypisch nur sichtbar, wenn es gleicherbig vorliegt, da es dann nicht verdeckt wird.

Vererbungsregeln Aus dem bisherigen Wissen über die Eigenschaften und die Weitergabe von Genen lassen sich allgemeine Regeln der Vererbung ableiten, die nicht nur für das Beispiel Albinismus gelten. Wenn die Genotypen der Eltern bekannt sind, lassen sich auch Vorhersagen über die Genotypen ihrer Nachkommen treffen. Dabei spielt die Bildung der Keimzellen eine entscheidende Rolle. Die Keimzellen enthalten – da sie haploid sind – immer nur eines der beiden Allele jedes Gens. Die Verteilung der Chromosomen und damit auch der Allele hängt wie das Werfen einer Münze vom Zufall ab. ↑S.277

1. Regel: **Uniformitätsregel**

Bei zwei gleicherbigen Eltern sind alle Keimzellen eines jeden Elternteils bezüglich des einen Merkmals identisch (nur M oder nur m). Alle Kinder erhalten mit den Keimzellen von Vater und Mutter jeweils ein Allel des Merkmals. Sie sind also mischerbig (Mm) und unterscheiden sich genotypisch und phänotypisch in diesem Merkmal nicht voneinander.

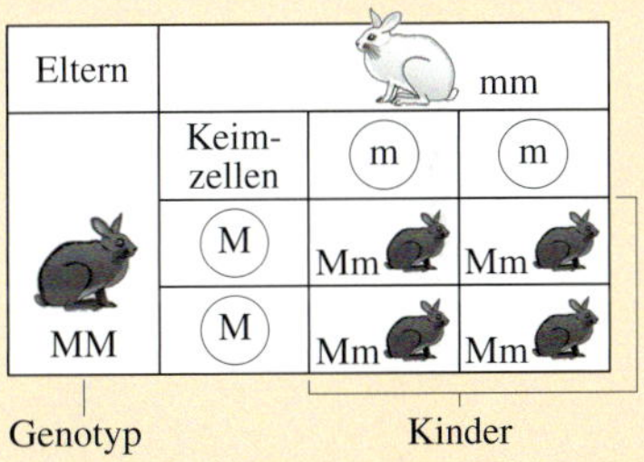

2. Regel: **Spaltungsregel**

Die Keimzellen der mischerbigen Kinder tragen verschiedene Allele des Merkmals (M oder m). Kreuzt man diese untereinander, so ergeben sich drei mögliche genotypische Merkmalskombinationen: MM, Mm oder mm. Sie spiegeln sich in den Phänotypen der Enkel mit unterschiedlichen Wahrscheinlichkeiten wider. Bei einem dominant-rezessiven Erbgang ergibt sich ein Phänotypenverhältnis von dominant zu rezessiv von 3 zu 1. Es ergibt sich aus dem Genotypenverhältnis 1 : 2 : 1 (gleicherbig dominant : mischerbig : gleicherbig rezessiv).

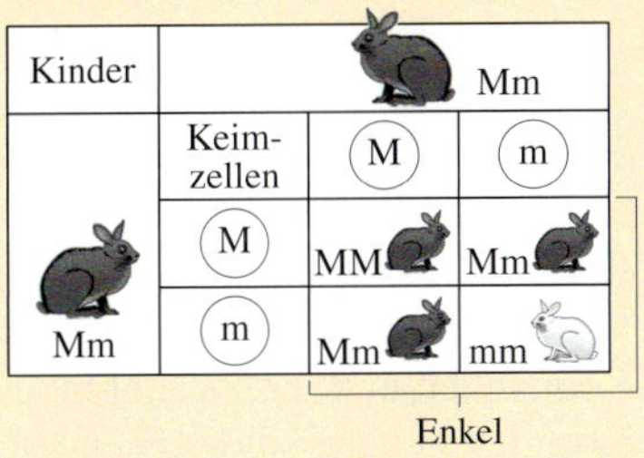

Mendel'sche Regeln Diese Vererbungsregeln werden nach ihrem Entdecker Mendel'sche Regeln genannt. ↑S.288

♀ ♂	A	B	0
A	AA A	AB AB	A0 A
B	AB AB	BB B	B0 B
0	A0 A	B0 B	0 0

1 Genotypen und Phänotypen der Blutgruppen

Vererbungsregeln auch beim Menschen Beim Menschen gibt es nur einige wenige Merkmale, die nach den Mendel'schen Regeln vererbt werden und durch ein einziges Gen festgelegt sind. Meist werden äußerlich sichtbare Merkmale durch eine Vielzahl von Genen bestimmt.

Vererbung der Blutgruppen Jeder Mensch hat eine eindeutige und unveränderliche Blutgruppe, die durch eine Blutuntersuchung festgestellt werden kann. Die Blutgruppe wird durch spezielle Strukturen auf den roten Blutkörperchen bestimmt. Sie entsprechen dem Phänotyp. Das Gen für die menschlichen Blutgruppen A, B, AB und 0 ist ein Beispiel für ein Gen, das nicht in zwei, sondern in den drei Allelen A, B und 0 vorkommt. Jedes Individuum kann natürlich trotzdem nur zwei Allele tragen. ↑1 Die Allele A und B sind kodominant. Das bedeutet, dass sie bei mischerbigem Genotyp beide zusammen ausgeprägt werden. Außerdem sind beide Allele dominant gegenüber dem Allel 0, das nur rezessiv ausgeprägt wird. ↑2

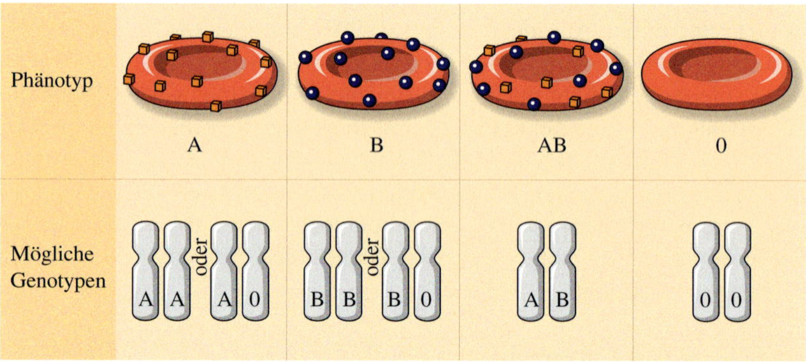

2 Phänotypen und mögliche Genotypen im AB0-Blutgruppensystem

Kurz und knapp **Verschiedene Ausführungen eines Gens nennt man Allele. Die genetischen Eigenschaften (Genotyp) eines Individuums beeinflussen sein äußeres Erscheinungsbild (Phänotyp). Dominante Allele werden phänotypisch immer ausgeprägt. Rezessive Allele sind im Phänotyp nur sichtbar, wenn sie gleicherbig vorliegen. Die Vererbung folgt bestimmten Regeln, die nach ihrem Entdecker Mendel'sche Regeln genannt werden. Sie beruhen auf der zufälligen Verteilung der Chromosomen auf die Keimzellen bei der Meiose.**

Arbeitsaufträge

1 Fasse die beiden Mendel'schen Regeln jeweils in einem Satz zusammen.

2 Erkläre die Namen der 1. und 2. Mendel'schen Regel. Beschreibe dazu die Verteilung der Allele in den Keimzellen und ihre Weitergabe.

3 Erstelle ein Vererbungsschema für die Vererbung der Blutgruppen (Eltern und Kinder).

4 In einem Krankenhaus werden zeitgleich drei Säuglinge geboren. Sie haben die Blutgruppen A, 0 und B. Im Schwesternzimmer liegen Karteikarten mit den Genotypen der Blutgruppen der Eltern: A0–00; AB–00; B0–AA. Ordne die Eltern den Säuglingen zu und bestimme den Genotyp der Kinder.

5 CHARLIE CHAPLIN wurde 1940 in einem Vaterschaftsprozess zu Unterhaltszahlungen verurteilt. Das Kind hatte die Blutgruppe B, seine Mutter Blutgruppe A, CHAPLIN Blutgruppe 0. Entschied das Gericht richtig? Begründe.

Familienstammbäume analysieren

Viele Wissenschaftler und Mediziner interessieren sich dafür, wie bestimmte Merkmale vererbt werden. Das gilt ganz besonders für erblich bedingte Krankheiten. Dazu stellen sie einen Familienstammbaum auf. Darin werden die Familienverhältnisse über mehrere Generationen mit allen Verwandten dargestellt. Außerdem wird vermerkt, welche Familienmitglieder von der fraglichen Krankheit betroffen sind. Mithilfe eines solchen Stammbaums kann dann die Wahrscheinlichkeit bestimmt werden, dass ein Kind eines Paares an der Krankheit erkranken wird. Für die Erstellung von Familienstammbäumen werden spezielle Symbole verwendet. ↑3

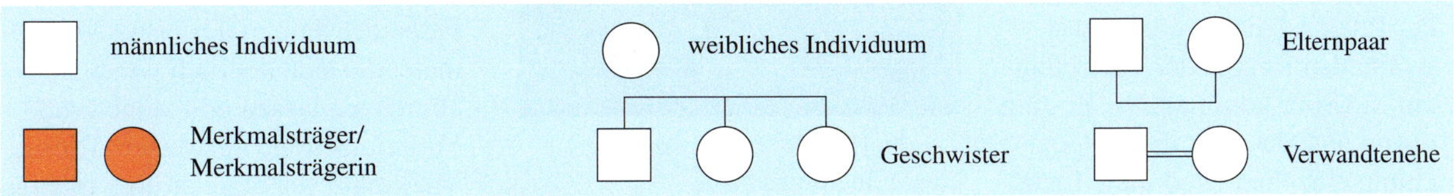

3 Symbole für das Erstellen eines Familienstammbaums

1 Gonosomaler oder autosomaler Erbgang?
Liegt das Gen für das Merkmal auf einem Geschlechtschromosom? Dann liegt ein gonosomaler Erbgang vor. Im anderen Fall ein autosoma-ler Erbgang.

Tipp: Tritt die Erkrankung nur bei Männern auf, ist vermutlich das X-Chromsom Träger. Der Grund ist, dass bei Männern das entsprechende Gen auf dem Y-Chromosom meistens fehlt.

2 Bestimmung der Genotypen und Phänotypen
Welche Genotypen sind für jeden Phänotyp möglich? Welche Genotypen können bei einem Phänotyp begründet ausgeschlossen werden?
Tipp: Merkmalsträger eines rezessiv ausgeprägten Merkmals sind immer gleicherbig.

3 Handelt es sich um ein dominant oder rezessiv ausgeprägtes Merkmal?
Tipp: Ist ein Kind zweier Merkmalsträger kein Merkmalsträger, wird das Merkmal dominant ausgeprägt. (Ausnahme: Gen liegt auf dem X-Chromosom.)

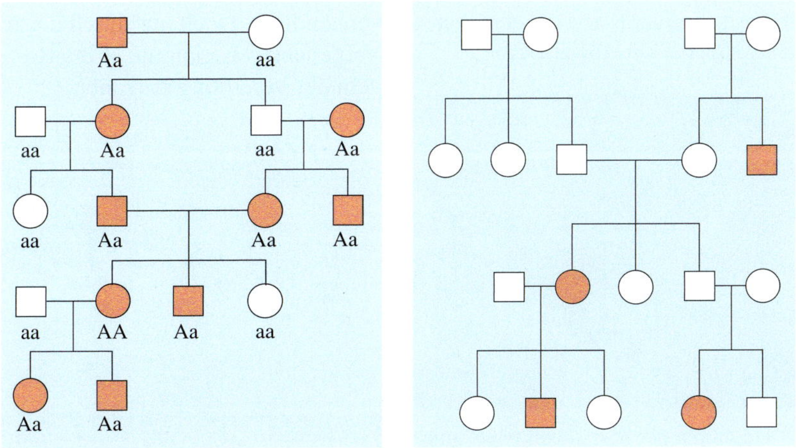

4 Familienstammbäume mit unterschiedlichen Erbgängen

Arbeitsauftrag

Betrachte die Familienstammbäume in Abbildung 4.
a Beschreibe die beiden Stammbäume.
b Gib für die Phänotypen die möglichen Genotypen an.
c Gib jeweils an, ob es sich um ein dominant oder rezessiv ausgeprägtes Merkmal handelt. Begründe.

Gregor Mendel

Historisches Ein Mönch im Dienst der Wissenschaft

288-1

Im 19. Jahrhundert hatte man nur eine vage Vorstellung von den Vererbungsmechanismen. Eine Theorie ging von einer diffusen Vermischung der elterlichen Merkmale aus (Vermischungstheorie).
Der Augustinermönch Gregor Mendel, der als Bauernsohn mit der Pflanzenzucht vertraut war, wollte den Regeln der Vererbung auf die Spur kommen. ↑1 Er ging davon aus, dass nur die Untersuchung einzelner Merkmale Licht in das Dunkel der Vererbungslehre bringen konnte. Daher suchte er sich als Forschungsobjekt die Gartenerbse aus: Sie hat eine kurze Generationszeit, eine hohe Nachkommenanzahl und lässt sich künstlich bestäuben. Für seine Untersuchungen züchtete er zuvor gleicherbige Erbsensorten. Mendel verwendete den Begriff „reinerbig". Eine reinerbige Erbsensorte gibt bei Selbstbestäubung ein bestimmtes Merkmal von Generation zu Generation weiter.

1 Gregor Mendel (1822–1884)

2 Entfernen der Staubblätter bei einer reinerbigen Sorte

3 Bestäuben der Narbe mit dem Pollen einer anderen reinerbigen Sorte

4 Umhüllen der bestäubten Blüte zum Schutz vor Fremdbestäubung

Mendel führte im Kloster Brünn in seiner Freizeit gezielte Kreuzungsexperimente mit reinerbigen Gartenerbsen durch. ↑2 bis 4 Die untersuchten Merkmale waren gut gewählt: Mendel untersuchte einzelne auffällige Eigenschaften wie die Blütenfarbe oder die Form und Farbe der Samen. Das sind Merkmale, die sich deutlich voneinander abgrenzen lassen und keine große Variationsbreite aufweisen. Diese Merkmale verfolgte er über mehrere Generationen. Dabei beschränkte er sich auf Kreuzungen, die sich nur in einem bzw. in zwei Merkmalen unterscheiden. Diese Methode erforderte das Auszählen dieser Merkmale bei Tausenden von Nachkommen über mehrere Generationen und dessen schriftliches Festhalten. Zudem sicherte Mendel seine Ergebnisse statistisch ab. ↑5 Dies war für die damalige Zeit nicht selbstverständlich. Doch nur durch diese Vorgehensweise konnte er die Regeln der Vererbung erkennen.

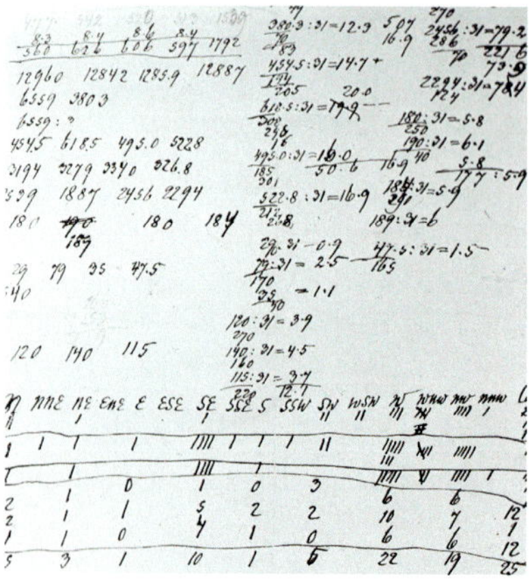

5 Auszug aus einem Versuchsprotokoll von Mendel

Arbeitsaufträge

GREGOR MENDEL entdeckt erste Regelmäßigkeiten der Vererbung

1 MENDEL beschränkte sich zunächst auf gleicherbige Erbsen, die sich in nur einem Merkmal unterschieden. Er kreuzte z. B. gelbsamige Erbsen mit grünsamigen Erbsen.

a Beschreibe die folgende Abbildung. ↑6

b Fasse die Ergebnisse MENDELS schriftlich zusammen und erläutere, warum die 1. Mendel'sche Regel auch als Uniformitätsregel bezeichnet wird.

c Vermute, was mit der Merkmalsausprägung „grüne Samen" passiert sein könnte.

2 Ein Jahr später kreuzte MENDEL die gelbsamigen Erbsen der F_1-Generation untereinander. Das Ergebnis zeigt die Abbildung 7.

a Beschreibe auch hier die Abbildung und fasse die Ergebnisse MENDELS schriftlich zusammen.

b Die Merkmalsausprägung „grüne Samen" war also nicht verschwunden. Sie wurde in der F_1-Generation nur unterdrückt. MENDEL nannte solche unterdrückten Merkmalsausprägungen rezessiv. Die Merkmalsausprägung „gelbe Samen" dagegen war gegenüber der Merkmalsausprägung „grüne Samen" dominant. Daher trat nur die dominante Merkmalsausprägung in der F_1-Generation in Erscheinung. Erläutere, warum die 2. Mendel'sche Regel als Spaltungsregel bezeichnet wird.

c Sind die Pflanzen der F_1-Generation gleicherbig oder mischerbig? Begründe.

6

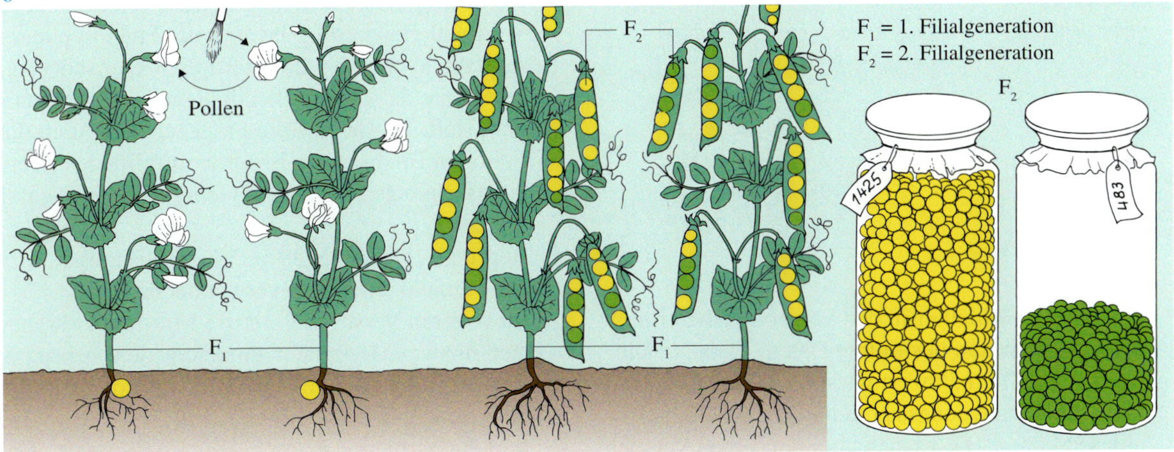

7

Arbeitsaufträge

MENDEL ordnet und deutet seine Ergebnisse

1 Um die biologischen Daten zu ordnen, Beziehungen zwischen ihnen zu erkennen oder Schlussfolgerungen aus ihnen zu ziehen, nutzte MENDEL statistische Methoden. Bei seinen Kreuzungsexperimenten erwies sich das Merkmal „gelbe Samenfarbe" als dominant und die grüne Samenfarbe als rezessiv. ↑1 Kreuzte er die Individuen der F_1-Generation untereinander, so erhielt er in den Versuchsreihen für die F_2-Generation bestimmte Daten. ↑Tabelle Die berechneten Verhältnisse wiesen eine hohe Schwankungsbreite auf, sodass er keine Regelmäßigkeit ablesen konnte. Da es sich aber bei seinen Versuchsreihen stets um die gleichen Versuche handelte, addierte er die Zahlen und bildete Mittelwerte. Von 8023 Samen waren 6022 gelb und 2001 grün. Berechne das Verhältnis zwischen den Anzahlen sämtlicher gelber und grüner Erbsen.

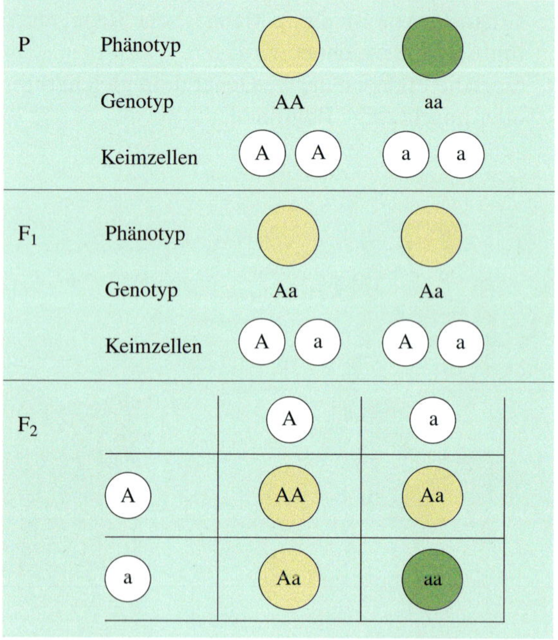

1 Kreuzungsschema für F_1- und F_2-Generation

Versuchsreihe	*Samenfarbe*		*Verhältnis*
	gelb	*grün*	
1	45	12	3,75 : 1
2	27	8	3,38 : 1
3	24	7	3,42 : 1
4	22	10	2,20 : 1
5	19	10	1,90 : 1

2 MENDEL war zu diesen Ergebnissen durch die Beobachtung von Merkmalen gelangt. Da die grüne Samenfarbe in der F_2-Generation aber wieder auftaucht, muss sie auch in der F_1-Generation vorhanden gewesen sein. Er unterschied zwischen den beobachteten Merkmalen und den ihnen zugrunde liegenden Erbfaktoren. Das entspricht in der heutigen Terminologie der Unterscheidung von Phänotyp und Genotyp. MENDEL schlussfolgerte, dass es zwei unterschiedliche Ausprägungen der Erbanlage für das Merkmal Samenfarbe geben muss. Außerdem muss eine dominant sein, während die andere rezessiv ist. Von der Erbanlage für die Samenfarbe bei Erbsen gibt es also zwei Allele: Ein Allel ist an der Ausbildung grüner Samen, das andere an der gelber Samen beteiligt.
Beschreibe das Kreuzungsschema und bestimme Farbe und Verhältnis von Phäno- und Genotypen in der F_1- und F_2-Generation. ↑1 Erläutere.

MENDEL schließt seine Arbeit ab und formuliert Regeln

3 MENDELS Überlegungen zufolge mussten die gelbsamigen Erbsen der F_1-Generation mischerbig sein. Um dies herauszufinden, kreuzte er gelbsamige Erbsen der F_1-Generation mit grünsamigen Erbsen der Parentalgeneration. ↑1 Weisen die Pflanzen der F_1-Generation dann alle denselben Phänotyp auf, ist die Elternpflanze in Bezug auf das zu betrachtende Merkmal gleicherbig. Ist aber der Phänotyp unterschiedlich, dann ist die Elternpflanze mischerbig.

a Übertrage das oben stehende Kreuzungsschema in dein Heft. ↑2 Ersetze die Fragezeichen durch die richtigen Buchstaben. Ermittle mithilfe des Kreuzungsschemas Phäno- und Genoptyp der Nachkommen.

b Begründe, warum MENDEL die grünsamigen Erbsen der Parentalgeneration verwendet hat.

4 In weiteren Versuchen kreuzte MENDEL Erbsen, die sich in zwei Merkmalen unterschieden: Erbsen mit gelben, runden Samen (AABB) und solche mit grünen, runzligen Samen (aabb). ↑3

a Welche Farbe und Form haben die Erbsen in der F_2-Generation? ↑3

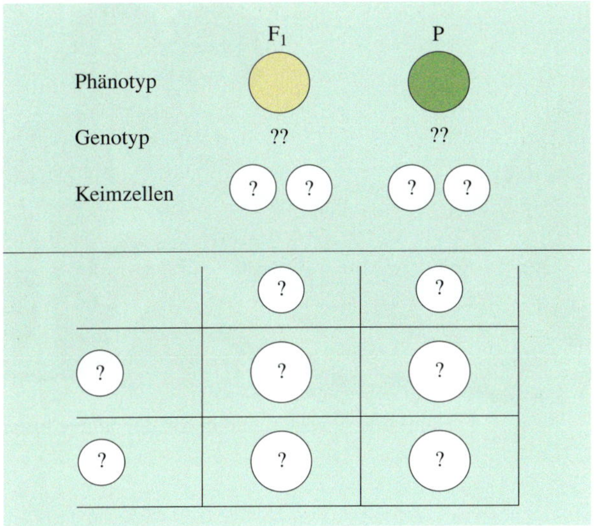

2 Rückkreuzung

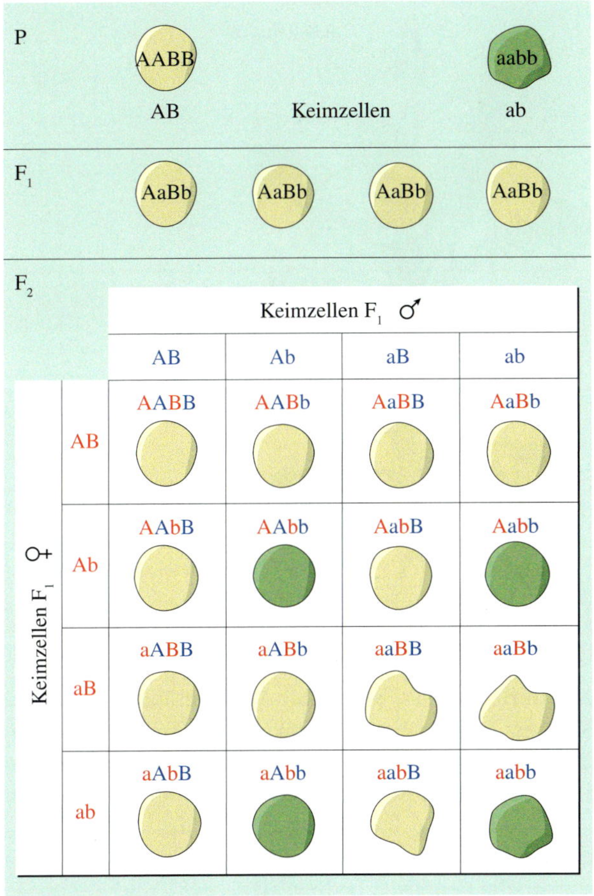

3 Kreuzungsschema für den dihybriden Erbgang

b Errechne das Zahlenverhältnis.

c Erkläre, warum MENDEL diese 3. Mendel'sche Regel auch Neukombinationsregel nannte.

5 Erkläre die 3. Mendel'sche Regel. Beschreibe dazu die Verteilung der Allele in den Keimzellen und ihre Weitergabe.

Hat MENDEL sich geirrt?

6 GREGOR MENDEL führte seine Untersuchungen ausschließlich an Erbsen durch. Ein ungewöhnliches Verhalten zeigt die Wunderblume bezüglich der Vererbung der Blütenfarbe. Kreuzt man zwei gleicherbige Pflanzen mit den Blütenfarben rot und weiß, so sind alle Blüten der ersten Tochtergeneration (F_1) rosa. Kreuzt man diese untereinander, so erhält man in der F_2-Generation Blüten in den Farben rot, rosa und weiß im Verhältnis 1:2:1. Eine solche Merkmalsausprägung bezeichnet man als unvollständige Dominanz.

a Erstelle ein Kreuzungsschema (F_1 und F_2) für die Wunderblume.

b Nimm Stellung zu der Aussage, dass die Vererbung der Wunderblume den Mendel'schen Regeln widerspricht.

7 Erkläre den Unterschied zwischen unvollständiger Dominanz (Wunderblume) und Kodominanz (Blutgruppen).

Die Mendel'schen Regeln in Kurzform

1. Uniformitätsregel: Kreuzt man die Individuen einer Art, die sich in einem Merkmal unterscheiden, sind alle Nachkommen (F_1) gleich (uniform). Dabei ist unerheblich, von welchem Elternteil das Merkmal ererbt wird.

2. Spaltungsregel: Kreuzt man die Individuen der ersten Tochtergeneration (F_1) untereinander, so sind ihre Nachkommen (F_2) nicht gleich, sondern spalten sich in verschiedene Phänotypen auf.

3. Unabhängigkeitsregel: Jedes Merkmalspaar wird nach der zweiten Regel vererbt, unabhängig von anderen Merkmalspaaren.

Warum Merkmale veränderlich sind

Als Britta und ihr Freund aus dem Urlaub in Tunesien kamen, waren sie braun gebrannt wie noch nie. Jetzt, einige Monate später, sind sie wieder so blass wie ihre Freunde.
Warum verändern sich Merkmale? Würde ein gebürtiger Tunesier in Deutschland auch so helle Haut bekommen?

292-1

1 Hautfarbe – wird man nur von der Sonne braun?

Beobachten Untersuchen Experimentieren

Licht- und Schattenform beim Löwenzahn
Löwenzahn wächst fast an jedem Standort. Aber wenn ihr Pflanzen von extrem sonnigen Plätzen mit solchen vergleicht, die im tiefen Schatten wachsen, findet ihr große Unterschiede. ↑2 Sind diese Unterschiede erblich oder erworben?

a Vergleicht Löwenzahnpflanzen aus dem Schatten mit solchen von sonnigen Standorten. Achtet besonders auf die Länge und Breite der Blätter, auf Länge und Dicke der Wurzeln sowie auf die Länge der Blütenstiele.
b Plant ein Experiment, mit dem man herausfinden könnte, ob diese Unterschiede erblich sind oder nicht. Beschreibt Schritt für Schritt, wie ihr vorgehen wollt.
c Formuliert die möglichen Ergebnisse für euer Experiment. Welchen Ausgang erwartet ihr?

2 Licht- und Schattenform des Löwenzahns

Modifikation und Mutation

Merkmale sind veränderlich Dass Merkmale sich verändern können, wissen wir aus Erfahrung: Je nach Ernährungslage und Training können Kinder groß und kräftig werden oder klein und zierlich bleiben. Aber kein Mensch ist jemals 10 Meter groß geworden oder 700 Kilogramm schwer. Es gibt bestimmte Merkmale, die durch Umwelteinflüsse veränderbar sind. Aber selbst diese Merkmale schwanken nur innerhalb einer bestimmten Reaktionsnorm, die genetisch bedingt ist.

Modifikationen Die meisten genetisch bedingten Merkmale zeichnen sich durch eine weite Reaktionsnorm aus: So ist die Hautfarbe des Menschen zwar genetisch bedingt – es gibt helle und dunkle Hauttypen –, aber dennoch wird die Haut aller Hauttypen bei Lichtmangel heller und beim Sonnenbaden dunkler. Solche umweltbedingten Veränderungen von Merkmalen nennt man Modifikationen. Meist zeichnen sich solche Modifikationen durch fließende Übergänge zwischen den einzelnen Merkmalsausprägungen aus. Beispielsweise findet man bei der Form der Baumkrone alle Übergänge zwischen Lichtform bei frei stehenden Bäumen und Schattenform im dichten Wald.

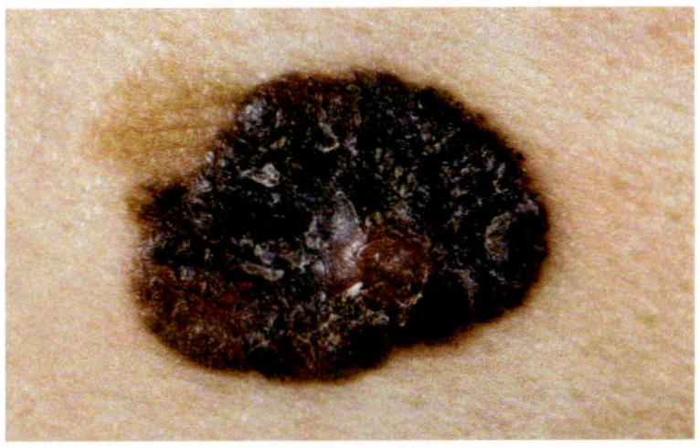

3 Hautkrebs kann durch UV-Strahlung entstehen.

Mutationen Manche Merkmalsveränderungen haben genetische Ursachen. Bei der Entwicklung vom befruchteten Ei zum Erwachsenen wird die Erbsubstanz unzählige Male kopiert. Dabei können Fehler vorkommen, die zu einer Veränderung der Erbinformation führen. Diese plötzlich auftretenden Veränderungen der Erbinformation nennt man Mutationen. Mutationen können in jeder Körperzelle auftreten. Meist sterben die mutierten Zellen, sie können aber auch zu Krebszellen entarten. ↑3 Mutationen, die bei der Bildung von Ei- und Spermienzellen auftreten, werden vererbt. Die Erbinformation kann durch Mutationen verschieden stark verändert sein. Bei Genmutationen ist nur die Nukleotidabfolge eines einzigen Gens verändert. Dies führt oft, wie zum Beispiel beim Albinismus ↑4, zum Ausfall des Gens. Manchmal kommt es aber auch zu im Mikroskop sichtbaren Veränderungen eines Chromosoms. ↑5 Diese Chromosomenmutationen können durch eine Verdopplung, den Verlust oder durch eine veränderte Anordnung mehrerer Gene gekennzeichnet sein. Im Fall von Genommutationen ist die Zahl der Chromosomen gegenüber dem normalen Chromosomensatz verändert. Beispiele hierfür sind Trisomien wie das Downsyndrom. ↑S.278

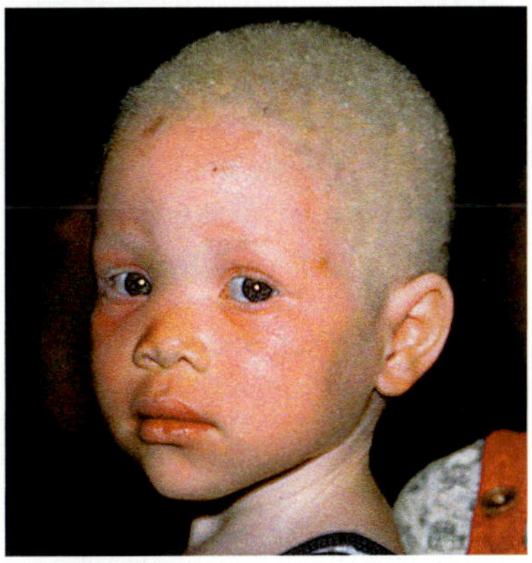

4 Albino-Mädchen. Die Eltern und Geschwister sind dunkelhäutig.

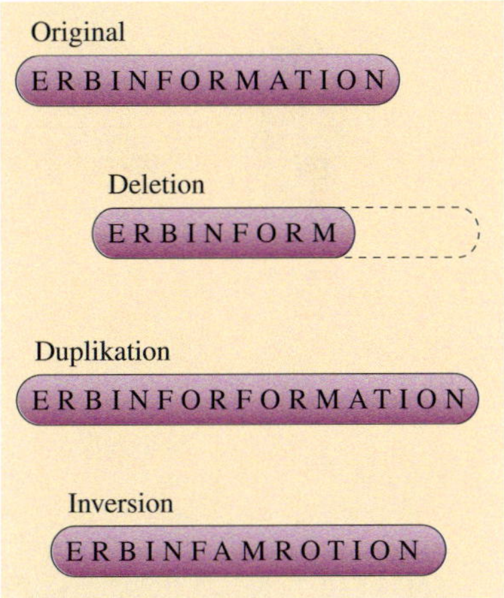

5 Verschiedene Typen von Chromosomenmutationen

Ursachen von Mutationen Mutationen sind zufällige Ereignisse, die sich nicht vorhersehen lassen. Sie treten zwar sehr selten auf, aber bei der extrem hohen Zahl von Zellteilungen, die täglich in unserem Körper ablaufen, kann man davon ausgehen, dass jeder mutierte Zellen in sich trägt. Man kann sich vor Mutationen nicht generell schützen, es gibt aber bestimmte Einflüsse, die die normale Mutationsrate um ein Vielfaches erhöhen. Zu diesen Mutagene genannten Einflüssen gehören UV-, Röntgen- und radioaktive Strahlung sowie viele Chemikalien.

Kurz und knapp **Durch die Umwelt bedingte Merkmalsveränderungen nennt man Modifikationen. Mutationen dagegen sind zufällig auftretende Veränderungen der Erbinformation. Ihr Auftreten wird aber durch Mutagene gefördert.**

Arbeitsaufträge

1 Zähle Modifikationen auf, die du kennst. Erkläre jeweils, woran man erkennt, dass es sich um eine Modifikation handelt.

2 Begründe mithilfe von Abbildung 4, weshalb der Albinismus keine Modifikation darstellt.

3 Formuliere eine Hypothese, weshalb die meisten Mutationen dazu führen, dass Gene ausfallen und so Schaden anrichten.

4 Kann man sich vor Mutationen schützen? Begründe deine Entscheidung.

Genetische Beratung

Eine Familie hat ein „Mondscheinkind“. Das Kind leidet unter einer Krankheit, bei der durch Sonnenstrahlung verursachte Schäden an der Haut nicht mehr repariert werden können. Es darf nur im Schutzanzug oder bei Nacht, „bei Mondschein“, nach draußen.
Die Krankheit ist genetisch bedingt. Nun möchten die Eltern noch ein Kind bekommen und suchen eine genetische Beratungsstelle auf. Sie wollen wissen, wie hoch die Wahrscheinlichkeit ist, dass sie noch ein krankes Kind bekommen.
Wie lässt sich die Wahrscheinlichkeit für genetisch bedingte Erkrankungen vorhersagen?

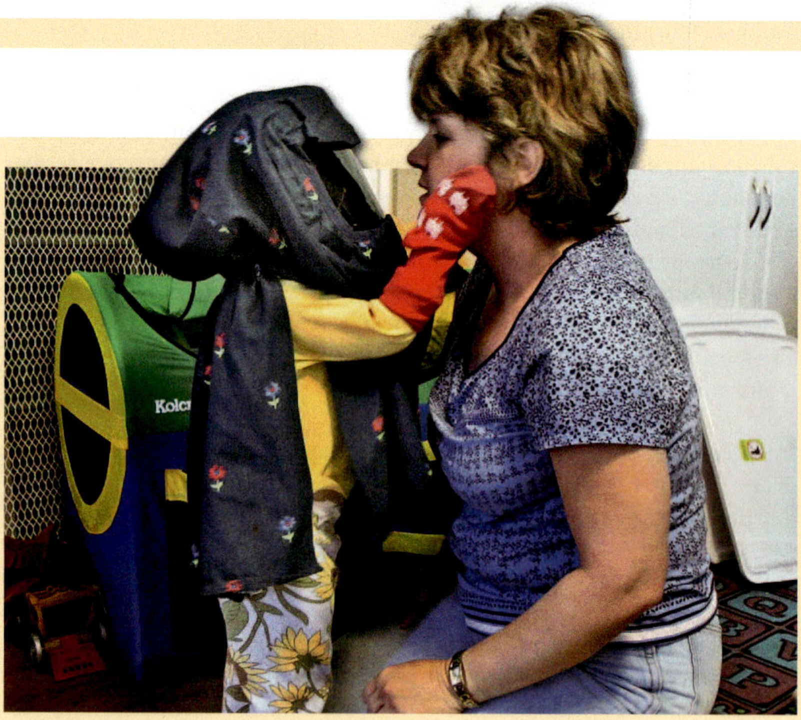

1 Lisa ist ein Mondscheinkind.

Beobachten Untersuchen Experimentieren

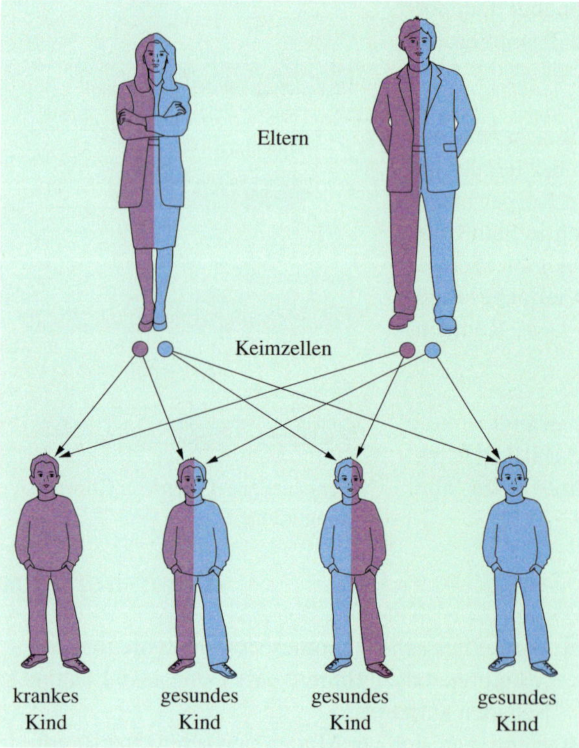

2 Vererbung von Xeroderma pigmentosum

Vererbung der Xeroderma pigmentosum
Manche Krankheiten sind genetisch bedingt. Das heißt, dass eine Veränderung in einem oder mehreren Genen zu einer Störung bei der Entwicklung eines Menschen oder in der Funktion des Stoffwechsels führt. So kann durch Mutation eines Gens etwa ein Protein ausfallen. Bei Xeroderma pigmentosum, der Krankheit der Mondscheinkinder, kann der Körper aufgrund einer Mutation keine durch UV-Strahlung verursachten Schäden der Haut reparieren.

1 Erläutere, was die beiden Farben Blau und Lila in Abbildung 2 bedeuten.
2 Sind die Eltern krank oder gesund? Begründe.
3 Beschreibe, worin sich die gesunden Kinder unterscheiden.
4 Nenne die genetischen Voraussetzungen dafür, dass ein Kind im Phänotyp die Krankheit zeigt. Bestimme dazu die Genotypen.
5 Ist die fehlende Information für das Reparatursystem der Haut dominant oder rezessiv? Begründe.

Familienstammbaum und Gentest

Genetische Beratung Paare, in deren Familie eine genetisch bedingte Krankheit vorkommt, können eine genetischen Beratung aufsuchen. Dort können sie sich informieren, wie hoch das Risiko ist, dass ein Kind von ihnen von dieser Erbkrankheit betroffen wäre. Dazu werden Familienstammbäume erstellt, um die Genotypen der Familienmitglieder zu bestimmen. ↑S.287 Auch gesunde Eltern können ein krankheitsverursachendes Gen in sich tragen und es vererben. Voraussetzung für eine Stammbaumanalyse ist, dass die Krankheit monogen ist, d. h. durch ein einziges Gen verursacht wird.

Gentest Heute gibt es Verfahren, mit denen man die Erbsubstanz auf bestimmte Veränderungen untersuchen kann. So kann DNA von Embryonen, die durch vorgeburtliche (pränatale) Untersuchungen gewonnen wurde ↑S.207, auf bestimmte genetisch bedingte Krankheiten untersucht werden. Auch kann für einige wenige Krankheiten festgestellt werden, ob diese bei einer bestimmten Person ausbrechen. Dies kann positiv sein, wenn die Voruntersuchungen besser abgestimmt werden können oder der Lebensstil den Ausbruch verhindern oder abmildern kann. Auf der anderen Seite besteht die Gefahr, dass Menschen durch die Vorhersage der Krankheit psychisch belastet oder diskriminiert werden. Ein im Jahr 2009 verabschiedetes Gesetz verbietet, dass Arbeitgeber oder Versicherungen einen Gentest fordern dürfen.

Genetisch bedingte Krankheiten beim Menschen Zu den Krankheiten, deren Ursache in fehlerhaften Genen liegen, zählen zum Beispiel Albinismus, Rot-Grün-Schwäche, Bluterkrankheit, Mukoviszidose oder Sichelzellanämie. Neben der Unterscheidung, ob das Gen dominant oder rezessiv vererbt wird, kann zwischen gonosomalen (Gen liegt auf einem Geschlechtschromosom) und autosomalen Erbgängen (Gen liegt auf einem anderen Chromosom) unterschieden werden. Genetisch bedingte Krankheiten können unterschiedlich stark ausgeprägt sein, zum Beispiel weil mehrere veränderte Gene die Ursache für eine Krankheit sind oder weil es in einem Gen zu unterschiedlichen Veränderungen kommt.

Kurz und knapp **Bei genetisch bedingten Krankheiten ist oft ein Gen verändert (mutiert). Dies kann zu Beeinträchtigungen oder Behinderungen führen. In der genetischen Beratung werden Paare mit Kinderwunsch, in deren Familien eine genetisch bedingte Krankheit aufgetreten ist, über das Risiko aufgeklärt, dass Kinder diese Krankheit erben.**

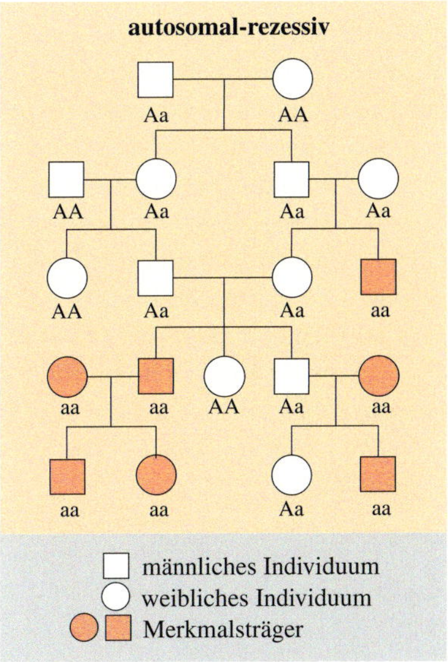

3 Familienstammbaum bei einer autosomal-rezessiven Erkrankung

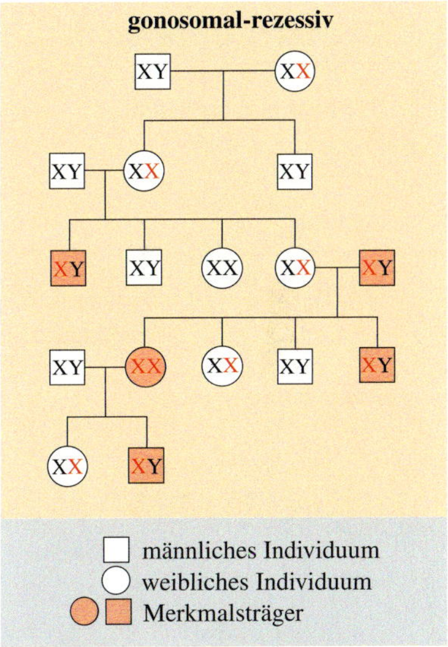

4 Stammbaum: Bluterkrankheit

295-1

Arbeitsaufträge

1 Betrachte Abbildung 4.
a Ermittle anhand des Familienstammbaums, um was für einen Erbgang es sich bei der Bluterkrankheit handelt.
b Bestimme die Genotypen und begründe dein Ergebnis.
c Berechne die Wahrscheinlichkeit, dass Kinder einer heterozygoten Mutter und eines gesunden Vaters an der Bluterkrankheit leiden. Unterscheide zwischen den Geschlechtern der Kinder.

2 Erläutere, warum sich genetisch bedingte Krankheiten bei Inzest (Verwandtenehen) häufen.

Gentechnik – angewandte Genetik

Immer wieder wird in den Medien über Zerstörungen von Feldern mit gentechnisch veränderten Pflanzen berichtet. Auch von Protesten gegen „Genmais", Diskussionen über das Verbot gentechnisch veränderter Lebensmittel und von Genpatenten ist häufig die Rede.
Was ist Gentechnik eigentlich und was verspricht man sich von ihr? Warum gibt es kritische Gegenstimmen? Wo kommt Gentechnik zum Einsatz?

1 Demonstration von Gentechnikgegnern

Beobachten Untersuchen Experimentieren

Das Prinzip gentechnischer Verfahren

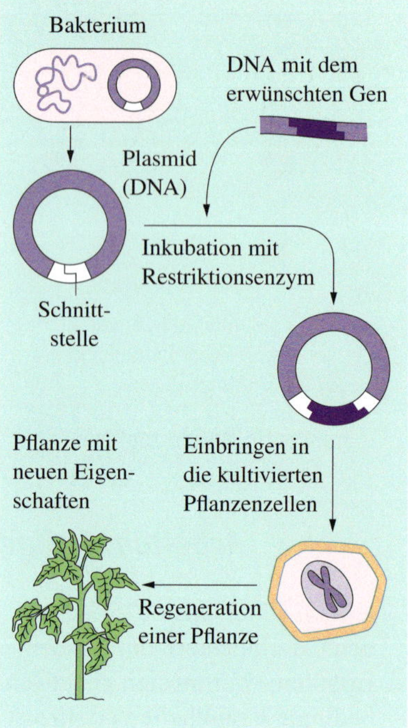

2 Übertragung artfremder DNA

Vor 12000 Jahren begannen die Menschen, wilde Pflanzen und Tiere zu domestizieren. Später versuchte man durch Züchtung Ernteerträge bei Nutzpflanzen oder den Fleischertrag bei Nutztieren zu erhöhen. Dazu wurden beispielsweise Pflanzen einer Art, die besonders ertragreich waren, immer wieder miteinander gekreuzt, sodass deren Nachkommen schließlich nur noch „ertragreiche Gene" aufwiesen. So erhielt man Sorten mit vielfachen Erträgen.
Mit den Erkenntnissen des 20. Jahrhunderts wurden gentechnische Verfahren möglich, mit denen Artgrenzen überschritten wurden: Man konnte nun artfremde Gene gezielt in das Erbgut anderer Arten einbringen. Hierbei handelt es sich um Gene, die etwa einer Pflanze gewünschte Eigenschaften verleihen, wie zum Beispiel Resistenz gegen einen bestimmten Fressfeind.

1 Erläutere am Beispiel der Kaninchenzucht, wie es gelingen könnte, aus einer Rasse, die verschieden gefärbte Tiere hervorbringt, eine Kaninchenrasse mit nur schwarzem Fell zu züchten.

2 In die DNA einer Pflanze soll ein Gen „eingebaut" werden, das der Pflanze Resistenz gegen einen bestimmten Schädling verleiht. Erläutere anhand dieses Beispiels das Verfahren der Gentechnik. Nimm die Abbildung 2 und den Text zu Hilfe.

3 Erläutere die Voraussetzung dafür, dass das Gen eines Bakteriums auch in einer Pflanze „funktioniert".

4 Sammle Berichte aus den Medien, in denen das Wort „Gentechnik" vorkommt. Werte die Berichte daraufhin aus, ob sie sich pro oder kontra Gentechnik äußern.

Gezielte Veränderung der Erbinformation

297-1

Voraussetzungen für die Gentechnik Das Zeitalter der Gentechnik begann, als in den späten 1960er Jahren die Restriktionsenzyme in Bakterien entdeckt wurden. Mit diesen „Scheren im Miniformat" lässt sich DNA in kleine, handliche Stücke schneiden. Diese Stücke können mit anderer DNA zusammengefügt werden. Gentechnik funktioniert nur, weil die Bausteine der DNA bei allen Organismen gleich sind und der genetische Code universell ist.

Grundoperationen der Gentechnik Die Übertragung eines Gens von einer Art auf eine andere Art ist im Detail sehr kompliziert, aber das zugrunde liegende Prinzip ist recht einfach. Zunächst muss man das gewünschte Gen mithilfe von Restriktionsenzymen aus der DNA der Spenderart ausschneiden. Restriktionsenzyme zerschneiden die DNA immer an einer bestimmten Nucleotidabfolge. Dann werden die DNA-Stücke, die das gewünschte Gen enthalten, in die Erbsubstanz von bestimmten Bakterien oder Viren eingebaut, die als „Genfähren" dienen. Das gewünschte Gen wird dabei jedoch nicht in die chromosomale DNA, sondern in das Plasmid, einen bei Bakterien vorkommenden zusätzlichen DNA-Ring, eingefügt. Über das Plasmid kann das Gen leichter transportiert werden. Der Begriff Genfähre wurde gewählt, weil diese Bakterien und Viren in der Lage sind, das artfremde Gen gemeinsam mit ihrer eigenen DNA in eine Zelle einzuschleusen. Man kann artfremde DNA auch durch Mikroinjektion mit „Minispritzen" in den Zellkern einbringen. Wird die eingeschleuste DNA korrekt ins Genom eingebaut, dann wird sie bei den so veränderten Lebewesen wie die eigene DNA in Proteine übersetzt. Dadurch erhalten sie die gewünschten Eigenschaften der Spenderart. Man nennt sie transgene Organismen. ↑2

Rote und grüne Gentechnik Die ersten gentechnisch veränderten Lebewesen waren Darmbakterien. Ihnen wurde das menschliche Gen für Insulin eingepflanzt. So bildeten die Bakterien Insulin, das an Diabetes leidende Patienten benötigen. Früher musste Insulin aufwendig aus den Bauchspeicheldrüsen von Nutztieren isoliert werden. Eine andere Anwendung der roten Gentechnik, der Gentechnik, die im medizinischen Bereich eingesetzt wird, ist das Gene-Pharming. Hierbei werden Ziegen oder Schafen Gene des Menschen übertragen. Die Tiere geben dann menschliche Proteine, die als Medikament gebraucht werden, mit der Milch ab. ↑3
Die grüne Gentechnik bezeichnet die Anwendung der Gentechnik in der Pflanzenzüchtung. Beispielsweise produziert schädlingsresistenter Mais ein Gift, das Fraßschädlinge abtötet, während auf Feldern mit herbizidtoleranten Sojapflanzen Unkrautvernichtungsmittel gespritzt werden können, die alle Pflanzen mit Ausnahme von Soja absterben lassen.

Kurz und knapp **Unter den Begriff Gentechnik fallen Methoden, die einen gezielten Eingriff in die Erbinformation darstellen. Dabei können auch artfremde Gene in ein Genom eingeschleust werden. Die so veränderten Arten erhalten dadurch Eigenschaften der Spenderart.**

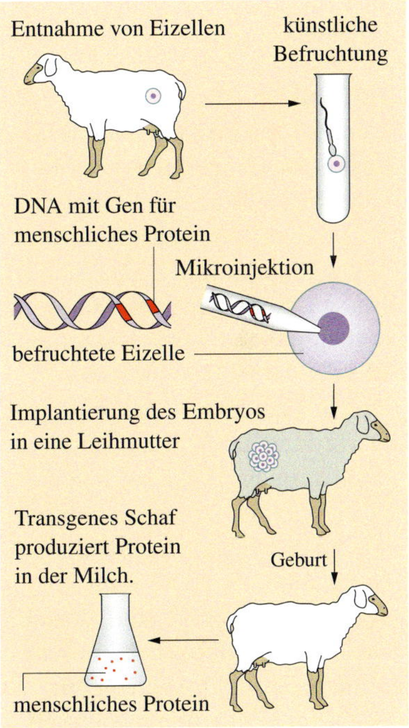

3 Produktion menschlichen Proteins

Zur Diskussion Gentechnik – Chance oder Risiko?

298-1

Anwendungen der Gentechnik: verbesserte Sorten
Genetiker in Asien haben eine Reissorte entwickelt, die – anders als herkömmlicher Reis – viel Provitamin A enthält. Dieser sogenannte Goldene Reis soll die Ernährungssituation der Bevölkerung verbessern helfen. Auch könnten mithilfe der Gentechnik Pflanzen geschaffen werden, die unter schlechteren Bedingungen wachsen, also etwa widerstandsfähiger gegen Trockenheit sind. Davon könnten insbesondere Entwicklungsländer profitieren. Die Ertragssteigerung mithilfe von transgenen Nutzpflanzen könnte angesichts des Bevölkerungswachstums ebenso eine Bedeutung erlangen.

Bt-Mais
Der Maiszünsler, ein Kleinschmetterling, ist ein gefürchteter Maisschädling. Er lässt sich schwer bekämpfen, weil seine Raupen unzugänglich im Innern des Stängels fressen. Eine transgene Maissorte enthält das Gen eines Bakteriums. Mit dessen Hilfe stellt dieser Bt-Mais ein Eiweiß her, das die Darmwand der Maiszünslerlarven auflöst. In der Folge sterben diese. Grundsätzlich könnte sich durch solche gentechnisch veränderten Sorten, die resistent gegen bestimmte Schädlinge sind, der Einsatz von Schädlingsbekämpfungsmitteln (Pestizide) verringern. Allerdings enthalten manche Bt-Maissorten auch Resistenzgene gegen bestimmte Unkrautbekämpfungsmittel und gegen ein Antibiotikum.

Bedenken der Gentechnikkritiker
Umweltschützer befürchten, dass Bt-Mais seine Gene über den Pollen in gewöhnliche Maispflanzen einschleusen kann. Die fremdbestäubten Maispflanzen produzieren dann Körner mit dem Gift des genveränderten Maises. Wissenschaftler sind sich nicht sicher, wie weit Maispollen verweht werden können. Die Angaben über die Verbreitungsdistanz gehen von 200 bis 3 000 m. Die größte Befürchtung der Kritiker ist aber, dass die veränderten Gene der transgenen Nutzpflanzen sich auf Wildkräuter übertragen könnten. Was könnte passieren, wenn Resistenzgene auf „Unkräuter" übertragen werden? Entstehen dann „Superunkräuter", die sich nicht mehr bekämpfen lassen und die ganze Lebensgemeinschaft bedrohen?
Auch wild vorkommende Insektenarten könnten geschädigt werden. Der Maiszünsler, der wichtigste „Zielorganismus" von gentechnisch verändertem Bt-Mais, ist ein Schmetterling. Ist das in der Pflanze gebildete Bt-Toxin also auch gegen andere Schmetterlinge und weitere Insekten wirksam? Obwohl sie nicht direkt im Maisfeld leben, so könnten sie aber doch an den Feldrändern mit Pollen von Bt-Mais in Berührung kommen.
Wenn Bt-Mais angebaut wird, gelangt das in der Pflanze gebildete Bt-Toxin über die Wurzeln ebenso wie über verrottende Pflanzenreste in den Boden. Wie schnell wird es dort abgebaut und könnte es auch den im und auf dem Boden lebenden Kleinlebewesen schaden?
Schließlich warnen Gentechnikgegner vor der Abhängigkeit von Konzernen. Saatguthersteller verkaufen häufig auf ihr Saatgut abgestimmte Pestizide (Unkrautvernichtungsmittel). Die transgenen Nutzpflanzen, aber nicht die Schädlinge sind gegen diese Pestizide resistent, sodass die Käufer des Saatguts auch die Pestizide der gleichen Firma kaufen müssen. Besonders Landwirte in den Entwicklungsländern könnten sich – so die Kritker – dieses Saatgut zusammen mit den Pestiziden nicht leisten oder gerieten in Abhängigkeit der Saatguthersteller.

1 Herbizidresistente Sojapflanze

Beherrschbare Technik?
Gentechnikgegner äußern auch ganz grundsätzliche Bedenken: Einmal in die Umwelt freigesetzt, seien genetisch veränderte Pflanzen nicht mehr rückholbar. Sie stellten eine Gefahr für das ökologische Gleichgewicht und die menschliche Gesundheit dar. Der großflächige Anbau von transgenen Pflanzen in Nordamerika und Argentinien mache dies drastisch deutlich: höherer Pestizidverbrauch, Entstehung von Superunkräutern, Schädigung von Nützlingen, Verdrängung traditioneller Pflanzenarten und damit die Gefährdung unserer Artenvielfalt.

Befürworter der grünen Gentechnik

Befürworter transgener Nutzpflanzen verweisen auf ihre Erfahrungen: In den USA wird Bt-Mais auf großen Flächen angebaut. Wissenschaftler konnten bisher keine Beeinträchtigung der Falterbestände feststellen – vermutlich weil die Schmetterlinge schon geschlüpft sind, bevor der Mais Pollen bildet.

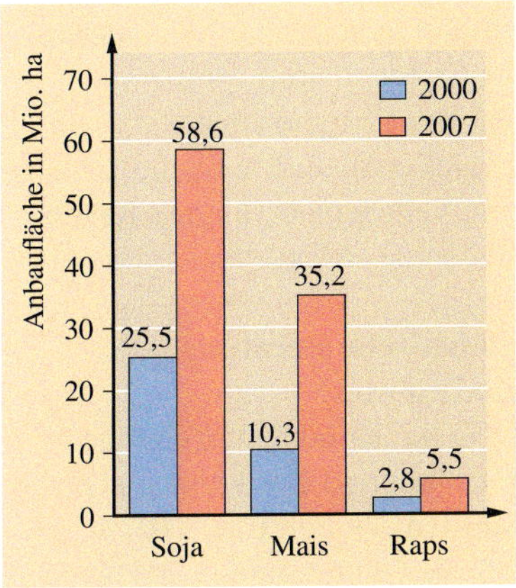

2 Anbauflächen für gentechnisch veränderte Soja-, Mais- und Rapspflanzen

Auch andere Veränderungen der Lebensgemeinschaft oder ein Überspringen der fremden Gene auf Wildpflanzen konnte bisher nicht nachgewiesen werden. Wissenschaftler und Firmen, die in diesem Bereich forschen, warnen vor einer Verteufelung der Gentechnik. Schränke man die Forschung ein, so könnten nicht nur hier wichtige Chancen vergeben werden, sondern ebenso die Chance, Arbeitsplätze zu schaffen. Sie fordern, grüne Gentechnik verantwortungsvoll zu nutzen.

Gesetzeslage

Das Gentechnikgesetz sowie EU-Richtlinien regeln den Umgang mit gentechnisch veränderten Organismen. Jede Freisetzung oder kommerzielle Nutzung transgener Pflanzen muss gesondert geprüft werden. Im Jahr 2009 wurde in Deutschland eine bestimmte Bt-Mais-Sorte aufgrund der Ergebnisse der Risikoabwägung verboten.

3

Arbeitsaufträge

1 Rollenspiel
In eurer Stadtumgebung soll ein Versuchsfeld mit Genmais angelegt werden. Spielt eine Debatte im Stadtrat nach und verteilt folgende Rollen: Umweltschützer, Vertreter der Genmaisfirma, Ökobauern, Stadtbewohner, Wissenschaftler.

a Überlegt euch zunächst, wie eure Gruppe zu dem Genmaisfeld steht.

b Findet mithilfe des Textes Argumente, die eure Position stützen.

c Überlegt euch, welche Argumente eure Gegner vorbringen könnten und was ihr darauf erwidern könnt.

2 Warum wird Gentechnik kritisiert, die klassischen Züchtungsmethoden aber nicht?
Begründe und gehe dabei auf die Unterschiede zwischen Gentechnik und Züchtung ein.

3 Beschreibe Abbildung 2. Zeige in einem kurzen Text auf, wie sich der Anbau von transgenen Pflanzen verändert hat.

4 Brauchen wir Anti-Matsch-Tomaten und Getreide, das mit einem bestimmten Vitamin angereichert ist oder einen anderen Geschmack hat? Nimm Stellung und begründe deine Meinung, indem du auf die Vor- und Nachteile der grünen Gentechnik eingehst.

5 Lebensmittel aus transgenen Organismen enthalten auch deren Gene. Würdest du gentechnisch veränderte Lebensmittel kaufen? Begründe deine Meinung.

6 Beschreibe die Karikatur und erläutere, was der Zeichner kritisiert. ↑3

Überblick

300-1

Erbinformation

Die Erbinformation besteht aus langen DNA-Molekülen. Im Zellkern einer stoffwechselaktiven Zelle liegt sie in Form langer Chromatinfäden (Arbeitsform) vor. Unmittelbar vor einer Zellteilung werden die Chromatinfäden verdoppelt. Anschließend verdichten sie sich zu Chromosomen (Transportform).
Für jede Tier- und Pflanzenart ist eine bestimmte Chromosomenzahl typisch. Dabei liegt bei höheren Tieren und Pflanzen jedes Chromosom in der Regel doppelt vor.

Zellteilungen

Aus einer befruchteten Eizelle gehen durch Zellteilung sämtliche Körperzellen hervor. Jede Körperzelle enthält die gleiche Anzahl von Chromosomen wie die befruchtete Eizelle. Bei dieser Form der Zellteilung, der Mitose, entstehen aus einer Zelle stets zwei erbgleiche Tochterzellen.
Da sich bei der Befruchtung zwei Geschlechtszellen vereinigen, müssen die Chromosomensätze zuvor halbiert werden. Dafür sorgt eine besondere Form der Zellteilung, die Meiose. Während der Meiose kommt es zu einer zufälligen Rekombination von Chromosomen.

Stammzellen

Zellen weniger Tage alter Embryonen sind totipotent: Sie können alle Gewebe des Körpers bilden. Man bezeichnet sie als embryonale Stammzellen. Wissenschaftler hoffen, diese in Zukunft zur Regeneration von Organen einsetzen zu können. Wenn dazu gezielt Embryonen unter Verwendung von Körperzellen eines Patienten hergestellt werden, spricht man vom therapeutischen Klonen. Diese Methode wurde bislang noch nicht zur Anwendung gebracht und ist ethisch umstritten. Adulte Stammzellen, die im Körper Erwachsener vorkommen, wurden dagegen schon erfolgreich zur Heilung von Leukämie eingesetzt.

Vererbungsregeln

In einer menschlichen Körperzelle kommt jedes Chromosom zweimal vor. Folglich liegt auch jedes Gen – ein DNA-Abschnitt, der durch eine bestimmte Abfolge von Nucleotiden den genetischen Code für ein Protein enthält – in zwei Ausführungen vor. Diese beiden Genkopien, die Allele, können identisch sein, aber auch unterschiedliche Informationen enthalten und somit für verschiedene Merkmalsausprägungen sorgen.
Aus der Tatsache, dass Körperzellen zwei, Keimzellen aber nur ein Allel jedes Gens enthalten, lassen sich Vererbungsregeln ableiten. Bei Tieren und Pflanzen lassen sich diese mithilfe von Kreuzungsexperimenten untersuchen.
Auch die Vererbung beim Menschen folgt Regeln. Durch die Analyse von Familienstammbäumen versucht man hier, von der phänotypischen Ebene der Merkmale auf die genotypische Ebene der Erbanlagen zu schließen.

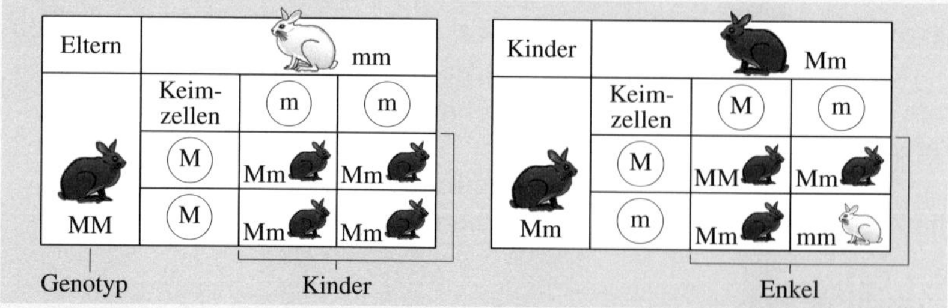

1 Vererbung von Albinismus. Die dunkle Fellfarbe ist dominant. Nur wenn das Allel für Albinismus doppelt vorliegt, kommt es im Phänotyp zur Ausprägung.

Veränderung von Merkmalen

Auf die Ausprägung von Merkmalen hat die Umwelt einen gewissen Einfluss. Licht- und Schattenpflanzen derselben Art zeigen dies. Solche Modifikationen werden nicht vererbt.
Regelmäßig kommt es aber auch zu erblichen Veränderungen von Merkmalen. Ursache für solche Mutationen können Veränderungen an Genen, Chromosomen oder dem ganzen Chromosomensatz sein. Mutationen sind auch die Ursache von genetisch bedingten Krankheiten des Menschen.

Genetische Beratung und Gentest

Manche Krankheiten sind genetisch bedingt und können vererbt werden. Wollen Eltern das Risiko für die Geburt eines Kindes mit einer genetisch bedingten Krankheit erfahren, gehen sie zur genetischen Beratung. Durch Erstellung eines Familienstammbaums und Bestimmung der Genotypen kann man ermitteln, mit welcher Wahrscheinlichkeit ein Kind von der Krankheit betroffen wäre.
Für einige genetisch bedingte Krankheiten kann man durch einen Gentest feststellen, ob eine Person die Erbinformation für eine bestimmte Krankheit in sich trägt.

Gentechnik

Heute ist es mithilfe der Gentechnik möglich, gezielt Gene für gewünschte Eigenschaften in Organismen einzuschleusen. Die Spendergene müssen nicht von einer verwandten Art stammen, da der genetische Code universell ist.
So produzieren zum Beispiel Darmbakterien menschliches Insulin.

Alles klar?

1 Ordne die folgenden Begriffe in der Reihenfolge ihrer Größe: Chromatid, Zellkern, DNA, Zelle, Nucleotid, Chromosom.

2 Nenne jeweils zwei Beispiele für haploide und diploide Zellen.

3 Zeichne und beschrifte ein Chromosom.

4 Die DNA ist Träger der Erbinformation.

a Erläutere diese Tatsache mithilfe der Abbildung 2.

b Erkläre die Bedeutung der DNA für das Aussehen eines Menschen.

c Erkläre die Übersetzung des genetischen Codes in ein Protein.

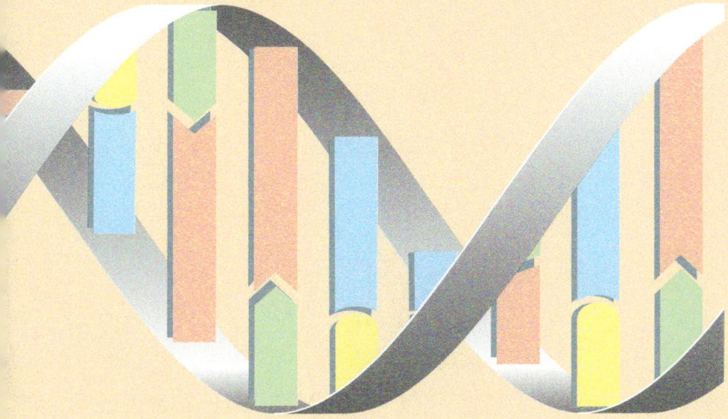

2 DNA-Molekül

5 Erkläre die Bedeutung der Meiose für die Mendel'schen Regeln.

6 Die Stammbaumanalyse ist eine wichtige Methode zur Ermittlung von Erbgängen beim Menschen.

a Übertrage den Stammbaum des Erbgangs der Kurzfingrigkeit in dein Heft. ↑4

b Welche Besonderheiten fallen dir bei diesem Stammbaum auf? Erläutere sie.

c Wird das Merkmal Kurzfingrigkeit dominant oder rezessiv vererbt? Stelle dafür sinnvolle Allelbezeichnungen auf und gib für jede Person die möglichen Genotypen an.

7 Individuen einer Art können sich in ihren Merkmalen unterscheiden. Die Merkmalsunterschiede können erblich oder umweltbedingt sein.

a Nenne die Fachbegriffe und stelle in einer Tabelle die Unterschiede und Ursachen gegenüber.

b Erläutere für jeden Fall ein Beispiel.

8 In den Medien ist oft von Gentechnik die Rede.

a Um Gentechnik betreiben zu können, bedarf es einiger Voraussetzungen. Nenne diese.

b Beschreibe den generellen Vorgang des Gentransfers und nenne Anwendungsgebiete.

9 Auch der Begriff „Klonen" taucht in den Medien immer wieder auf.

a Beschreibe die Methode des reproduktiven Klonens.

b Nenne mögliche gesellschaftliche Bedenken gegen die Methoden der Gentechnik und des Klonens.

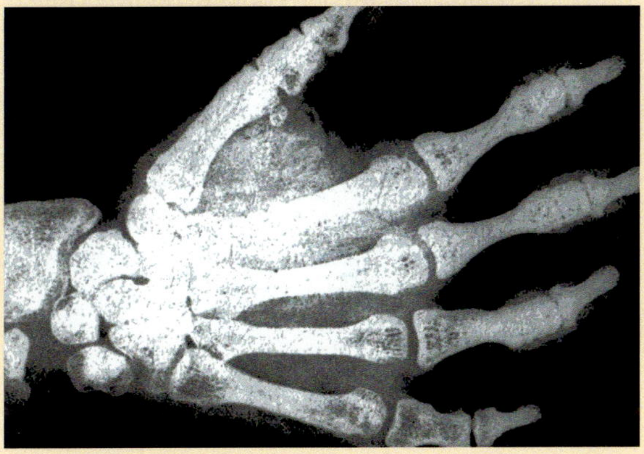

3 Röntgenaufnahme einer kurzfingrigen Hand

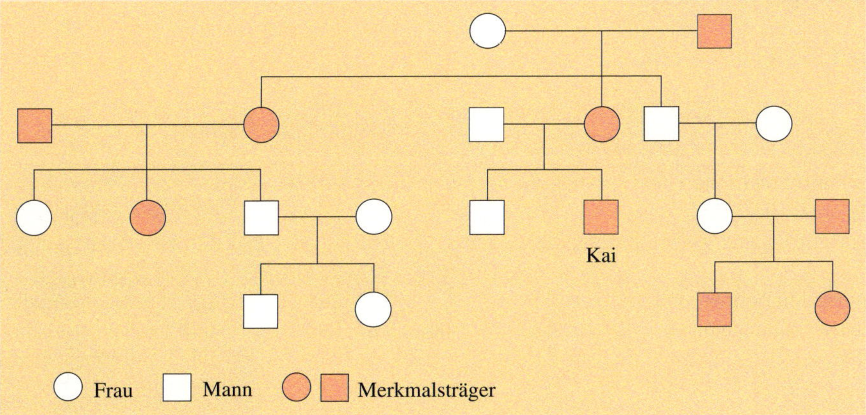

4 Familienstammbaum einer Familie, in der das Merkmal „Kurzfingrigkeit" auftritt

Check up

1 Nicht Merkmale, sondern Erbinformationen werden vererbt.

a Beschreibe, wo man im Körper Erbinformationen finden kann und woraus sie bestehen.

b Erkläre, warum die Erbinformationen in jeder Körperzelle in doppelter Ausführung vorliegen.

c Erkläre die Begriffe diploid und dominant und nenne ihren jeweiligen Begriffspartner.

2 Bei der Bildung von Geschlechtszellen läuft eine andere Form der Zellteilung ab als bei der Teilung von Körperzellen.

a Vergleiche die Erbinformationen von Mutterzelle und Tochterzelle bei der Mitose.

b Vergleiche die Erbinformationen von Mutterzelle und Tochterzelle bei der Meiose.

c Begründe, warum ein Haar eines Täters am Tatort ausreicht, um diesen zu überführen, obwohl in der Datenbank die DNA der Mundschleimhaut gespeichert wurde.

d Erkläre, warum der Vorgang der Meiose so wichtig ist.

3 Vererbung erfolgt nach festen Regeln.

a Unterscheide zwischen den Begriffen Gen und Allel. Wie viele Allele jedes Gens befinden sich in einer Körperzelle?

b Manchmal ähnelt ein Nachkomme nicht den Eltern, sondern den Großeltern. Erkläre.

4 Manche Krankheiten entstehen nicht durch äußere Ursachen, sondern sie sind erblich.

a Im Zusammenhang mit genetisch bedingten Krankheiten werden oft Stammbaumanalysen durchgeführt. Erkläre Sinn und Vorgehensweise.

b Auch ein Kind gesunder Eltern kann unter einer Erbkrankheit leiden. Nenne mehrere Möglichkeiten, wie es dazu kommen kann.

c Analysiere den dargestellten Familienstammbaum. ↑1 Gib dazu für alle Phänotypen die möglichen Genotypen an.

d Begründe, warum es sich um ein rezessiv vererbtes Merkmal handeln muss.

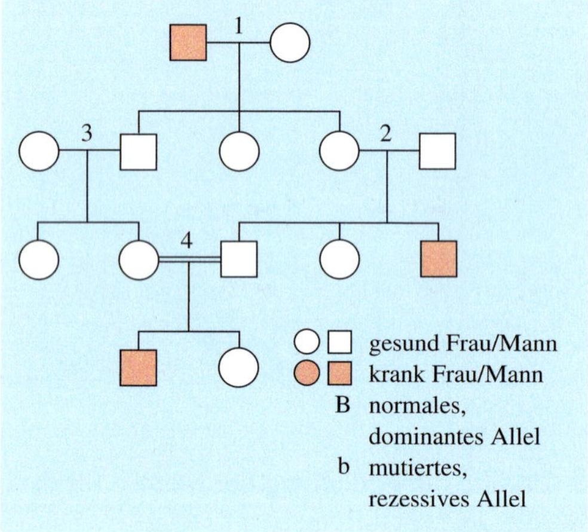

1

302-1

Die Farben zeigen dir, um welchen Aufgabentyp es sich handelt:
■ Sachverhalte wiedergeben ■ Dein Wissen anwenden ■ Komplexe Probleme lösen

Die Lösungen findest du im Anhang.

Schätze deine Kenntnisse und Fähigkeiten ein.

Aufgabe	Lerngebiet/Fähigkeit	Lösungshilfe	Auswertung
1	Ich kann erklären, was Erbinformationen sind, woraus sie bestehen und wie sie in der Zelle organisiert sind.	263–267	Ordne dazu deiner Lösung im Heft ein Smiley zu: ☺ Ich konnte die Aufgabe richtig lösen. 😐 Ich konnte die Aufgabe nicht komplett lösen. ☹ Ich konnte die Aufgabe nicht lösen.
2	Ich kann den Ablauf von Mitose und Meiose beschreiben.	268 f., 274–277	
3	Ich kann Regeln der Vererbung nennen und erklären.	284–286	
4	Ich kann erläutern, warum Stammbäume erstellt werden, und einen Stammbaum analysieren.	287, 295	

Vielfalt und Veränderung

Das Leben auf der Erde zeigt sich in einer großen Artenvielfalt. Sie befindet sich in ständiger Veränderung. Wir können diese Veränderungen kaum wahrnehmen, weil sie sich über sehr lange Zeiträume erstrecken. Wie entsteht die Vielfalt der Arten? Wodurch verändern sich die Arten?

Aspekte

1 Wie stellen sich Wissenschaftler das Entstehen des Lebens auf der Erde vor?

2 Wer entwickelte die Theorie der Evolution aller Lebewesen?

3 Wie entstehen neue Arten?

Die Vielfalt der Lebewesen hat sich entwickelt

Vor Millionen von Jahren gab es auf der Erde zum Teil ganz andersartige Lebewesen, die heute ausgestorben sind. Fossilien belegen, dass sie einmal existierten. Auch damals gab es eine Vielzahl unterschiedlicher Arten. Sie alle haben sich aus Vorfahren über große Zeiträume entwickelt. Diese Entwicklung bezeichnet man als Evolution.
Die Evolution kann durch das Ineinandergreifen verschiedener Einflüsse oder Faktoren erklärt werden. Mithilfe dieser Evolutionsfaktoren lässt sich auch die Herkunft des modernen Menschen verstehen.

4 Wie lassen sich die Mechanismen der Evolution erklären und welche Rolle spielt dabei die Vererbung?

5 Wie können sich Lebewesen über längere Zeiträume in ihrem Bau verändern?

6 Warum gibt es solch eine Vielfalt an Lebewesen auf der Erde?

7 Woran erkennt man eine Art und welche Bedeutung haben Arten für die Evolution?

Vielfalt bei Katzenartigen

Unsere heutigen Hauskatzenrassen zeigen eine große Vielfalt bei der Farbe und Beschaffenheit des Fells. Auch in zahlreichen weiteren Merkmalen wie der Körpergröße, der Form der Ohren und in Verhaltenseigenschaften unterscheiden sie sich. Wie ist diese Vielfalt entstanden? Wie entsteht überhaupt Vielfalt in der Natur?

1 Hauskatzenweibchen mit ihren Jungen

Beobachten Untersuchen Experimentieren

Rassen der Hauskatze

Heute gibt es eine Vielzahl von Hauskatzenrassen, die sich in verschiedenen Merkmalen unterscheiden. Sie alle haben einen gemeinsamen Ursprung und wurden von Menschen auf bestimmte Merkmale hin gezüchtet. Dabei machen sich Züchter die Regeln der Vererbung von Merkmalen auf die Nachkommen zunutze, indem sie die Partner, die zur Fortpflanzung gelangen sollen, gezielt auswählen.

1 Beschreibe die Unterschiede im Aussehen der unten abgebildeten Katzenrassen. Wähle geeignete Vergleichsmerkmale aus.

2 Erkläre am Beispiel der Vorgehensweise bei der Züchtung, wie die Vielfalt entsteht. Nutze dazu auch deine Kenntnisse aus der Genetik.

3 Sammelt Informationen über die Stammform unserer heutigen Hauskatzenrassen.

3 Faltohrkatze

6 Perserkatze

2 Getigerte Hauskatze

4 Angorakatze

7 Kartäuserkatze

5 Siamkatze

Wild lebende Katzen weltweit

307-1

8 Verbreitung der Familie der Katzen

Katzenartige sind miteinander verwandt Unsere Hauskatzen sehen zwar unterschiedlich aus, gehören aber alle einer Art an. Nah verwandt sind sie mit allen Katzenartigen. Die wild lebenden Vertreter der insgesamt 37 Arten, die zur Familie der Katzen (*Felidae*) gehören, sind weltweit verbreitet. Ihre stammesgeschichtliche Verwandtschaft lässt darauf schließen, dass sie gemeinsame Vorfahren haben. Heute weisen zahlreiche Arten aber auch große Unterschiede auf. Obwohl Mischformen aus verschiedenen Arten in der Natur kaum vorkommen, konnte man bei Kreuzungsexperimenten zeigen, dass Löwe und Tiger durchaus gemeinsame Nachkommen haben können, sogenannte Liger. ↑9 Allerdings können sich Liger untereinander nicht weiter fortpflanzen. Wissenschaftler definieren den Begriff der Art über die Fortpflanzungsfähigkeit: Lebewesen gehören zu einer Art, wenn sie fortpflanzungsfähige Nachkommen haben können. Löwe und Tiger gehören damit zwei verschiedenen Arten an.

9 Der Liger, Nachkomme von Löwe und Tiger

Kurz und knapp **Die Vielfalt der Hauskatzenrassen ist durch gezielte Auswahl der Züchter entstanden, sie alle haben einen gemeinsamen Ursprung. Alle Hauskatzenrassen gehören einer Art an und können sich untereinander fortpflanzen. Die heute vorkommenden Katzenartigen sind miteinander verwandt, sie haben gemeinsame Vorfahren.**

Arbeitsaufträge

1 Ordne die oben abgebildeten Arten in Gruppen ein. Beschreibe, nach welchen Merkmalen du sie einteilst.

2 Vergleiche deine Ergebnisse mit denen deines Nachbarn. Vergleicht eure Ergebnisse anschließend innerhalb der Klasse.

3 Finde Gründe, weshalb sich Löwe und Tiger trotz ihrer verwandtschaftlichen Nähe in der Natur nicht untereinander fortpflanzen.

4 Stelle eine Hypothese zur Entstehung von Vielfalt bei den wild lebenden Katzen auf. Vergleiche sie mit der Entstehung von Vielfalt durch Züchtung bei den Hauskatzen. Erkläre, welche Mechanismen in der Natur die Funktion des Züchters erfüllen könnten.

Erklärung der Vielfalt – die Evolutionstheorie

Noch im späten Mittelalter war man überzeugt davon, dass alle Lebewesen in einem einmaligen Schöpfungsakt geschaffen wurden und sich unverändert erhalten haben. Fossilienfunde und die Übereinstimmungen im Bau vieler Lebewesen ließen aber Zweifel daran aufkommen. Bereits im 18. Jahrhundert vermuteten Wissenschaftler, dass Arten nicht neu geschaffen werden, sondern sich aus älteren Arten entwickeln. CHARLES DARWIN war jedoch der Erste, der eine umfassende Theorie der Evolution, eines Hervorgehens von Arten aus gemeinsamen Vorfahren, entwarf.
Was besagt die Evolutionstheorie?

1 Brückenechse und Fossil einer Echse. Sind heute lebende Arten aus früheren Arten entstanden?

Historisches DARWINS Reise mit der Beagle

308-1

Im Jahr 1831 brach der nur 22-jährige englische Naturforscher CHARLES DARWIN mit dem Forschungsschiff H. M. S. Beagle zu einer fünfjährigen Reise in verschiedene Erdteile auf. ↑2 Dabei sammelte er zahlreiche Exemplare verschiedener Tier- und Pflanzenarten und fertigte umfangreiche Aufzeichnungen über sie an.

Eine andere Tierwelt Bei seinen Expeditionen lernte DARWIN beispielsweise Kolibris, Nandus, die Beuteltierart Opossum, Ameisenbären und Faultiere kennen. Diese andersartigen Lebewesen erstaunten ihn. DARWIN hatte nämlich erwartet, dass die Tier- und Pflanzenwelt Südamerikas der in vergleichbaren Klimazonen Afrikas ähneln würde. Auf die ganz eigene Geschichte der Tierwelt Südamerikas deuteten auch die von ihm entdeckten Fossilien hin, die den existierenden Arten sehr ähnlich waren.
Auf den Galapagosinseln beobachtete DARWIN neben untereinander sehr ähnlichen Finkenarten (Darwinfinken), die sonst nirgendwo vorkamen, auch urtümliche Riesenschildkröten und Echsen. Er stellte fest, dass die Inseln vulkanischen Ursprungs sind, das Lavagestein jedoch noch wenig verwittert war.

Die Erde verändert sich In Chile fand DARWIN weit oberhalb der Küste Fossilien von Muscheln und anderen Meeresbewohnern. Er nahm an, dass der Kontinent sich einst langsam über den ursprünglichen Meeresspiegel gehoben hatte. Angeregt durch weitere Beobachtungen kam er zu der Überzeugung, dass sich die Erdoberfläche in sehr langen Zeiträumen tief greifend verändert. Dies aber stand für ihn im Widerspruch zu der traditionellen Vorstellung von der Unveränderlichkeit der Arten. Konnten die Tier- und Pflanzenarten diese einschneidenden Veränderungen unverändert überdauert haben?

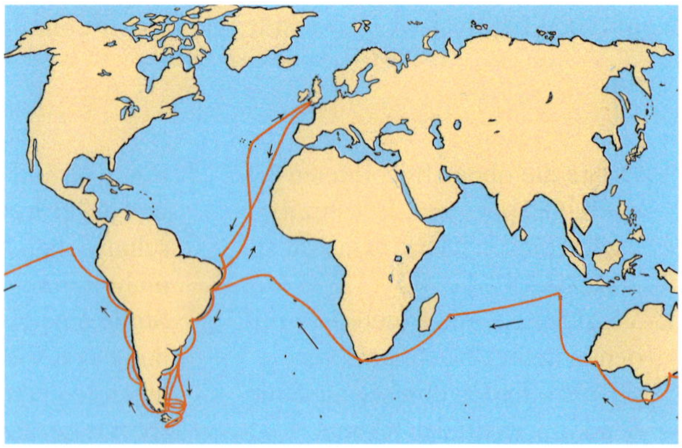
2 Reiseroute der „Beagle“

DARWINS Theorie zur Evolution

Zweifel an der Unveränderlichkeit der Arten Als DARWIN England verließ, war er noch überzeugt davon, dass jede Art unabhängig von anderen Arten erschaffen worden war. Die Eindrücke, die er auf seiner Reise mit der Beagle gewann, ließen ihn aber zunehmend an dieser Vorstellung zweifeln. Seine Zweifel wurden nach seiner Rückkehr verstärkt, als sich bei genauer Untersuchung des gesammelten Materials herausstellte, dass auf den Galapagosinseln viele Tier- und Pflanzenarten vorkamen, die sonst nirgendwo auf der Welt zu finden waren, den Arten vom südamerikanischen Festland aber stark ähnelten. Beispielsweise waren die Inseln von 14 sehr nah verwandten Finkenarten bewohnt, die alle einer anderen Finkenart auf dem südamerikanischen Festland glichen. ↑4 und 5

DARWINS Schlussfolgerungen mündeten in dem bahnbrechenden Werk „On the Origin of Species by Means of Natural Selection" von 1859, in dem er seine Vorstellung von der Entstehung der Arten in insgesamt fünf verschiedenen Theorien beschrieb:
- Arten verändern sich und entwickeln sich ständig weiter (Theorie von der Evolution an sich).
- Die Veränderung erfolgt in kleinen Schritten.
- Die verschiedenen Arten stammen von gemeinsamen Vorfahren ab.
- Die Zahl der Arten nimmt im Lauf der Zeit zu.
- Besser angepasste Tiere haben bessere Überlebens- und Fortpflanzungschancen als weniger gut angepasste Artgenossen. Sie werden von der Umwelt ausgewählt oder selektiert (Theorie von der natürlichen Selektion).

Damit hatte DARWIN eine umfassende Theorie zur Evolution entwickelt, die nicht nur die Abstammung der heutigen Lebewesen von früheren, anders aussehenden Formen darlegte, sondern auch die Ursachen für den Artenwandel beschrieb.

Kurz und knapp **Mit Evolution bezeichnen wir den Prozess der Veränderung der Lebewesen auf der Erde. CHARLES DARWIN veröffentlichte im Jahr 1859 die erste umfassende Theorie zur Evolution.**

3 CHARLES DARWIN

4 und 5 Darwinfinken: Der Spechtfink (oben) stochert mit einem Stachel nach Insekten. Der Opuntiengrundfink (unten) ist ein Körnerfresser.

Arbeitsaufträge

1 Stelle eine Vermutung darüber an, wie die meisten von DARWINS Zeitgenossen die Unterschiede zwischen Südamerikas und Afrikas Tier- und Pflanzenwelt erklärt hätten. Wie würdest du die Beobachtungen DARWINS in Südamerika erklären?

2 DARWIN sah einen Widerspruch zwischen der Existenz der Finkenarten auf den Galapagosinseln und dem biblischen Schöpfungsbericht. Erkläre.

3 Erkläre, welche Anregung DARWIN für seine Theorien aus der Tier- und Pflanzenzucht erhalten haben könnte.

Selektion lässt sich beobachten

Bänderschnecken sind über ganz Europa verbreitet und kommen in Gärten, Parks und Wäldern vor. Sie unterscheiden sich in der Färbung ihrer Gehäuse, die es in Gelb-, Braun- und Rottönen gibt. Auch die Anzahl der dunklen Spiralbänder ist unterschiedlich, manchmal fehlen sie ganz. Der Hauptfressfeind der Bänderschnecke ist die Singdrossel.
Kommen die verschiedenen Gehäuseformen überall in gleicher Verteilung vor?

1 Verschiedene Variationen der Bänderschnecke

Beobachten Untersuchen Experimentieren

Selektion als Modellversuch
Selektion kann auf verschiedene Weise erfolgen. Ein wichtiger Selektionsfaktor ist die Unsichtbarkeit für Fressfeinde.

Mit einem einfachen Spiel könnt ihr euch die Selektion vor Augen führen. Die Spielausstattung müsst ihr vorher herstellen.
Material: schwarz-weiß gesprenkeltes Spielfeld, 100 schwarze und weiße Plättchen, Stoppuhr
Durchführung: Je nach Anzahl der Spielausstattungen können mehrere Gruppen gebildet werden. Die Rollen des Spielleiters, des Zeitnehmers und von zwei Beutegreifern werden jeweils in der Gruppe vergeben. Spielleiter und Zeitnehmer verteilen die Plättchen auf dem Spielfeld, die Beutegreifer dürfen dabei nicht zusehen. Auf das Kommando des Zeitnehmers haben die Beutegreifer 15 Sekunden Zeit, so viele Plättchen wie möglich von der Unterlage abzusammeln. ↑2
Sie dürfen sich dabei nicht nach vorne beugen und auch nicht mit der Hand über die Unterlage streichen. Nach Ablauf der Zeit werden die restlichen Plättchen von der Platte abgestreift, gezählt und in einer Tabelle protokolliert.
Für jeweils fünf übrig gebliebene Plättchen der gleichen Farbe wird ein weiteres hinzugegeben, die neue Anzahl protokolliert.
Das Ablesen der Plättchen wird mehrmals wiederholt.
Auswertung: Stellt in einem Liniendiagramm dar, wie sich die Anzahl der weißen und der schwarzen Plättchen in den Durchläufen verändert.

2 Selektion im Spiel

Durch welche Faktoren kann die Plättchenanzahl beeinflusst werden? Nennt mindestens zwei.
Diskutiert, ob der Modellversuch zu einer Erklärung für die Häufung bestimmter Varianten der Bänderschnecke in bestimmten Gebieten beitragen kann.

Angepasst durch Mutation und Selektion

311-1

Lebewesen unterscheiden sich Bänderschnecken kommen schon lange in unterschiedlichen Gehäusefarben und Bänderzeichnungen vor. Die Unterschiede zwischen den Lebewesen einer Art beschränken sich aber nicht nur auf das Aussehen. Auch in ihrer Gesamtheit sind die Erbinformationen in den Zellkernen, die Gene, bei jedem Lebewesen mehr oder weniger verschieden. Jedes Lebewesen ist daher einmalig: ein Individuum. Die Gesamtheit der Individuen einer Art innerhalb eines Lebensraums bezeichnet man als Population. Innerhalb einer Population wird die Unterschiedlichkeit von Individuen in Aussehen und Genen als Variation bezeichnet. Gene bestimmen über die Synthese der Proteine direkt oder indirekt das Aussehen von Individuen. Bei der geschlechtlichen Fortpflanzung werden die Erbinformationen der Eltern neu kombiniert. Die Nachkommen ähneln ihren Eltern daher unterschiedlich stark, es können aber auch ganz neue Merkmalskombinationen entstehen. Abweichende Merkmale, die durch Umwelteinflüsse verursacht sind, werden nicht vererbt.

Mutation und Selektion Die Gene eines Individuums können sich verändern. Solche Veränderungen bezeichnet man als Mutationen. Finden diese Veränderungen in den Keimzellen statt, werden sie an die Nachkommen weitergegeben. Mutationen können sich unter anderem auf das Aussehen der Nachkommen auswirken. Eine Veränderung des Aussehens kann von Vorteil sein, etwa wenn das Lebewesen nun in einer bestimmten Umgebung besser getarnt ist als die anderen Artgenossen. Man spricht dann von einem Selektionsvorteil. Ein verändertes Aussehen kann aber auch von Nachteil sein, wenn das Lebewesen jetzt von einem Fressfeind besser gesehen wird. Genauso kann eine Veränderung zunächst ohne Auswirkungen bleiben und im Hinblick auf die Selektion neutral sein. Verändert sich aber die Umwelt oder wandert das Lebewesen in einen neuen Lebensraum ein, kann die Abweichung ganz plötzlich zum Selektionsvorteil werden und sich als Angepasstheit an den veränderten Lebensraum erweisen.

Kurz und knapp **Mutationen, Variationen und das Wirken der Selektion auf die Lebewesen sind die wichtigsten Ursachen für den Verlauf der Evolution. Dadurch entsteht Vielfalt. Angepasstheit ist das Ergebnis von Mutation und Selektion.**

a

b

3 Angepasstheit – eine Frage der Lebenslage

Arbeitsaufträge

1 Sucht nach Gehäusen von Bänderschnecken und vergleicht sie im Hinblick auf die Merkmale Gehäusefarbe und Anzahl der Bänder. Fotografiert den Fundort und vergleicht die Gehäusemerkmale mit dem Lebensraum. Was fällt euch auf? Findet eine Erklärung.

2 In vielen Gebieten Europas sind Singdrosseln selten geworden. Erläutere mögliche Folgen für die Variationsverteilung der dortigen Bänderschneckenpopulation.

3 Schnecken sind wechselwarme Tiere. Exemplare mit dunklem Gehäuse erwärmen sich schneller als solche mit hellem Gehäuse und kommen vorwiegend in kälteren Gegenden Europas vor. Formuliere eine Hypothese über eine mögliche Veränderung der Schneckenpopulationen durch den Klimawandel.

Wie Arten entstehen

Eine wichtige Hilfe bei der Suche nach dem „Geheimnis“ der Artentstehung war für DARWIN die Tier- und Pflanzenzucht. Durch die Taubenzucht zum Beispiel entstehen im Vergleich zur Stammform manchmal stark veränderte Formen. Doch Tauben sind immer noch Tauben, die sich untereinander fortpflanzen können und daher zu der Vogelart Felsentaube gehören. Wann und wie entsteht eine neue Art?

1 Durch Züchtung entstandene Taubenrassen

Beobachten Untersuchen Experimentieren

Künstliche und natürliche Selektion

1 Angenommen, eine Katze hätte im Frühjahr und Herbst zwei weibliche und zwei männliche Nachkommen. Die weiblichen Frühjahrskatzen hätten im Herbst bereits selbst jeweils zwei weibliche und zwei männliche Nachkommen. Im nächsten Frühjahr hätten alle weiblichen Tiere wieder zwei weibliche und zwei männliche Nachkommen, im Herbst … Wie viele Katzen gäbe es theoretisch nach einem, wie viele nach zwei, wie viele nach drei Jahren? Was erwartest du in Wirklichkeit? Begründe.

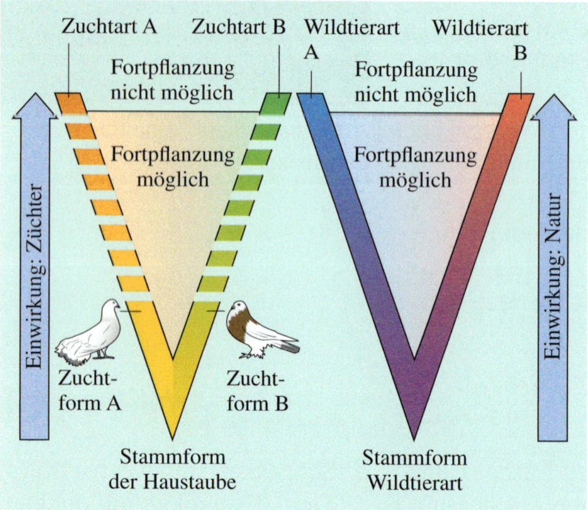

2 Künstliche und natürliche Artbildung

2 Bei der Züchtung von Tieren wählt der Mensch diejenigen aus, die die gewünschten Eigenschaften haben, und vermehrt sie weiter. Der Mensch selektiert, man könnte ihn als Selektionsfaktor bezeichnen. Überlege, was in der Natur als Selektionsfaktor infrage kommen könnte.

3 Vergleiche die Veränderung von Tieren durch Züchtung und die Entstehung neuer Arten in der Natur anhand der Abbildung. Erkläre dabei die Bedeutung der gestrichelten Linie von den Zuchtformen zu den „Zuchtarten“. ↑2

Artentstehung

312-1

Aufgrund seiner Beobachtungen bei der Tier- und Pflanzenzüchtung musste DARWIN annehmen, dass die Veränderung durch Zucht erst im Lauf sehr langer Zeiträume so groß wird, dass sich die veränderten Tiere oder Pflanzen nicht mehr mit der Stammform fortpflanzen können. ↑2 Erst dann wären aus einer Ausgangsart zwei neue Arten entstanden.

Isolation ist die Voraussetzung Damit aus einer Art zwei oder mehr neue Arten entstehen können, müssen mindestens zwei Teilpopulationen der Art genetisch voneinander getrennt (isoliert) sein. Genetische Trennung bedeutet, dass eine Fortpflanzung zwischen Mitgliedern der beiden Teilpopulationen unterbunden ist. Aufgrund von Rekombinations-, Mutations- und Selektionsereignissen können sich unter diesen Umständen die Teilpopulationen so weit genetisch auseinanderentwickeln, dass sich die Mitglieder der Teilpopulationen nicht mehr miteinander fortpflanzen können. In diesem Fall hat eine Aufspaltung der Stammart in zwei Tochterarten stattgefunden.

Geografische Isolation Die Trennung von Populationen kann auf unterschiedliche Weise erfolgen. In Nordamerika leben zum Beispiel mehrere Arten von Leopardenfröschen, die aus einer gemeinsamen Stammart hervorgegangen sind. Ihre Teilpopulationen waren über lange Zeit räumlich voneinander getrennt. Während der Phase der Trennung haben sich die Teilpopulationen zu zwei neuen Arten auseinanderentwickelt. ↑3

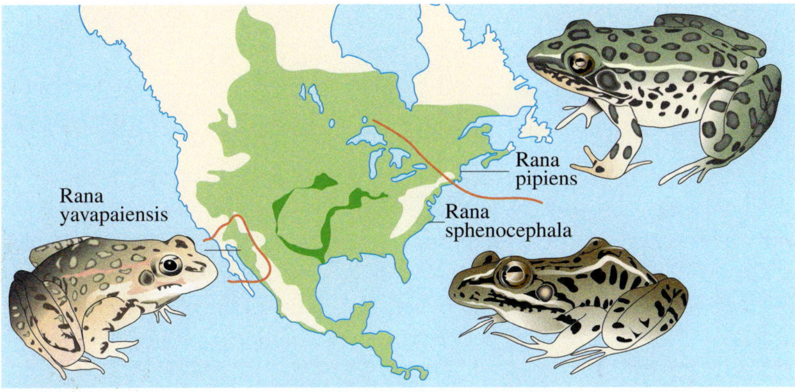

3 Bildung zweier Arten von Leopardenfröschen durch geografische Isolation

Isolation aufgrund artspezifischen Verhaltens Bei Tieren finden sich die Fortpflanzungspartner häufig aufgrund eines artspezifisch angeborenen Paarungsverhaltens. Grüne Florfliegen paaren sich beispielsweise nur mit solchen Partnern, deren Gesang sie erkennen. Kleine Unterschiede in den Partnergesängen reichen aus, um die Paarung zu verhindern. Die Tiere akzeptieren sich nicht mehr gegenseitig als Paarungspartner. Damit ist die Grundlage geschaffen, dass aus den Florfliegenpopulationen mit unterschiedlichen Gesängen verschiedene Florfliegenarten entstehen.

Kurz und knapp **Die Bildung neuer Arten beruht auf der Trennung von Populationen der Ausgangsart. Durch Rekombination, Mutation und Selektion kann es im Verlauf von Generationen zu einer genetischen Trennung kommen. Zwei Tochterarten sind entstanden.**

Schon gewusst?

Geschwindigkeit der Artbildung
Ungewöhnlich schnell hat eine Aufspaltung in neue Arten bei ostafrikanischen Buntbarschen stattgefunden. Im Malawi-See hat es nur 200 Jahre gedauert, bis dort eine Reihe von neuen Buntbarscharten entstanden ist, die sonst nirgends auf der Welt vorkommen. Im Durchschnitt dauert es ein bis zwei Millionen Jahre bis zu einer vollständigen genetischen Trennung zweier Arten. Die Forscher rätseln immer noch über die Geschwindigkeit der Artbildung im Malawi-See.

Arbeitsaufträge

1 Erkläre, welche Faktoren dazu führen, dass sich isolierte Teilpopulationen genetisch auseinanderentwickeln können.

2 Bei der Tier- und Pflanzenzüchtung entstehen neue Rassen bzw. Sorten. Erkläre den Unterschied zwischen einer Rasse bzw. Sorte und einer Art.

BIOLOGIE erlebt

1 Bei der Tomate schätzt man die Vielfalt an Sorten mit unterschiedlicher Größe, Farbe und Geschmacksintensität. Die Tomate stammt ursprünglich aus Südamerika und wie bei ihrer Verwandten, der Kartoffel, sind die grünen Pflanzenteile giftig, sie enthalten das Nervengift Solanin. Die reifen Früchte sind reich an Vitaminen und enthalten den Farbstoff Lykopin, der krankheitsvorbeugende Wirkung hat. Tomaten können roh oder gekocht genossen werden und sind in ihrer Vielfalt aus der europäischen Küche kaum noch wegzudenken.

314-1

Vielfalt als Ressource

Beinwell

Eisenhut (stark giftig!)

2 Viele Pflanzen haben als natürliche Arzneimittel für den Menschen einen wichtigen Nutzen, so beispielsweise Beinwell als Mittel, um Schwellungen zu behandeln, Eisenhut als Herzmedikament, Weidenrinde als natürliches Schmerzmittel und Salbei zur Linderung von Halsschmerzen.

Silberweide

Salbei

Vielfalt innerhalb von Populationen ermöglicht es Arten, unterschiedliche Lebensräume zu besiedeln, auf Veränderungen der Umwelt flexibler zu reagieren und damit zu überleben. Diese Vielfalt kann als Ressource für ein natürliches Gleichgewicht verstanden werden. Auch für die Wiederherstellung eines Gleichgewichts nach einer Naturkatastrophe wie einem Waldbrand oder einer Überschwemmung ist sie von Bedeutung.
Einen Großteil der Lebensräume auf der Erde hat der Mensch verändert, viele werden auch gegenwärtig durch ihn beeinflusst. Die Vielfalt in der Natur stellt auch hier die Ressource für eine Regeneration dieser Lebensräume dar. Gibt es nur noch eine eingeschränkte Vielfalt, so vergrößert sich für die verbliebenen Arten die Gefahr des Aussterbens. Auch für den Menschen ist die Vielfalt in der Natur eine Ressource, beispielsweise in der Landwirtschaft, in der Medizin und in der Technik.

3 Die unterschiedlichen Ausprägungen der Stromlinienform in der Natur beschäftigen Wissenschaftler und Techniker schon seit langer Zeit. Erstaunlich ist, dass es diese Körperform bei den unterschiedlichsten Tiergruppen gibt, etwa bei Insekten, Weichtieren, Fischen, Säugetieren und Vögeln. Der stromlinienförmige Körperbau stellt eine natürliche Anpassung dar, die sich in Millionen von Jahren entwickelt hat. Sie ermöglicht eine schnelle und energiesparende Fortbewegung vor allem im Wasser und in der Luft. Der Mensch macht sich dieses „Entwicklungspatent" der Natur in vielfältiger Weise zunutze.

Arbeitsaufträge

1 Findet Beispiele für Renaturierungsmaßnahmen in eurer Umgebung. Beurteilt die Folgen dieser Maßnahmen für die Pflanzen- und Tierwelt.

2 Fertigt eine Liste von Apfelsorten und ihren Merkmalen an. Recherchiert auch, wo die Sorten angebaut werden und wo man sie kaufen kann. Vergleicht eure Ergebnisse innerhalb der Klasse und stellt die Bedeutung der Vielfalt heraus.

3 In der Technik gibt es zahlreiche Anwendungen der Stromlinienform. Stellt einige davon zusammen und vergleicht sie mit den natürlichen Vorbildern. Diskutiert, welche Vorteile sich aus der Vielfalt an Vorbildern für die Einsparung von Energie ergeben.

4 Wodurch zeigt sich bei den Beispielen in den Aufgaben 1–3 jeweils die Vielfalt als Ressource? Erläutere.

Biologie verstehen mit Basiskonzepten

In der Biologie gibt es einige Prinzipien, die in vielen verschiedenen Zusammenhängen eine Rolle spielen. Diese Basiskonzepte können dabei helfen, Biologie besser zu verstehen, leichter zu lernen und Zusammenhänge herzustellen.

Basiskonzept Variabilität und Angepasstheit

Alle Lebewesen sind in ihren Strukturen und Funktionen an ihre Umwelt angepasst. ↑Basiskonzept Struktur und Funktion
Die momentane Angepasstheit eines Lebewesens ist nur ein Zwischenzustand in einem anhaltenden evolutionären Anpassungsprozess, da sich die Umwelt ständig verändert. Die Grundlage für die Angepasstheit ist die Variabilität.
Alle Lebewesen einer Art unterscheiden sich in ihren Eigenschaften. Die Ursachen für diese Variabilität sind die Neukombination der elterlichen Erbanlagen bei der Befruchtung, zufällige Mutationen der Erbinformation und die Modifikation des Phänotyps durch Umwelteinflüsse.

1 Bänderschnecken

Evolutionstheorie
Nach der Evolutionstheorie entwickeln sich Arten in kleinen Schritten weiter. Dabei handelt es sich allerdings nicht um einen aktiven, zielgerichteten Vorgang. Vielmehr haben die Lebewesen, die im Rahmen der natürlichen Variabilität an ihre Lebensbedingungen angepasst sind, bessere Überlebens- und Fortpflanzungschancen. ↑S.309 f.

Vordergliedmaßen
Der Bau der Vordergliedmaßen von Wirbeltieren ist an ihre Lebensbedingungen angepasst. Trotz der Verschiedenheit ihres äußeren Baus gehen alle Vordergliedmaßen auf einen gemeinsamen Grundbauplan zurück.

Bänderschnecken
Die Gehäuse der Bänderschnecken zeigen unterschiedliche Farben und Muster. Die Variabilität entsteht durch die Neukombination der elterlichen Chromosomensätze bei der Befruchtung ↑S.201 sowie durch Mutation und Modifikation. ↑S.292 f.
Solche Veränderungen können von Vorteil sein, wenn etwa die Tiere dadurch besser vor Fressfeinden geschützt sind. Sie haben dann einen Selektionsvorteil gegenüber anderen Bänderschnecken.

Artbildung und Züchtung
Durch eine räumliche Trennung oder andere Formen der Isolation können aus Stammarten neue Arten, zum Beispiel verschiedene Leopardenfrösche, entstehen. ↑S.223
Durch gezieltes Einwirken bei der Partnerwahl können neue Rassen, zum Beispiel von Tauben, gezüchtet werden. ↑S.312 Die Züchtung durch menschliches Einwirken und die evolutionäre Entstehung von Arten geschehen in sehr unterschiedlich langen Zeiträumen.

Basiskonzept Fortpflanzung und Vererbung

Bei der Fortpflanzung werden von einem Lebewesen oder zwei verschiedengeschlechtlichen Lebewesen neue, eigenständige Lebewesen (Nachkommen) hervorgebracht. Dabei geben die Lebewesen ihre Erbinformationen an die nächste Generation weiter (Vererbung). Bei der sexuellen Fortpflanzung werden die elterlichen Erbanlagen bei der Befruchtung neu kombiniert. So wird die Variabilität erhöht. ↑Basiskonzept Variabilität und Angepasstheit

DNA und Chromosomen

Die Erbinformationen sind als DNA in den Zellen jedes Lebewesens gespeichert. ↑S.265 In den Keimzellen werden sie in Form der Chromosomen an die nächste Generation weitergegeben. Erworbene Eigenschaften wie gefärbte Haare können nicht vererbt werden, da dafür keine Informationen auf der DNA gespeichert sind.

Albinismus

Die Erbinformationen auf der DNA sind als Code gespeichert. Dieser kann abgelesen und in ein Protein übersetzt werden. ↑S.281 Mithilfe von Proteinen werden der Bau und die Funktionen eines Lebewesens beeinflusst. Zum Beispiel gibt es ein Protein, das für die Bildung von Melanin verantwortlich ist. Ist das Gen defekt, das die Information für dieses Protein enthält, kann kein oder nur wenig Melanin gebildet werden. Die Hautzellen des Lebewesens sind dann sehr hell. ↑S.284

Vererbungsregeln und Stammbäume

Die Vererbung von Eigenschaften erfolgt nach festen Regeln. Manchmal, wie zum Beispiel bei Blutgruppen ↑S.286 oder bei bestimmten Erkrankungen, kann man mithilfe von Familienstammbäumen auf die Genotypen schließen und Voraussagen über die Phänotypen der Nachkommen machen. ↑1 und S.287

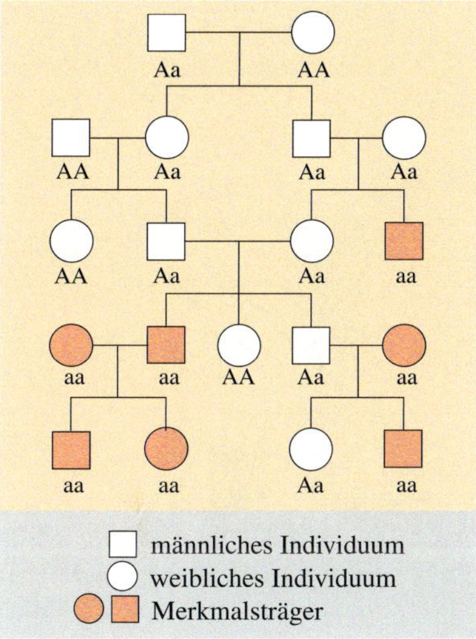

1 Familienstammbaum

Meiose und Trisomie 21

In den männlichen und weiblichen Geschlechtsorganen werden haploide Keimzellen gebildet, die der geschlechtlichen Fortpflanzung dienen. ↑S.198 ff. Bei der Befruchtung verschmelzen die Zellkerne von Spermium und Eizelle. ↑S.201 Dadurch werden die beiden haploiden Chromosomensätze der Keimzellen zu einem diploiden Satz ergänzt und die elterlichen Erbinformationen neu kombiniert.
Treten bei der Meiose ↑S.275 Fehler auf, können bei den Nachkommen genetisch bedingte Krankheiten wie Trisomie 21 auftreten, bei der das 21. Chromosom dreifach vorliegt. ↑2

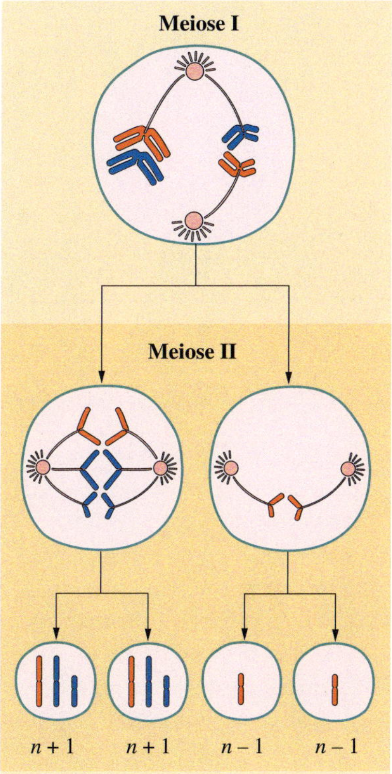

2 Fehler bei der Meiose

Arbeitsaufträge

1 Zu jedem Beispiel findest du Verweise auf Seiten im Buch. Schlage auf den angegebenen Seiten nach und erkläre die Basiskonzepte Variabilität und Angepasstheit sowie Fortpflanzung und Vererbung mithilfe der Informationen auf den Seiten ausführlich in eigenen Worten.

2 Basiskonzepte spielen nicht nur bei den angegebenen Beispielen, sondern auch in vielen anderen Bereichen der Biologie eine wichtige Rolle. Finde im Buch weitere Beispiele für die beiden hier vorgestellten Basiskonzepte. Erkläre sie mithilfe dieser Beispiele und nenne jeweils die Systemebene.

1 Wie ernährten sich unsere Vorfahren? Welche Werkzeuge benutzten sie?

2 Woher stammen die Menschen?

3 Welche Erkenntnisse liefern fossile Funde?

4 Welche Unterschiede im Körperbau gibt es zwischen Affen und Menschen?

5 Seit wann gibt es Menschen?

Die Anfänge der Menschheit – woher wir kommen

Seit wann gibt es Menschen? Wie haben sie sich entwickelt? Die Ergebnisse der wissenschaftlichen Arbeit von Paläoanthropologen geben Antwort auf einige Fragen zum Ursprung der Menschheit. Viele bleiben jedoch noch offen und werden unter Wissenschaftlern diskutiert.
Eine Frage kann jedoch heute relativ sicher beantwortet werden: die Frage danach, woher wir kommen.

6 Wie kommt es, dass wir im Unterschied zu den Menschenaffen auf zwei Beinen gehen?

Evolution des Menschen

DARWIN schrieb: „Wir müssen ... anerkennen, dass der Mensch mit all seinen edlen Eigenschaften ... in seinem Körper noch den unauslöschlichen Stempel eines niederen Ursprungs trägt“ (aus: *The Descent of Man*, 1871).
Unter welchen Umständen wurde aus diesem „niederen“ Ursprung ein denkender, sprechender, moralisch handelnder Mensch?

1 Zeitgenössische Karikatur über CHARLES DARWIN

Beobachten Untersuchen Experimentieren

320-1

Fragen zur Menschheitsgeschichte

Ein Interview mit einem Fachmann kann helfen, sich in ein neues Thema einzuarbeiten. Fragen formulieren hilft, einen neuen Stoff zu strukturieren und ihn aus eigener Sicht zu bewerten: Was kenne ich, was verstehe ich, was ist neu für mich?

1 Finde ein deutsches Wort für Paläoanthropologe.
2 Überlegt euch drei weitere Fragen zur Menschheitsgeschichte, die ihr Herrn Schrenk oder einem anderen Paläoanthropologen gerne stellen würdet.
3 Übersetze den Titel von DARWINS Werk „The Descent of Man“ ins Deutsche.
4 Recherchiere im Internet, was man unter Kreationismus und Intelligent Design (ID) versteht. Finde Argumente, warum diese Theorien keine Wissenschaft sind.
5 Dem Interview kannst du entnehmen, wie Paläoanthropologen bei der Gewinnung von Erkenntnissen vorgehen. Nenne die Schritte.

Interview mit einem Paläoanthropologen

Herr Schrenk, mit welchen Methoden wollen Paläoanthropologen das Rätsel unserer Herkunft lösen?
Im Grunde mit denselben Methoden, die man auch beim Erforschen der Stammesgeschichte z. B. des Pferdes angewendet hat – man braucht Spuren aus der Vergangenheit, also vor allem Fossilien. Wichtig ist die Altersbestimmung dieser Spuren. So wurde das erste, 1856 in der Nähe von Düsseldorf gefundene Neandertalerskelett von den damaligen Zeitgenossen sehr unterschiedlich interpretiert: Der berühmte Anatom RUDOLF VIRCHOW war der Meinung, es handle sich um einen an Rachitis erkrankten Kosaken, dessen Knochen höchstens einige Hundert Jahre in der Kalkhöhle gelegen hätten. Der Naturforscher CARL FUHLROTT dagegen, der die Bergung der 16 berühmten Knochenteile organisiert hatte, glaubte einen eiszeitlichen Menschen „aus der vorhistorischen Zeit“ entdeckt zu ha-

2 FRIEDEMANN SCHRENK, Paläoanthropologe in Frankfurt

ben. Heute wissen wir, dass die Knochen zwischen 40 000 und 50 000 Jahre alt sind.
Schließlich muss man die Anatomie der Knochenfragmente untersuchen und Vergleiche ziehen.
Worin besteht der Unterschied zwischen Affen und Menschen?
Menschenaffen haben große anatomische und genetische Ähnlichkeit mit dem Menschen. Der springende Punkt ist wohl nicht allein der aufrechte Gang, das große Gehirnvolumen und das Sozialverhalten, sondern die Entwicklung von Kultur, Technik und Kunst. Vor 2,5 Millionen Jahren gab es einen höchst spannenden Punkt in der Entwicklungsgeschichte des Menschen: Erstmals wurden Steine bearbeitet, um damit Nahrung zu zermahlen. Ein Prozess, der vorher innerhalb des Körpers, im Mund, stattfand, wurde nach außen verlagert. Ich denke, wenn es einen Beginn der Menschheit gab, war es dieser Moment.

3 Faustkeil

4 Pfeilspitzen

Wie glaubhaft sind die Darstellungen der heutigen Anthropologen zu unserer Abstammung?
Die Details unseres Stammbaums werden sehr unterschiedlich beurteilt, manche Paläoanthropologen sind uneins, ja sogar zerstritten. Das ist verständlich, weil die Beweislage leider ziemlich mager ist – wir haben einfach zu wenige Funde. Weltweit sind es an die 3 000 Fundstücke, aus denen man eine Millionen Jahre dauernde Entwicklung ablesen will – das ist fast so, als wolle man aus einem Schuh von KARL DEM GROSSEN und einer Coladose die Geschichte Europas erklären.
Welche Rolle spielt der Neandertaler?
Er scheint nicht unser direkter Vorfahre zu sein, allerdings lebte er lange Zeit in Europa und im Nahen Osten. Da es relativ viele Fossilien von ihm gibt, wissen wir über ihn eine ganze Menge. Er lebte in einer tundrenartigen Landschaft, vermutlich von der Jagd. Er war sehr gut an die kalten Klimabedingungen der Eiszeit angepasst. Über einen längeren Zeitraum scheint er sich den Lebensraum mit unserem direkten Vorfahren, dem Homo sapiens, geteilt zu haben. Warum er vor 30 000 Jahren verschwand, ist ungeklärt.

Wie geht es Ihrer Meinung nach mit der Menschheit weiter?
Unser Körper ist in vielen Punkten nicht perfekt, die Unvollkommenheit ist gewissermaßen „Programm" der Evolution. Ich ärgere mich über Kreationisten, die behaupten, wir wären von einem intelligenten Designer in die Welt gebeamt worden. Viele Entwicklungen sind in vollem Gange wie die Rückentwicklung des Gesichtsschädels mit entsprechenden Platzproblemen für die Zähne. ↑5 Toll wäre es, wenn unsere Nachkommen nicht immer wieder alles von Neuem lernen müssten. Eine Vererbung von Erfahrungen wäre super.

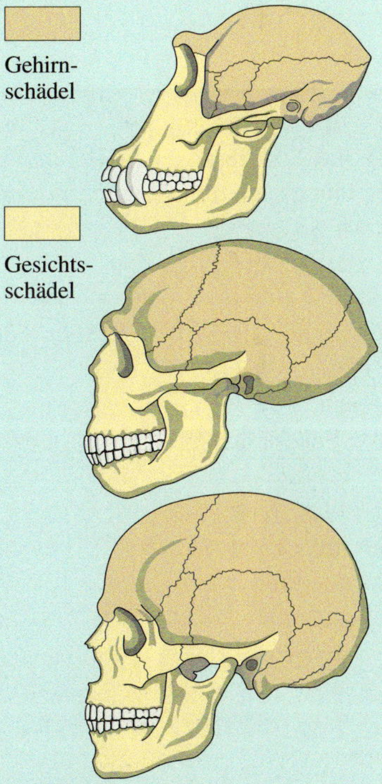

5 Schädel von Schimpanse, *Homo erectus* und *Homo sapiens*

Evolution der Menschenartigen – von Fuß bis Kopf

Vor ca. 10 Millionen Jahren war das tropische Afrika wohl von vielen Affenarten besiedelt, die in den Baumkronen der Urwälder lebten. 4 Millionen Jahre alte fossile Knochen erwiesen sich als Überreste aufrecht gehender, affenartiger Lebewesen. Auch die 3,6 Millionen Jahre alten versteinerten Fußspuren, die man in Laetoli im Norden Tansanias fand, belegen den aufrechten Gang.
Stammt der Mensch von aufrecht gehenden Affen ab?

1 Fußspur von Laetoli

Entwicklung zum modernen Menschen

322-1

Australopithecinen 1974 wurde in Äthiopien ein 3,2 Millionen Jahre altes weibliches Skelett entdeckt. Es bekam neben einer wissenschaftlichen Katalognummer den Namen Lucy und wird zur Gattung *Australopithecus* gezählt, was so viel bedeutet wie Südaffe. ↑2 Lucy misst nur 105 cm. Das Besondere ist, dass sie mit großer Sicherheit bereits aufrecht ging. Dafür sprechen ihre breiten, schalenförmigen Hüftknochen, die beim aufrechten Gang den inneren Organen Halt geben.

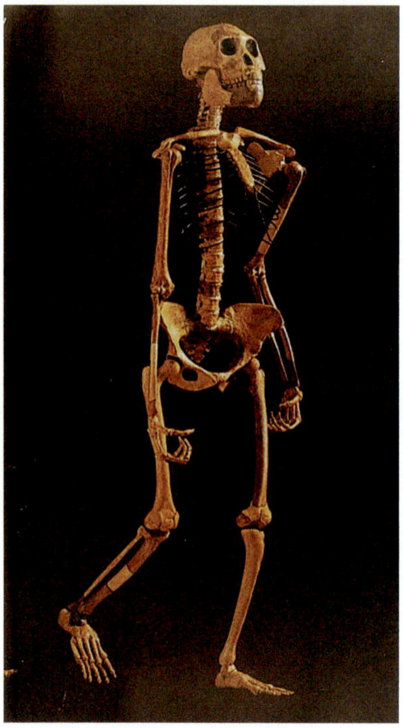

2 Lucy – ein *Australopithecus*

Die Fußspur von Laetoli Es war eine Sensation, als die Paläoanthropologin MARY LEAKY eine versteinerte Fußspur fand, die trotz ihres Alters von 3,6 Millionen Jahren so aussah, als wäre ein heutiger Erwachsener mit einem Kind neben sich durch feuchten Sand gegangen. ↑1 Die Fußabdrücke waren in feuchter vulkanischer Asche entstanden, härteten dann in der Sonne aus und wurden von weiteren Ascheschichten bedeckt. Man vermutet, dass die beiden Spuren von derselben Australopithecusart stammen, zu der auch Lucy gehörte. Es wurden aber weder Werkzeuge noch andere Spuren menschlicher Kultur gefunden. Der Biologe STEPHEN JAY GOULD (1941–2002) fasste diese Erkenntnisse salopp zu einer Hypothese zusammen: „Die Menschheit stand zuerst auf und wurde erst später klug."

Unterschiede zwischen Mensch und Affe ↑3 Die Entwicklungstendenzen zum aufrechten Gang zeigen sich am breiter werdenden Becken (a), an den großen Lendenwirbeln, die die Hauptlast tragen (b), an der Doppel-S-Form der Wirbelsäule (c), an dem nach vorne verlagerten Hinterhauptsloch (d) und an der Verlagerung des großen Zehs (e). Die Größenzunahme des Gehirnschädels gegenüber dem Gesichtsschädel (f) und die Fähigkeit des Daumens zum Pinzettengriff (g) sind Hinweise auf die Hirnentwicklung.

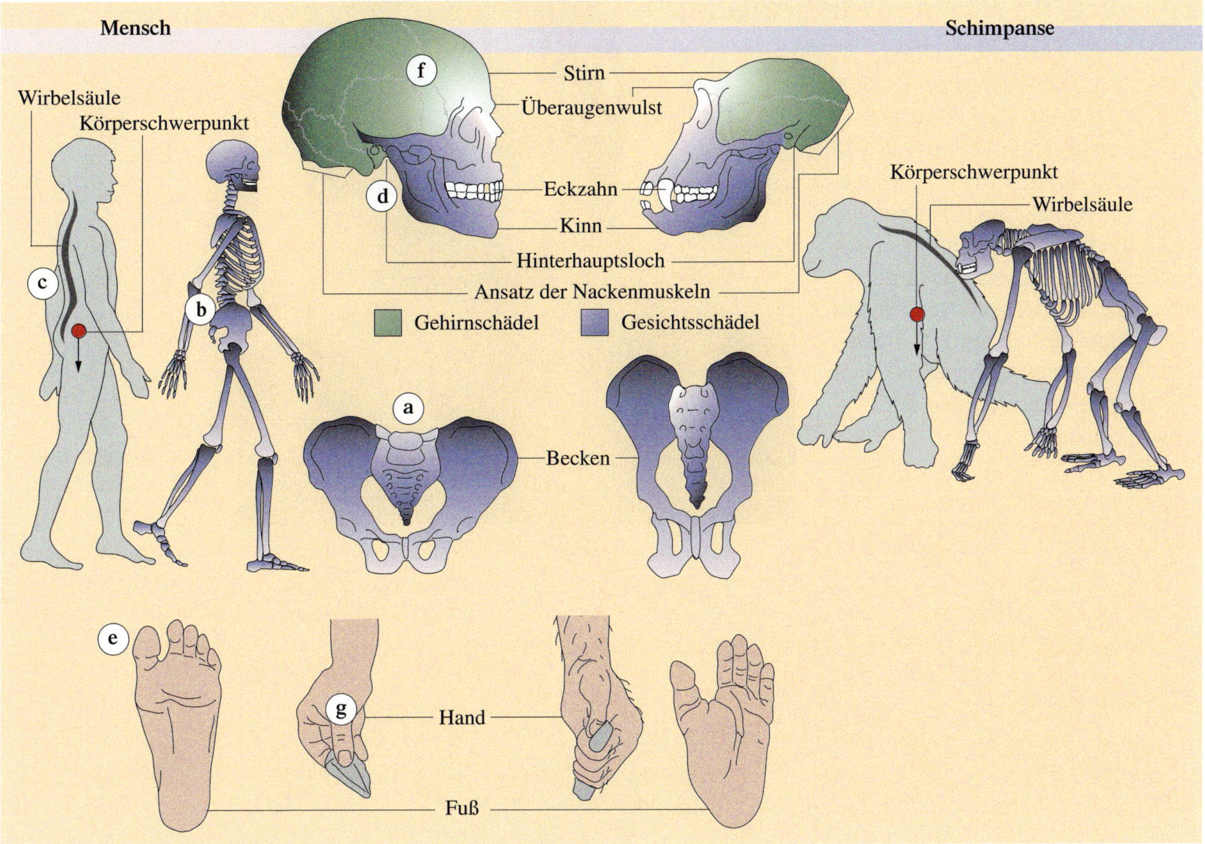

3 Vergleich von Skelettmerkmalen bei Mensch und Schimpanse

Arbeitsaufträge

1 Beschreibe die dargestellten Unterschiede zwischen Mensch und Schimpanse. ↑3 Hebe die jeweilige Angepasstheit hervor.

2 Ordne Lucys Skelettmerkmale den dargestellten Unterschieden zwischen Mensch und Menschenaffe zu. Welches sind eher menschliche Merkmale und welche ähneln dem Menschenaffen? ↑4

3 War Lucy ein Mensch? Stellt Fakten zusammen für eine Pro-Kontra-Diskussion (Podiumsdiskussion) zu diesem Thema. Führt eine solche Diskussion durch und achtet dabei auf den wissenschaftlichen Gehalt der Argumente beider Parteien.

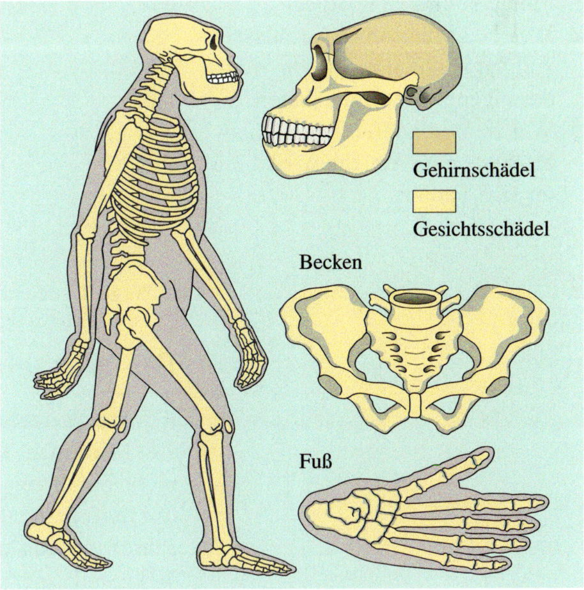

4 Skelettmerkmale von *Australopithecus afarensis* (Lucy)

Die Gattung *Homo* – Ausbreitung in der Alten Welt

Verschiedene Vertreter der Gattung *Homo*, also echte Menschen, traten schon vor ca. 2,5 Millionen Jahren auf den Plan. Zunächst fand man sie nur in Afrika, erst viel später auch in Europa und Asien. Woher kamen diese Europäer? Waren sie aus Afrika ausgewandert oder hatten sie sich parallel entwickelt? Wieso gibt es heute nur noch eine einzige Menschenart, den *Homo sapiens*?

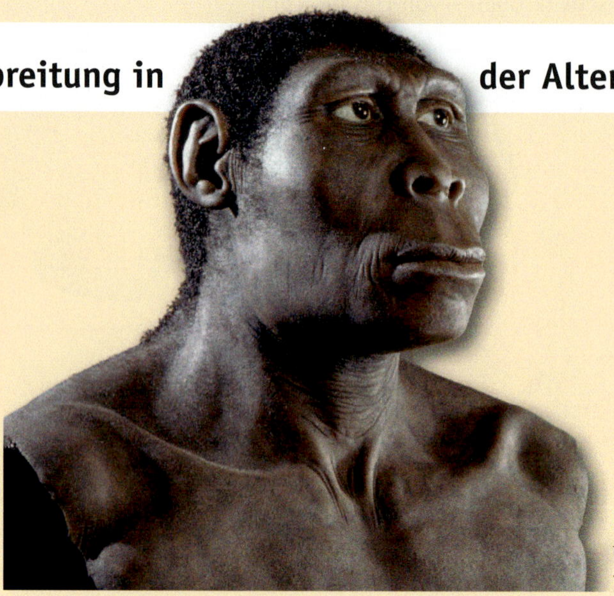

1 *Homo erectus* – über seine Herkunft wird spekuliert.

Beobachten Untersuchen Experimentieren

Auswertung einer Fundkarte
Die Karte zeigt Fundorte und Datierungen von Fossilien der Art *Homo erectus*. ↑2

1 Zeichne die Karte in dein Heft und ergänze die Wanderbewegungen dieses Menschentyps, die man aufgrund des Alters der Funde vermuten könnte.

2 Welche klimatischen Voraussetzungen könnten zu diesen Wanderungen beigetragen haben?

3 Welche besonderen Fähigkeiten brauchte eine Art, die Afrika hinter sich ließ?

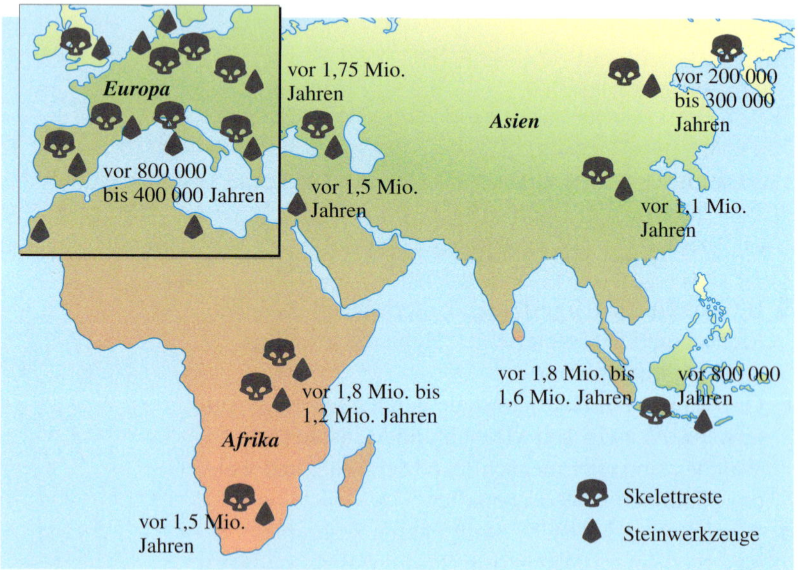

2 Wege des *Homo erectus*

Die Wurzeln der Gattung *Homo*

324-1

Älteste Vertreter der Gattung *Homo* in Afrika *Homo rudolfensis* (3 bis 1,8 Millionen Jahre) soll Werkzeuge wie Steinmesser und Mahlsteine nicht nur benutzt, sondern selbst hergestellt haben. Damit hätte er sich unzweifelhaft als Mensch qualifiziert. *Homo habilis* (2,1–1,5 Millionen Jahre), der mit einer Körpergröße von 145 cm, einem Körpergewicht von 40 kg und einer Gehirngröße von 500 bis 700 cm^3 noch recht affenähnlich war, hat wohl ebenfalls Werkzeuge benutzt.

Unzweifelhaft ein Mensch – *Homo erectus* Die frühesten Funde eines Hominiden, der wegen seiner Gehirngröße, der handwerklichen Beifunde und der Feuernutzung unzweifelhaft zu den echten Menschen gehörte, wurden 1891 in Java ausgegraben. Sein Alter wird auf ca. 1 Million Jahre geschätzt. Man fand ein Schädeldach mit einem dicken Wulst über den Augen, das flacher war als das eines heutigen Menschen. Das Gehirnvolumen von etwa 940 cm^3 übertraf das eines Schimpansen um mehr als das Doppelte. Als 1927 in einer Höhle bei Peking ganz ähnliche Knochen gefunden wurden, war klar, dass Javamensch und Pekingmensch zu ein und derselben Art gehörten, die von da an *Homo erectus* genannt wurde.

***Homo erectus* – mobiler Wanderer der Alten Welt** Nirgends außerhalb Afrikas hat man bisher affenartige Hominiden, also Vorfahren des *Homo erectus*, gefunden. In Nordafrika nahe des Turkanasees entdeckte man aber ein 1,6 Millionen Jahre altes, fast vollständiges Skelett eines 12-jährigen Jungen, das Ähnlichkeit mit dem *Homo erectus* aufweist. Damit wurde klar, dass *Homo erectus* wohl aus Afrika stammend in die Alte Welt eingewandert ist.

***Homo sapiens* – Out of Africa?** Über die Herkunft des modernen Menschen wurde und wird immer noch gerätselt. Wo entstand der *Homo sapiens* mit seiner hohen Stirn und dem vorspringenden Kinn? Natürlich suchte man wieder in Afrika und fand tatsächlich zwei *Homo-sapiens*-Schädel, die mit modernen Messmethoden auf 195 000 Jahre datiert wurden. Somit hätte unser direkter Vorfahre neben *Homo erectus* in Afrika gelebt. Dieser Typus dürfte auch sein Urahn gewesen sein.
Von dort soll *Homo sapiens* laut der Out-of-Africa-Hypothese in mehreren Wellen ausgewandert sein und alle anderen Menschenformen Europas verdrängt und letztlich ersetzt haben. Die frühen europäischen Vertreter des *Homo erectus* waren also nur Auslaufmodelle, die spätestens vor 30 000 Jahren ausstarben. Diese Idee wird von genetischen Analysen der vorhandenen Fossilien stark gestützt.

***Homo sapiens* – Ausbreitung vor Ort?** Eine ältere Hypothese, das multiregionale Modell, besagt, dass sich die modernen Menschen aus den in Afrika, Asien und Europa vorhandenen Vorfahren *(Homo erectus)* mehrmals an verschiedenen Orten entwickelt hätten; dabei sei es zwischen den lokalen Gruppen immer wieder zu Vermischungen des Erbguts gekommen.

Kurz und knapp ***Homo erectus* war der erste „globalisierte" Hominide (außer Amerika). Vermutlich stammt der Neandertaler von ihm ab. Eine afrikanische Variante des *Homo erectus* war wohl der Vorfahre des modernen Menschen. Der moderne Mensch wurde zum einzigen Überlebenden der Gattung *Homo*.**

Schon gewusst? 325-1

***Homo erectus* in Deutschland**
In der Nähe von Heidelberg wurde 1907 in einer Sandgrube ein kinnloser Unterkiefer entdeckt, der auf 600 000 Jahre geschätzt wird. Somit ist *Homo heidelbergensis* der bislang älteste Mitteleuropäer. Vermutlich handelt es sich bei ihm um einen späten *Homo erectus*, der sich im Lauf der Jahrhunderttausende zum Neandertaler weiterentwickelte. Letzterer war in Europa und im Nahen Osten bis vor 30 000 Jahren heimisch und verschwand dann plötzlich.

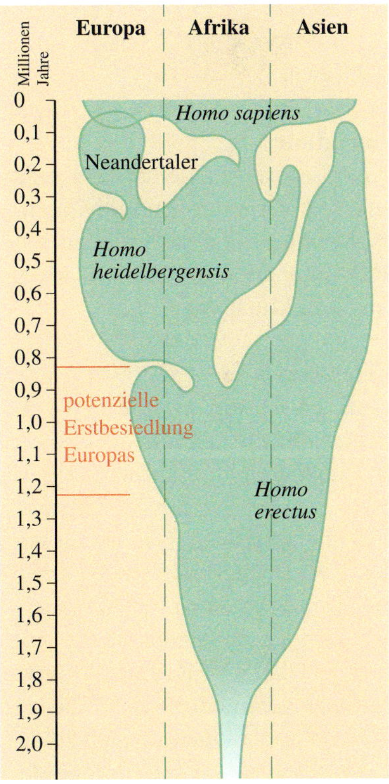

3 Verbreitung der Gattung *Homo*

Arbeitsaufträge

1 Suche den Turkanasee (Rudolfsee) auf einer Karte von Afrika und beschreibe seine Lage.
2 Erkläre, was mit „Alter Welt" im Text gemeint ist.
3 Bilde Hypothesen, weshalb *Homo erectus* nicht die Neue Welt besiedelte.
4 Finde heraus, wann die ersten Menschen Amerika besiedelten.

Überblick

Evolution und Evolutionstheorie
1859 veröffentlichte CHARLES DARWIN die Evolutionstheorie, mit der er die Vielfalt lebender Arten und ihre Ähnlichkeit mit fossilen Arten durch Abstammung von gemeinsamen Vorfahren erklärte.

1 DARWIN

Variation
Kein Lebewesen gleicht dem anderen. Die Variation von Individuen ist in erster Linie das Ergebnis von Rekombination während der Meiose und von Mutationen.

Selektion
Aufgrund ihrer Variation sind Lebewesen unterschiedlich gut an die Bedingungen ihrer Umwelt angepasst. Besser angepasste Lebewesen haben eine größere Chance, in ihrer Umwelt zu überleben, und können mehr Nachkommen hervorbringen als weniger gut angepasste Lebewesen. Über eine Reihe von Generationen verändern sich auf diese Weise Populationen. Das einzelne Lebewesen hat keinen Einfluss darauf, ob es an eine bestimmte Umwelt angepasst ist.

Mutation
Mutationen sind Veränderungen von Erbinformationen (Genen) in den Zellkernen. Treten diese Veränderungen in den Keimzellen auf, werden sie an die Nachkommen weitergegeben. Mutationen können unter anderem Veränderungen im Aussehen der Nachkommen bewirken. Dadurch können diese Individuen Selektionsvorteile gegenüber den anderen Artgenossen einer Population erhalten.

Arten
Zu einer Art zählen die Lebewesen, die miteinander fruchtbare Nachkommen haben können. Eine Art kann in zwei oder mehr Arten aufgespaltet werden, wenn Populationen der Art voneinander getrennt werden.

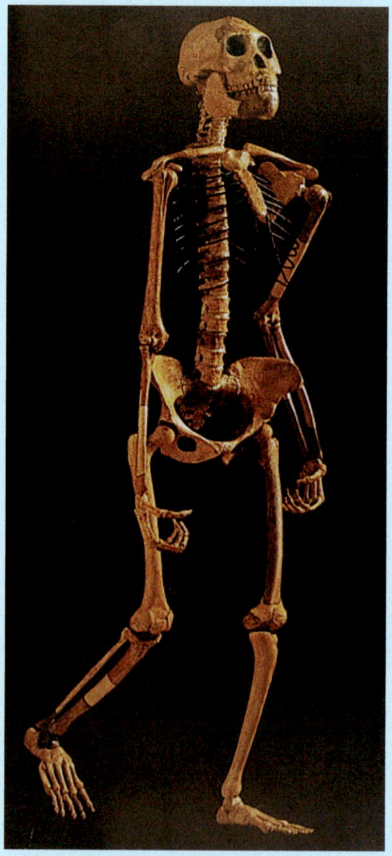

2 Lucy (Rekonstruktion)

Ursprung der Menschen
Menschenartige (Hominiden) kann man von Menschenaffen anhand von Skelett und Gebiss unterscheiden. Ein breites, schüsselförmiges Becken, die doppelt S-förmige Wirbelsäule und die Lage des Hinterhauptslochs an der Schädelunterseite dienen als Hinweise für aufrechten Gang. Weitere Merkmale sind Größe, Form und Anordnung der Zähne. Bei Menschenaffen sind die Backenzähne parallel angeordnet, bei Hominiden eher bogenförmig.
Funde von Menschen der Gattung *Australopithecus* stammen aus der Zeit von vor 4 bis vor ungefähr 1,5 Millionen Jahren. Die ersten Vertreter der Gattung *Homo* erscheinen nach bisher bekannten Funden vor etwa 2,5 Millionen Jahren. Alle Arten der Gattung *Homo* besitzen ein größeres Gehirnvolumen als die Australopithecinen und können Steinwerkzeuge herstellen. *Homo erectus* war wohl der Vorfahre des modernen Menschen, *Homo sapiens,* der sich nach einer Hypothese ausgehend vom afrikanischen Kontinent weltweit verbreitete.

Alles klar?

1 Die Weiterentwicklung von Lebewesen in langen Zeiträumen bezeichnet man als Evolution.

a Erkläre, warum Mutationen die Voraussetzung für das Entstehen neuer Arten sind.

b Nenne weitere Faktoren, die zusammenwirken müssen, damit sich immer wieder neue Arten bilden. Begründe.

3 Wolfsmilchgewächs

4 und 5 Blüte von Wolfsmilchgewächs (links) und Kaktus (rechts)

2 Das hier dargestellte Wolfsmilchgewächs kommt in Trockengebieten Südafrikas vor. ↑3 Auf den ersten Blick sieht es aus wie ein Kaktus. Vergleicht man aber die Blüte von Wolfsmilch und Kaktus, erkennt man, dass beide nicht näher miteinander verwandt sind. ↑4 und 5

a Begründe, warum gerade der Blütenbau geeignet ist, Verwandtschaftsverhältnisse bei Pflanzen zu erkennen.

b Nenne Faktoren, die deiner Meinung nach für die äußere Ähnlichkeit von Wolfsmilch und Kaktus verantwortlich sind.

3 Giraffen leben in den mit Bäumen bestandenen Grasländern (Savannen) Ostafrikas. Mit ihrem langen Hals können sie auch in der Trockenzeit, wenn das Gras am Boden längst verdorrt ist, noch an frisches Laub hoher Bäume gelangen. ↑7
Das kurzhalsige Okapi ist mit der Giraffe verwandt. Okapis leben im Regenwald. Daher nennt man sie auch Waldgiraffen. ↑6
Erläutere die Entstehung der Savannengiraffe aus einem dem Okapi ähnlichen Vorfahren mit DARWINS Selektionstheorie. Verwende folgende Begriffe: Selektion, Variabilität, Überleben des am besten Angepassten, Umweltbedingungen.

7 Savannengiraffe

6 Okapi

4 Alle Hauskatzenrassen gehören einer Art an. Erkläre, weshalb bei der Züchtung von Katzenrassen noch keine neuen Arten entstanden sind.

5 Erläutere die Bedeutung der Vielfalt als Ressource für die Natur an einem selbst gewählten Beispiel.

6 Die Out-of-Africa-Hypothese wird manchmal auch als „Arche-Noah-Modell“ bezeichnet. Erkläre, was damit gemeint ist.

Check up

1 CHARLES DARWIN begründete die Evolutionstheorie.

a DARWIN schloss u. a. aus den Vorgängen bei der Züchtung auf Veränderungen von Arten in der Natur. Vergleiche beide Vorgänge und nenne Ähnlichkeiten und Unterschiede.

b Skizziere in wenigen Worten, was DARWINS Evolutionstheorie besagt.

c Erkläre, warum viele Menschen die Konsequenzen von DARWINS Theorie fürchteten.

2 Variation und Selektion sind wichtige Mechanismen für die Evolution.

a Erkläre, wodurch Variation in einer Population entsteht.

b Erkläre, wie durch die Selektion die Variationsbreite innerhalb einer Population verändert wird.

3 Wie Arten entstehen

a Erkläre, unter welchen Umständen im Lauf der Evolution neue Arten entstehen können.

b Begründe, ob es sich bei den dunklen und hellen Formen der Bänderschnecke um zwei Arten handelt oder ob sie derselben Art angehören.

4 Die Vielfalt der Stromlinienformen stellt eine Ressource in der Natur dar.

a Begründe, weshalb manche Tiere stromlinienförmig gebaut sind.

b Erkläre, welche Vorteile die Vielfalt der Stromlinienform für Tiere, aber auch für den Menschen bietet.

5 Menschen sind wie alle Lebewesen Produkte der Evolution.

a Beschreibe die Körpermerkmale von *Australopithecus*.

b Beschreibe, welche Eigenschaften die Gattung *Homo* auszeichnen.

c *Homo erectus* hatte einen sehr ähnlichen Körperbau wie *Homos sapiens*, nur seine Schädelmerkmale unterscheiden ihn noch vom heutigen Menschen. Beschreibe die Merkmale. ↑1

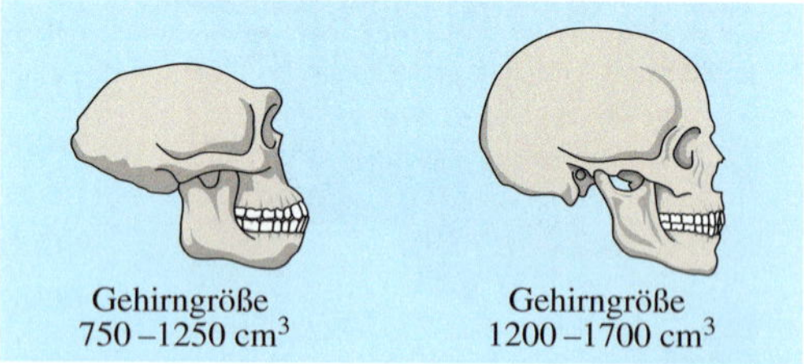

1 Schädel von *Homo erectus* und *Homo sapiens*

d Erkläre, warum der Satz „Der Mensch stammt vom Affen ab“ so nicht stimmt.

e Stelle eine Vermutung an, warum Fossilfunde von Hominiden, die früher mit anderen Funden zu einer Art zusammengefasst wurden, jetzt eine eigene Artbezeichnung haben.

328-1

Die Farben zeigen dir, um welchen Aufgabentyp es sich handelt:
■ Sachverhalte wiedergeben ■ Dein Wissen anwenden ■ Komplexe Probleme lösen

› Die Lösungen findest du im Anhang.

Schätze deine Kenntnisse und Fähigkeiten ein.

Aufgabe	Lerngebiet/Fähigkeit	Lösungshilfe	Auswertung
1	Ich kann die Evolutionstheorie DARWINS erläutern.	308 f.	Ordne dazu deiner Lösung im Heft ein Smiley zu: ☺ Ich konnte die Aufgabe richtig lösen. 😐 Ich konnte die Aufgabe nicht komplett lösen. ☹ Ich konnte die Aufgabe nicht lösen.
2	Ich kann Variation und Selektion als Mechanismen für Evolution erklären.	310–312	
3	Ich kann eine Art definieren und ihre Entstehung erklären.	307, 312 f.	
4	Ich kann erklären, warum die Stromlinienform eine natürliche Ressource darstellt.	314 f.	
5	Ich kann den Körperbau menschlicher Vorfahren beschreiben.	322–325	

Lösungen zu den Check-up-Aufgaben

Erkennen und Reagieren (S. 194)

1 a) Steuerung von Körperfunktionen (z. B. Herzschlag, Schlafen), Wahrnehmung (Außen- und Innenwelt), Bewegungen koordinieren und ausführen, Denken, Planen, Träumen, Lernen, Vergessen und Behalten.
b) Vergleiche Abbildung 1 auf S. 174.
c) Intelligenz, Sprache und Urteilskraft sind im Großhirn angesiedelt. Im Großhirn wird Neues gelernt und Gelerntes gespeichert. Hier werden auch Bewegungen, Handlungen und Verhaltensweisen geplant. Das Kleinhirn ist für die Steuerung von Bewegungen zuständig, genauer für automatische Bewegungen und das Gleichgewicht.

2 a) Zeichnung mit Beschriftung siehe Seite 172/2.
b) Zellkörper, Zellplasma, Zellmembran, Zellkern; Dendriten, Axon und Schwann'sche Scheide sind typisch nur für Nervenzellen.
c) Nervenzellen dienen der Erregungsleitung, indem sie elektrische Signale empfangen und an eine andere Zelle übertragen. Ein eingehendes elektrisches Signal wird entlang des Axons weitergeleitet und gelangt zum Endknöpfchen. An der Synapse findet in der Regel eine chemische Weiterleitung des Signals statt.
Beim Eintreffen des elektrischen Signals werden Überträgerstoffe in den synaptischen Spalt ausgeschüttet, die an der benachbarten Zelle an Rezeptoren binden und dort wiederum ein elektrisches Signal auslösen.
d) Verlauf von Dendriten über Zellkörper und Axon bis zu den Synapsen.

3 a) Überträgerstoffe überbrücken den synaptischen Spalt, sodass das Signal weitergeleitet werden kann.
b) Blockierte Synapsen können keine Signale übertragen, sodass keine Information zum ZNS und von dort keine Befehle zu den Erfolgsorganen gelangen können. Eine generelle Blockade hätte den sofortigen Tod zur Folge.

4 a) Sympathicus und Parasympathicus arbeiten als Gegenspieler koordiniert zusammen. Der Parasympathicus wirkt auf diejenigen Organe hemmend, auf die der Sympathicus aktivierend wirkt (z. B. Lunge, Herz, Iris) und umgekehrt (Verdauungsorgane und Keimdrüsen werden durch den Parasympathicus aktiviert, während sie vom Sympathicus gehemmt werden).
b) Die Pupillenerweiterung und die Erhöhung der Herzfrequenz kommen dadurch zustande, dass Atropin den Sympathicus aktiviert.

Stationen eines Lebens (S. 258)

1 a) 1 Spermienleiter, 2 Nebenhoden, 3 Hodenkanälchen, 4 Hoden.
b)

Organteil	Funktion
Spermienleiter	Leiten beim Orgasmus die Spermien zur Harnspermienröhre, von wo sie nach außen gepresst werden
Nebenhoden	Speichern die Spermien, lassen die Spermien zur endgültigen Gestalt reifen
Hodenkanälchen	Ort der Zellteilung von unreifen Spermienzellen, Reifung der Spermien aus Vorstadien zu reifen Spermien
Hoden	Bilden die männlichen Geschlechtszellen sowie das Hormon Testosteron

c) Die normale Körpertemperatur des Menschen liegt bei 36,8 °C. Da die Spermien bei nur 29 °C reifen, liegt der Grund der Lage von Hoden und Nebenhoden im Schutz vor zu hohen Temperaturen. So kann beispielsweise auch eine Sitzheizung im Auto die Spermienreifung beeinträchtigen.

2
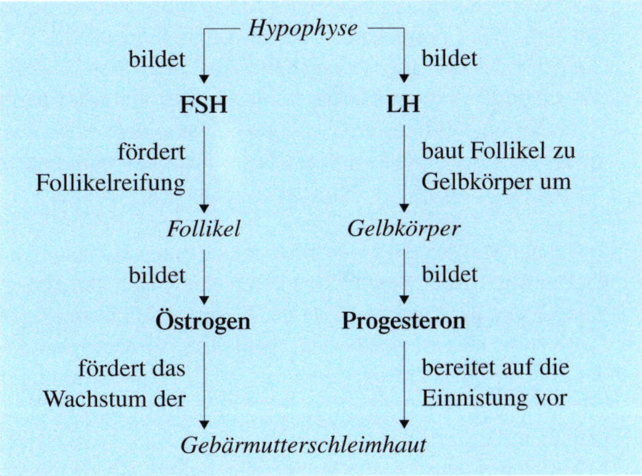

3 a) Bei einer Diabetes-Erkrankung schwankt der Blutzuckerwert ständig. Da in den Nieren eine Filterung des Blutes stattfindet, die Zuckerkonzentration im Blut aber ständig schwankt, kann es zu Fehlern beim Filtern kommen. Im Primärharn befindet sich dann eine zu hohe oder eine zu niedrige Glucosekonzentration, die die Rückresorption erschwert und die Gewebe der Nieren schädigen kann.
b) Die Ursache der Blutarmut bei Nierenschwäche ist ein Mangel an Hormonen. In der Niere werden die Hormone hergestellt, die zur Bildung von roten Blutkörperchen benötigt werden. Diese Hormone werden bei nachlassender Nierenfunktion nicht mehr gebildet. Da die roten Blutkörperchen Sauerstoff zu allen Zellen des Körpers transportieren, kann ein Mangel an roten Blutkörperchen einen Leistungsabfall und Müdigkeit zur Folge haben.
c) Mit strikter Diät kann das Nierenversagen verlangsamt werden. Dabei sollte vor allem die Aufnahme der Mineralstoffe Phosphat, Natrium, Kalium und Calcium verringert werden. Diese werden

nicht mehr ausreichend ausgeschieden und können Folgeerkrankungen auslösen (z. B. greift Kalium das Herz an und Natrium fördert Wassereinlagerungen). Auch die Flüssigkeitszufuhr sollte genau kontrolliert werden. Da eine kranke Niere nicht alles Wasser ausscheidet, wird dieses in den Körper eingelagert. Diabetiker müssen ihre Kohlenhydrataufnahme immer überprüfen, haben sie ein beginnendes Nierenversagen, müssen sie nun auch noch alle anderen Nährstoffgruppen strikt überprüfen.

Vererbung (S. 302)

1 a) Erbanlagen befinden sich in jeder Körperzelle im Zellkern. Dabei enthält jede Körperzelle eine Kopie des gesamten Erbmaterials. Auch die Geschlechtszellen enthalten in ihrem Zellkern Erbanlagen. Sie bestehen aus sehr langen DNA-Molekülen. Meist liegen sie im Zellkern in Form von dünnen Chromatinfäden vor, die sich mit dem Lichtmikroskop nicht unterscheiden lassen. Erst kurz vor einer Zellteilung verdichten sich diese Chromatinfäden zu deutlich unterscheidbaren Chromosomen. Der vollständige Chromosomensatz des Menschen besteht aus 46 Chromosomen.
b) Alle Körperzellen sind aus einer befruchteten Eizelle hervorgegangen. Bei der Befruchtung vereinigen sich die Geschlechtszellen von Mann und Frau. Jede der beiden Geschlechtszellen enthält einen einfachen (haploiden) Chromosomensatz (beim Menschen 23 Chromosomen). Daher enthält die befruchtete Eizelle einen doppelten (diploiden) Satz (46 Chromosomen).
c) Diploid nennt man alle Zellen mit doppeltem Chromosomensatz (Körperzellen), im Gegensatz zu haploiden Zellen, die nur den einfachen Chromosomensatz besitzen (Keimzellen).
Ein Allel, das sich gegen ein anderes Allel desselben Gens phänotypisch durchsetzt, nennt man dominant. Es kommt bereits in einfacher Ausführung zur Ausprägung. Das andere Allel, das überdeckt wird, wird als rezessiv bezeichnet. Es kommt nur zur Ausprägung, wenn es in doppelter Ausführung vorliegt.

2 a) Bei der Mitose erhält jede Tochterzelle einen vollständigen Chromosomensatz; es wird eine komplette Kopie aller Erbanlagen von der Mutterzelle an die Tochterzellen weitergegeben. Der einzige Unterschied besteht darin, dass die Mutterzelle vor der Teilung Zwei-Chromatid-Chromosomen besitzt, während die Tochterzellen nach der Teilung Ein-Chromatid-Chromosomen enthalten.
b) Vor einer Meiose ist die Mutterzelle diploid. Die daraus hervorgehenden vier Tochterzellen sind haploid. Wie bei der Mitose bestehen die Chromosomen der Mutterzelle aus zwei Chromatiden, die der Tochterzellen nur aus einem.
c) Da in jeder Körperzelle die Erbinformation vollständig in identischer Form vorliegt, kann man auch durch die DNA-Analyse eines Haars (genauer einer Haarwurzelzelle) einen Täter identifizieren: Die DNA muss dann mit der DNA aus der Mundschleimhaut übereinstimmen.

3 a) Ein Gen ist ein Abschnitt auf der DNA, der ein bestimmtes Protein kodiert. Oft bewirkt dieses Protein die Ausprägung eines einzigen Körpermerkmals. Für jedes Gen kann man einen Genort unterscheiden: Jedes Gen liegt auf einem genau bestimmbaren Abschnitt eines Chromosoms. Für viele Gene existieren aber mehrere Ausführungen, d. h., an einem Genort findet man bei verschiedenen Individuen DNA-Abschnitte mit unterschiedlicher Nucleotidabfolge, die Allele. Sie sind für verschiedene Ausprägungen des betreffenden Merkmals verantwortlich.
b) Bei einem dominant-rezessiven Erbgang kann es leicht passieren, dass eine Merkmalsvariante für eine Generation zu verschwinden scheint. Angenommen, das Allel für dunkles Fell würde dominant vererbt, das für weißes Fell rezessiv. Hätten ein reinerbig dunkles und ein reinerbig weißes Tier Nachkommen, wären alle Kinder dunkel. Diese Nachkommen wären aber alle heterozygot veranlagt, d. h., sie trügen ein Allel für dunkles und ein Allel für weißes Fell. Die meisten Nachkommen von zwei dieser heterozygoten Tiere wären zwar dunkel, einige aber auch weiß. Damit würde ein Merkmal in der Enkelgeneration wieder auftauchen, das zuletzt bei den Großeltern zu beobachten war.

4 a) Stammbaumanalysen werden meist dann durchgeführt, wenn ein Paar sich Kinder wünscht, in deren Familien bereits genetisch bedingte Krankheiten vorgekommen sind. Die Stammbaumanalyse kann dann Auskunft darüber geben, mit welcher Wahrscheinlichkeit dieses Paar ein erbkrankes Kind zur Welt bringen wird. Bei einer Stammbaumanalyse versucht man von der Ebene der Phänotypen auf die der Genotypen zurückzuschließen. Dies gelingt, wenn man die Phänotypen von möglichst vielen Verwandten berücksichtigt und wenn man weiß, nach welchen Gesetzmäßigkeiten die zu untersuchende Krankheit vererbt wird.
b) Dass ein phänotypisch gesundes Paar ein Kind mit einer Erbkrankheit zur Welt bringt, ist auf verschiedene Weise möglich: Zum einen könnte die Krankheit auf eine spontan aufgetretene Mutation zurückzuführen sein, die früh in der Embryonalentwicklung des Kindes aufgetreten ist.
Bei rezessiver Vererbung kann ein krankes Kind (das im Genotyp gleicherbig rezessiv sein muss) auch von gesunden Eltern, die dann beide mischerbig sein müssen, abstammen.
Bei X-chromosomal-rezessiven Erbgängen wie der Bluterkrankheit könnte die Mutter ein krank machendes X-Chromosom auf ihren Sohn vererben, bei dem die Krankheit dann ausbricht.
c)

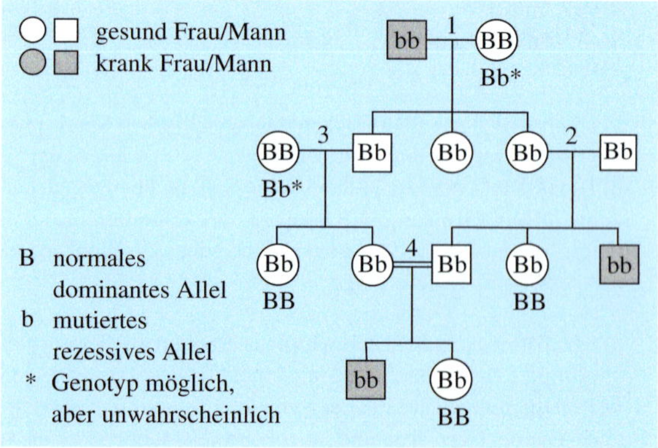

d) Es handelt sich um eine rezessiv vererbte Krankheit, weil Eltern (2, 4), die phänotypisch gesund sind, kranke Kinder haben.

Vielfalt und Veränderung (S. 328)

1 a) In der Tier- und Pflanzenzucht wählt der Züchter die Tiere bzw. Pflanzen mit den für ihn jeweils günstigsten Merkmalen und kreuzt sie miteinander. Dabei haben einige der Nachkommen die erwünschten Merkmale beider Eltern. Dieser Vorgang kann vielfach wiederholt werden, bis die gewünschte Zuchtform entsteht.

In der Natur findet keine gezielte Verpaarung statt. Allerdings überleben diejenigen Lebewesen und können sich paaren und Nachkommen haben, die am besten an die Umweltbedingungen angepasst sind. Die Umwelt übernimmt also die Rolle des Züchters. Auf diese Weise setzen sich bestimmte Merkmale in einer Population durch, andere verschwinden.
In beiden Fällen verändern sich Lebewesen über Generationen hinweg, wobei die Veränderung durch Züchtung viel schneller vor sich geht als die Veränderung durch Evolution. Während in der Evolution jedoch neue Arten entstehen können, sind durch Züchtung bisher noch keine neuen Arten geschaffen worden.
b) Darwins Theorie besagt, dass Arten sich verändern und ständig weiterentwickeln. Die bestehenden Arten stammen von gemeinsamen Vorfahren ab. Neue Arten entstehen durch natürliche Selektion aus vorhandenen Arten. Besser an die Umwelt angepasste Lebewesen haben bessere Überlebens- und Fortpflanzungschancen als schlechter angepasste.
c) Darwin legte erstmals eine Theorie vor, die das Leben auf der Erde ganz ohne Zutun eines Schöpfers erklärte. Diese widersprach den Grundannahmen des christlichen Glaubens, der bis dahin zur Erklärung der Entstehung der Welt herangezogen wurde.

2 a) Variation, also die Unterschiedlichkeit von Lebewesen in einer Population, entsteht durch Rekombination während der Meiose, durch Mutation und durch die Zuwanderung von Lebewesen in eine Population.
b) Durch Selektion werden Genotypen aus einer Population entfernt. Die Variationsbreite wird durch Selektion also verkleinert.

3 a) Voraussetzung für die Entstehung einer neuen Art ist die Trennung von zwei Populationen. Die Trennung kann räumlich (geografische Isolation) oder auch über unterschiedliches Verhalten in den beiden Populationen erfolgen. In der Folge können sich die Populationen durch jeweils eigene Rekombinations-, Mutations- und Selektionsereignisse so weit auseinanderentwickeln, dass sich die Mitglieder der beiden Populationen nicht mehr erfolgreich paaren können. Zwei neue Arten sind entstanden.
b) Die verschiedenen Formen gehören zu einer Art, da sich die Tiere untereinander paaren können und dabei fruchtbare Nachkommen hervorbringen.

4 a) Die Stromlinienform bildet einen großen Selektionsvorteil in den Lebensräumen Wasser und Luft: Die Strömungswiderstände werden verringert. Durch Selektion hat sich die Form der Tiere im Laufe der Evolution verändert.
b) Durch die Stromlinienform kann eine höhere Geschwindigkeit oder Beweglichkeit bei gleichzeitiger Energieeinsparung erreicht werden. In der Vielfalt sind verschiedene Möglichkeiten dazu enthalten.

5 a) *Australopithecus* war klein (Lucy nur 105 cm), er ging aufrecht, die Füße glichen dem modernen Menschen (Laetoli). Das Gehirnvolumen war affenähnlich, aber das Gebiss glich mit seiner parabolischen Form und den kleinen Eckzähnen mehr einem Menschen- als einem Affengebiss.
b) Vertreter der Gattung *Homo* gehen aufrecht, besitzen ein großes Gehirn und nutzen ihre Hände (*Homo habilis*). Besonderes Kennzeichen des Menschen ist jedoch nicht allein der Körperbau, sondern die Fähigkeit, Werkzeuge herzustellen und Feuer zu benutzen (*Homo erectus*), zu sprechen und eine Kultur zu begründen (*Homo sapiens*).
c) Der Schädel von *Homo erectus* ist flach mit deutlichen Überaugenwülsten, der Gesichtsschädel bildet eine Art „Schnauze“, er besitzt kein Kinn. Sein Gehirnvolumen ist mit durchschnittlich 900 cm^3 kleiner als das des modernen Menschen.
d) Affen und Menschen entwickelten sich vor ca. 8 Millionen Jahren auseinander. Ihre Vorfahren waren unzweifelhaft Affen, aber solche, die es heute nicht mehr gibt. Somit müsste es richtiger heißen: (Menschen-)Affen und Menschen haben gemeinsame affenähnliche Vorfahren.
e) Neue Funde und neue Erkenntnisse aus DNA-Analysen haben z. T. zu einer neuen Einordnung der Fossilfunde geführt.

Gefahrensymbole, Kennbuchstaben und Gefahrenbezeichnungen (Auswahl)

Die Gefahrenbezeichnungen werden durch die R-Sätze für die einzelnen Stoffe präzisiert.

T

Giftige Stoffe (sehr giftige Stoffe T+) verursachen durch Einatmen, Verschlucken oder Aufnahme durch die Haut meist erhebliche Gesundheitsschäden oder gar den Tod.
Was tun? Nicht direkt berühren! Unwohlsein sofort dem Lehrer melden!

Xn

Gesundheitsschädliche Stoffe können durch Einatmen, Verschlucken oder Aufnahme durch die Haut gesundheitsschädigend wirken.
Was tun? Nicht direkt berühren! Unwohlsein sofort dem Lehrer melden!

C

Ätzende Stoffe zerstören das Hautgewebe oder die Oberfläche von Gegenständen.
Was tun? Berührung mit der Haut, Augen und Kleidung vermeiden! Dämpfe nicht einatmen!

Xi

Reizende Stoffe haben Reizwirkung auf Haut, Augen und Atmungsorgane.
Was tun? Berührung mit Haut, Augen und Atmungsorganen vermeiden! Nicht einatmen!

F

Leicht entzündliche Stoffe (hochentzündliche Stoffe F+) entzünden sich von selbst an heißen Gegenständen.
Zu ihnen gehören selbstentzündliche Stoffe, leicht entzündliche gasförmige Stoffe, brennbare Flüssigkeiten und Stoffe, die mit Feuchtigkeit brennbare Gase bilden.
Was tun? Vorsicht beim Umgang mit offenen Flammen und Wärmequellen! Keine Berührung mit brandfördernden Stoffen!

O

Brandfördernde Stoffe können brennbare Stoffe entzünden oder ausgebrochene Brände fördern.
Was tun? Kontakt mit brennbaren Stoffen vermeiden!

E

Explosionsgefährliche Stoffe können unter bestimmten Bedingungen explodieren.
Was tun? Schlag, Stoß, Reibung, Funkenbildung und Hitzeeinwirkung vermeiden!

N

Umweltgefährliche Stoffe sind sehr giftig, giftig oder schädlich für Wasserorganismen und können in Gewässern längerfristig schädliche Wirkungen haben. In der nichtaquatischen Umwelt sind sie giftig für Pflanzen, Tiere, Bodenorganismen und Bienen, können auf die Umwelt längerfristig schädliche Wirkungen haben und für die Ozonschicht gefährlich sein.
Was tun? Freisetzung der Stoffe in die Umwelt vermeiden, Stoffe der Problemabfallentsorgung zuführen!

Stoff- und Energieumwandlung

Alle Lebewesen müssen Stoffe und Energie umwandeln, um zu leben.

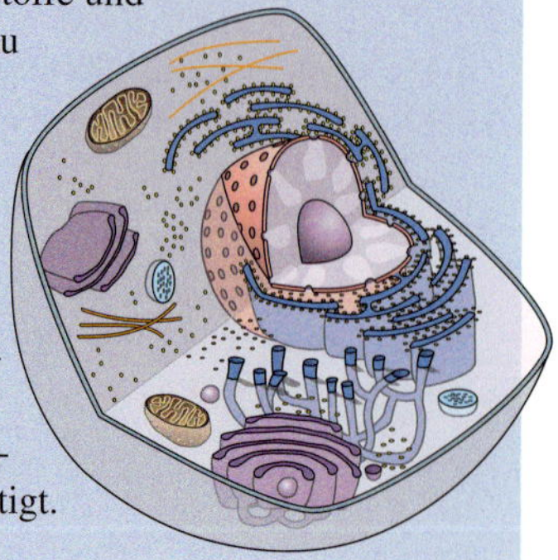

Zellen benötigen Energie, die Tiere und Menschen in Form energiereicher Stoffe mit der Nahrung aufnehmen müssen. Ebenso werden ständig Stoffe für den Aufbau und die Erneuerung von Zellen benötigt. ↑S.282

Struktur und Funktion

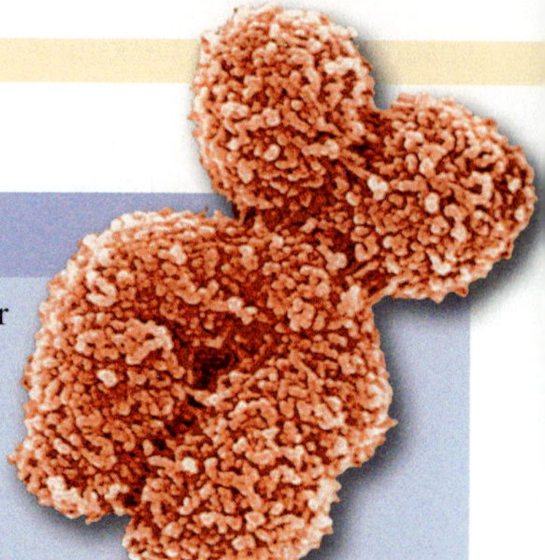

Der Bau (die Struktur) der Lebewesen, ihrer Organe, Zellen und Moleküle hängt eng damit zusammen, welche Funktion sie erfüllen.

Chromosomen sind die Träger der Erbinformation. In der stoffwechselaktiven Zelle liegen sie in der Arbeitsform vor. Die Transportform erlaubt bei der Zellteilung die geordnete Aufteilung der Erbinformation auf die Tochterzellen. ↑S.249, 266

Steuerung und Regelung

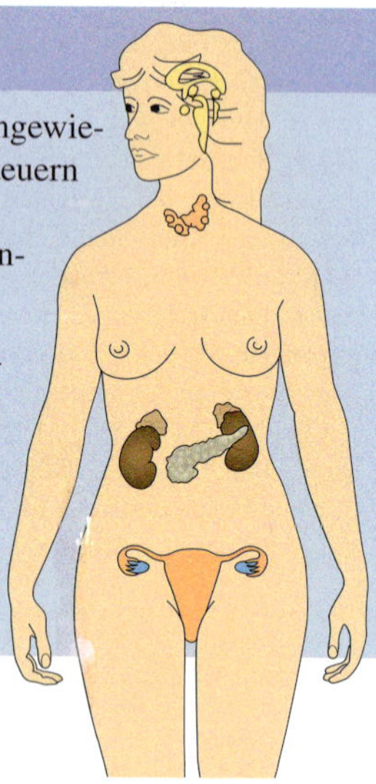

Alle Lebewesen sind darauf angewiesen, bestimmte Vorgänge zu steuern und zu regeln, damit sie ihren Zustand erhalten und auf Veränderungen reagieren können.

Hormone regeln und steuern – in enger Verbindung mit dem Nervensystem – wichtige Vorgänge in unserem Körper, z. B. Wachstum und Entwicklung. ↑S.178, 180, 217

Biologie verstehen mit Basiskonzepten

System

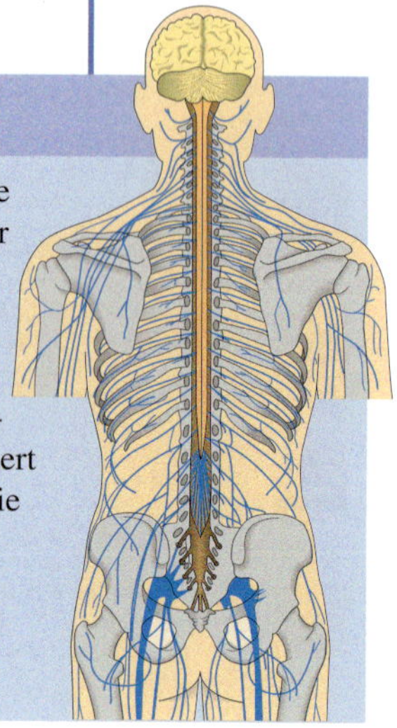

In einem System stehen einzelne Komponenten in wechselseitiger Beziehung zueinander.

Das Nervensystem ist das komplexeste System unseres Körpers. Es ist in ZNS und peripheres Nervensystem untergliedert und besteht aus Nervenzellen, die untereinander verschaltet sind. ↑S.177 f.

In der Biologie gibt es einige Prinzipien, die in vielen verschiedenen Zusammenhängen eine Rolle spielen. Diese Basiskonzepte können dabei helfen, Biologie besser zu verstehen, leichter zu lernen und Zusammenhänge herzustellen.

Variabilität und Angepasstheit

Alle Lebewesen sind an ihren Lebensraum angepasst. Trotzdem unterscheiden sich alle Lebewesen mehr oder weniger, auch wenn sie zu einer Art gehören (Variabilität).

Bei der Züchtung entstehen neue Formen, z.B. Katzenrassen. Sie gehören alle derselben Art an. In der Natur können durch Mutation, Selektion und Isolation neue Arten entstehen. ↑S.306 f., 311, 313, 316

Information und Kommunikation

Alle Lebewesen nehmen Signale aus der Umwelt (z. B. Licht oder Schall) mit ihren Sinnesorganen auf, verarbeiten sie und reagieren. Durch den Austausch von Signalen können Artgenossen untereinander kommunizieren.

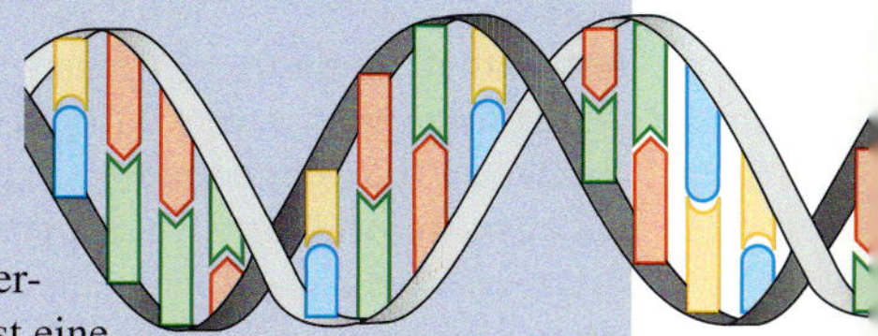

In der DNA sind Informationen verschlüsselt, die von den Eltern an ihre Nachkommen weitergegeben werden. Dies ist eine Form der Kommunikation zwischen Individuen einer Art von Generation zu Generation. ↑S. 181, 265, 280 f.

Fortpflanzung und Vererbung

Die Fortpflanzung dient der Vermehrung und Erhaltung der Art. Alle Lebewesen pflanzen sich fort. Dabei werden Erbinformationen an die Nachkommen weitergegeben.

Bei der Meiose werden aus diploiden Zellen haploide Keimzellen gebildet. Diese spezielle Form der Zellteilung findet man bei allen Lebewesen, die sich geschlechtlich fortpflanzen. ↑S.203, 275, 317

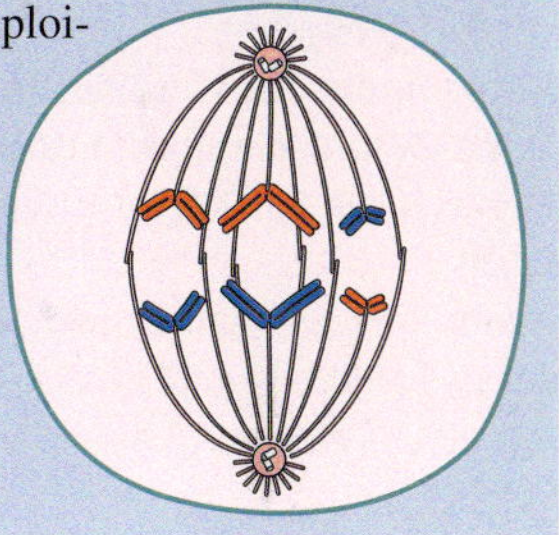

Entwicklung

Entwicklung ist ein zeitlicher Prozess. Er kann sowohl die Veränderung einzelner Individuen im Lauf ihres Lebens betreffen als auch die Veränderung einer Population oder eines Ökosystems.

Das menschliche Leben beginnt mit einer befruchteten Eizelle. Zunächst entsteht durch Zellteilung ein vielzelliger Keim, der sich in der Gebärmutter zu einem Kind entwickeln kann. ↑S.202 f., 216, 243

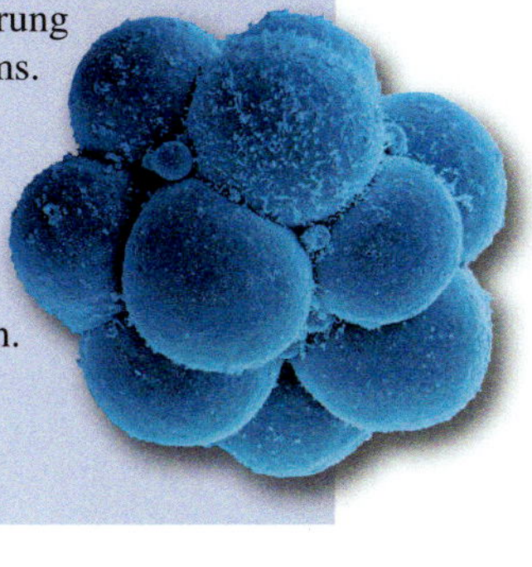

Glossar

adäquater Reiz: bestimmte Reizart, auf die bestimmte ↑Sinneszellen ansprechen und reagieren.

Allele: die beiden Ausführungen eines ↑Gens im ↑diploidem ↑Chromosomensatz.

Antagonist: Gegenspieler; genau gegeneinandergerichtetes Wirkprinzip, mit dessen Hilfe bestimmte Prozesse gesteuert werden bzw. sich regulieren.

Art: Gesamtheit aller ↑Individuen, die miteinander eine Fortpflanzungsgemeinschaft bilden.

aufrechter Gang: wichtiges Merkmal bei der Beurteilung von vermeintlich menschlichen Fossilien; nur der Mensch hat diese Gehweise perfektioniert, erste aufrecht gehende Menschenverwandte sind ↑Australopithecinen.

Australopithecus: ältester aufrecht gehender Zweibeiner, hat vor 4 Mio. Jahren gelebt; Ausgrabungsstellen v. a. in Süd- und Ostafrika.

autonomes Nervensystem: ↑vegetatives Nervensystem.

Autosomen: alle Chromosomen, die keine Geschlechtschromosomen sind. Der Mensch hat 44 Autosomen (22 Paar).

Axon: langer Fortsatz einer Nervenzelle, der das Nervensignal zu einer nachgeschalteten Nerven-, Drüsen- oder Muskelzelle leitet.

Befruchtung: Eindringen einer Spermienzelle in die Eizelle und Verschmelzung der beiden ↑Zellkerne miteinander.

Centromer: Einschnürungsstelle am ↑Chromosom, an der die Chromatiden zusammenhängen; die Fasern des Spindelapparats bei ↑Mitose und ↑Meiose setzen hier an.

Chromatin: Arbeitsform der Erbinformation (Komplex aus ↑DNA und Proteinen); sehr lange und extrem dünne Fäden im ↑Zellkern jeder Zelle.

Chromosomen: Träger der Erbinformation im ↑Zellkern; jedes Chromosom besteht aus zwei Chromatiden, die am Centromer zusammenhängen.

Chromosomenmutation: Veränderungen der normalen Struktur der ↑Chromosomen.

Chromosomensatz: Anzahl aller ↑Chromosomen pro Zellkern; man unterscheidet den ↑haploiden und ↑diploiden Chromosomensatz.

Dendrit: kurze, stark verzweigte Fortsätze der ↑Nervenzellen, die Signale von anderen Nervenzellen empfangen.

Diabetes mellitus: Zuckerkrankheit; Stoffwechselkrankheit, die zur Überzuckerung des Blutes führt.

diploid: doppelter ↑Chromosomensatz ($2n$), bei dem die ↑Chromosomen in homologen Paaren vorliegen.

DNA: engl. Abk. für: deoxyribonucleic acid; aus Nucleotiden aufgebautes, langes Molekül; die gesamte Erbinformation eines Lebewesens ist hier gespeichert (Desoxyribonukleinsäure).

dominant: ↑Allel, das sich gegenüber dem anderen Allel phänotypisch durchsetzt.

Embryo: menschlicher Keim bis zum Ende des dritten Schwangerschaftsmonats.

Empfängnisverhütung: von Mann und Frau angewendete Methoden, mit denen eine Schwangerschaft verhindert wird.

Evolution: Prozess der Veränderung der Lebewesen auf der Erde; alle existierenden Tier- und Pflanzenarten haben sich so aus früher lebenden ↑Arten entwickelt; ↑Variation und ↑Selektion sind die wichtigsten Ursachen für Evolution.

Fetus: menschlicher Keim ab dem vierten Schwangerschaftsmonat.

Follikel: Eibläschen; Einheit aus Eizelle und der sie umgebenden Schicht.

Gedächtnis: Fähigkeit, Wissen und Können zu speichern und wieder abzurufen.

Gehirn: im Kopfbereich gelegener Teil des ↑Zentralnervensystems; beim Menschen und vielen Wirbeltieren in einer Schädelhöhle gelegen.

Gen: Abschnitt der ↑DNA, der die Information für die Herstellung eines vollständigen Proteins trägt; in der klassischen Genetik Bezeichnung für eine Erbanlage.

genetischer Code: Abfolge von drei Nucleotiden in der ↑DNA, die die Information für einen Proteinbaustein enthalten. Der genetische Code ist universell.

Genmutation: Veränderung der Nucleotidabfolge eines einzelnen ↑Gens, die in der Regel zum Ausfall dieses Gens führt.

Genom: Gesamtheit aller ↑Gene eines Organismus.

Genommutation: Veränderung der Chromosomenzahl gegenüber dem normalen ↑Chromosomensatz.

Genotyp: Summe der genetischen Informationen eines Organismus.

Gentechnik: umfasst Methoden, die einen gezielten Eingriff in das ↑Genom vornehmen.

Geschlechtschromosomen: Gonosomen; ↑Chromosomen, deren Erbinformationen das Geschlecht eines Lebewesens bestimmen.

gleicherbig: Zellen oder Organismen mit identischen ↑Allelen eines ↑Gens.

gonosomal: Erbgänge von Merkmalen, deren ↑Gene auf den ↑Geschlechtschromosomen lokalisiert sind.

haploid: ↑Chromosomensatz (n), bei dem alle ↑Chromosomen nur einmal vorhanden sind.

heterozygot: ↑mischerbig.

Hominide: Zuordnung aufgrund vieler Seitenverzweigungen teilweise umstritten; im allgemeinen Sprachgebrauch diejenigen fossilen Gattungen, die direkte Vorfahren des Menschen sind.

Homo erectus: der „aufrechte Mensch"; hat sich vor ca. 2 Mio. Jahren von Afrika über Europa und Asien ausgebreitet; benutzte Feuer, Werkzeuge, Waffen; Weiterentwicklung zum ↑*Homo heidelbergensis* und Neandertaler.

Homo habilis: der „geschickte Mensch"; lebte vor 2,1–1,5 Mio. Jahren in Ostafrika; Werkzeuggebrauch.

Homo heidelbergensis: Weiterentwicklung des ↑*Homo erectus*; lebte vor ca. 500 000 bis 100 000 Jahren in Europa.

Homo rudolfensis: lebte vor 3,0–1,8 Mio. Jahren; kennzeichnend sind Werkzeuggebrauch und -herstellung.

Homo sapiens: der „vernünftige Mensch"; lebte vor ca. 200 000 Jahren in Afrika; leichter Körperbau; hohe, gewölbte Stirn ohne auffällige Überaugenwülste; Gehirnvolumen etwa 1 400 cm^3; breitete sich in mehreren Wellen über die ganze Welt aus; künstlerisch anspruchsvolle Höhlenmalereien.

Homosexualität: Sexualität mit gleichgeschlechtlichen Partnern.

homozygot: ↑gleicherbig.

Hormone: Botenstoffe, die innerhalb eines Organismus Informationen übermitteln.

Hypophyse: Hirnanhangsdrüse.

Individuum: einmaliges, sich von allen anderen Individuen unterscheidendes Lebewesen.

Karyogramm: bildliche Darstellung des ↑Chromosomensatzes einer Zelle.

Klone: genetisch identische Zellen oder Organismen.

kodominant: beide ↑Allele kommen vollständig zur Ausprägung.

limbisches System: Bereich im Großhirn, der unsere Gefühle steuert; an Lernen und ↑Gedächtnis beteiligt.

Meiose: Reifeteilung; Zellteilung, die nur bei der Bildung von Geschlechtszellen auftritt und bei der der ↑Chromosomensatz vom ↑diploiden auf den ↑haploiden Zustand reduziert wird.

Melanin: Farbmittel (Pigment), das bei einer Vielzahl von Tieren, darunter auch beim Menschen, die Hautfärbung bewirkt.

Menstruationszyklus: periodische Follikelreifung in den Eierstöcken, die mit einem Auf- und Abbau der Gebärmutterschleimheit verbunden ist.

mischerbig: Zellen oder Organismen, die verschiedene ↑Allele eines ↑Gens tragen.

Mitose: Zellteilung, bei der aus einer Körperzelle zwei erbgleiche Tochterzellen entstehen.

Modifikation: Merkmalsveränderung, die durch Umwelteinflüsse hervorgerufen wird.

Monosomie: bestimmtes ↑Chromosom kommt in einem ↑diploiden ↑Chromosomensatz nur einmal anstatt zweimal vor.

Mutagene: Einflüsse, die eine ↑Mutation auslösen können, wie UV-, Röntgen-, radioaktive Strahlung oder Chemikalien.

Mutation: zufällig auftretende Veränderung eines oder mehrerer ↑Gene; neben der Rekombination eine wichtige Ursache für die ↑Variation von Lebewesen; nur Mutationen in den Keimzellen spielen für die ↑Evolution eine Rolle.

Neandertaler: stammte vermutlich vom ↑*Homo erectus* ab; früheste Funde vor ca. 130 000 Jahren; vor ca. 30 000 Jahren rätselhaftes Verschwinden, Verdrängung durch den modernen Menschen.

Nerv: durch Bindegewebe zusammengehaltenes Bündel von Nervenfasern.

Nervenfaser: von ↑Schwann'schen Zellen umgebenes ↑Axon.

Nervenfaserbündel: mehrere, von einer gemeinsamen Bindegewebshülle umgebene ↑Nervenfasern.

Nervensystem: Gesamtheit der ↑Nervenzellen und ihrer Verbindungen in einem tierischen Organismus.

Nervenzelle: kleinste zelluläre Einheit des Nervensystems.

Neuron: ↑Nervenzelle.

Paläoanthropologie: beschäftigt sich mit Fossilfunden des Menschen und deren Datierung, mit der Erforschung der Lebensumstände und des Lebensumfelds; Herkunft des Menschen soll aufgeklärt werden.

Parasympathicus: vereinfacht auch: „Erholungs- oder Ruhenerv"; Teil des ↑vegetativen Nervensystems; arbeitet mit dem ↑Sympathicus als ↑Antagonist zusammen.

Pearl-Index: Maß für die Sicherheit einer Verhütungsmethode; gibt an, wie viele von 100 Frauen trotz Verhütung schwanger werden.

peripheres Nervensystem: Gesamtheit aller Nerven, die das ↑Zentralnervensystem mit allen Körperbereichen verbinden.

Phänotyp: Erscheinungsbild eines Organismus, das durch den ↑Genotyp und Umwelteinflüsse geprägt wird.

Plazenta: Mutterkuchen; übernimmt bis zur Geburt die Versorgung des ↑Embryos bzw. ↑Fetus und die Entsorgung von Abfallstoffen.

Population: Gesamtheit der ↑Individuen einer ↑Art, die zur gleichen Zeit in einem begrenzten Lebensraum leben und eine Fortpflanzungsgemeinschaft bilden.

Pubertät: geschlechtliche Reifung; Veränderungen im körperlichen, seelischen und sozialen Bereich eines jungen Menschen; hormonell gesteuert.

Rekombination: Neukombination von Genen während der Meiose; wichtigste Ursache für die ↑Variation von Lebewesen.

rezessiv: ↑Allel, das von dem anderen Allel überdeckt wird und im mischerbigen Phänotyp nicht erkennbar ist.

Schwann'sche Zellen: umgeben und isolieren ↑Axone von ↑Nervenfasern; erhöhen die Leitungsgeschwindigkeit.

Selektion: Auslese; unterschiedliche Überlebenswahrscheinlichkeit von einzelnen ↑Individuen; Selektion gibt der Evolution eine Richtung.

Sinnesorgane: aus ↑Sinneszellen und Hilfsgeweben bestehende Organe; nehmen Reize aus der Umwelt auf und wandeln sie in elektrische Signale um.

Sinneszellen: Zellen, die adäquate Reize in elektrische Signale umwandeln.

Sympathicus: vereinfacht auch: „Leistungsnerv"; Teil des ↑vegetativen Nervensystems; arbeitet mit ↑Parasympathicus als Antagonist zusammen.

Synapse: besondere Struktur einer ↑Nervenzelle mit einer nachgeschalteten Zelle, die der Signalübertragung dient.

Trisomie: dreifaches Vorkommen eines ↑Chromosoms im ↑Chromosomensatz.

Variation: Unterschiedlichkeit der ↑Individuen einer ↑Art in einer ↑Population, die zum Teil durch unterschiedliche ↑Gene begründet ist.

vegetatives Nervensystem: autonomes ↑Nervensystem; steuert Lebensfunktionen, die nicht willentlich beeinflusst werden.

Zellkern: Träger der Erbinformation in Form von ↑Chromosomen; Ort der Steuerung der Zellvorgänge.

Zentralnervensystem (ZNS): Teil des ↑Nervensystems zur Verarbeitung von Sinnesinformationen, der Koordination der inneren Organe und der Speicherung von Gedächtnisinhalten.

Züchtung: die vom Menschen kontrolliert vorgenommene Fortpflanzung von Nutztieren und Kulturpflanzen, um genetisch bedingte Merkmale zu verbessern bzw. zu erhalten.

Register

Der Stern (*) verweist auf eine Abbildung;
f. nach der Seitenzahl bedeutet „und folgende Seite",
ff. „und folgende Seiten".

A

B

C

D

E

F

G

Bildnachweis

action press/Lehtikuva Oy: 230/1, /Sunshine: 197/4 | Agentur Focus/eye of science: 170/2, /SPL: 165/3, 191/6, 196/2, 201/4, 319/5, /SPL/eye of science: 227/4, /SPL/Jegou Publiphoto: 303 Hintergr., /SPL/Reader: 322/1, /SPL /Walker: 250/1, /SPL/Zephyr: 174/2 | akg-images: 309/3, 326/1, /Rosenthal: 260/2 u. | Arteria Photographie: 301/3 | Beiersdorf AG: 242/1 | Bilderberg/ Ernsting: 318/3, /Ernsting/Rekonstruktion Schnaubelt & Kieser, Wild Life Art: 324/1 | Breslawsky, H.: 267/4 | Bridgemanart.com: 320/1 | Bruce Coleman Collection/Ziesler: 305/7 | Bundeszentrale für gesundheitliche Aufklärung, BZgA: 213/3 li., re., 226/1, 240 o. | Caro/Eckelt: 179/3 | Corbis/Atlantide Phototravel: 304/1, /Bentall: 272/1, /Fosten: 255 u., /Hammid: 215/3 u., /Lanting: 303 u., /RF: 169/4, /San Francisco Chronicle/Larson: 294/1, /Vannini: 318 Hintergr. | Cornelsen Verlag: 240/3, 277/5, 288/1+5, 304/2 | Denkou Images/images.de: 215/3 o. | Döring, V., Hohen Neuendorf: 182/1 li., 193/3, 218/1, 264/1, 278/1 li., re. | F1 online: 222/1 re., /Denkou Images: 234/1, /Watson Images: 213/5 o., 238/1 | Fotolia.com/ LianeM: 314 u.r., /Andreas Hilger: 306/6, /Charly: 185/3, /David Davis: 186/1 li., /Dob‘s Farm: 240/1, /Dron: 224/1, /emer: 314 o.r., /gimoxxx: 305/5 li., /Klaus Rein: 184/2, /Makrofetischis: 315/3 u.re., /Maria.P.: 213 li., /Mark Ross: 272/2, /Matt Browne: 315/3 o.re., /Peter Schinck: 315/3 M.re., /Sunnydays: 310/1, 316/1, /Sebastian Kaulitzki: 241/6, /Yuri Arcurs: 182/1 re. | Frances, S.: 318/2 | Fresenius medical care, Bad Homburg: 241/7 | Getty Images/B2M Productions: 240/2, 243/3, /Dorling Kindersley RF: 163 Hintergr., /Taxi: 164/1 u. | Hoffelner, Stefan, Feldkirchen: 195/1 | Hollatz, J., Heidelberg: 213/5 u., 231/3, 233/1, 257/3, 288/2-4 | Institut für Humanbiologie, Hamburg/Bräuer, G.: 322/2, 326/2 | Intro/David Ausserhofer: 254/2 | iStockphoto.com/Ameng Wu: 305/5 re., /Angelika Schwarz: 306/2, /Anna Milkova: 314 o.li., /Csaba Vanyi: 306/4, /David Lambert: 307/9, /Edwin van Wier: 304 u., /Gergo Orban: 315/3 li., /Janis Litarnieks: 186/1 re., /Johnny Scriv: 196/3 li., /Julia Nelson: 212/1, /Kirill Vorobyev: 306/7, 333 o.li., /Kjersti Joergensen: 303 o., /manley620: 254/3, /monkeybusinessimages: 197/5, /René Mansi: 254 Hintergr., /Steve Cole: 255 Mi., /Vasiliy Koval: 306/5 | Juniors Bildarchiv: 319/6 | Kage, M./Rudolph: 265/4 | Kleesattel, W., Schwäbisch Gmünd: 327/3, 327/4 li., re., 327/6-7 | Kolvenbach, M.: 217/3 re. | Lichtenberger, J., Fahren: 169/5-6 | Lieder, J., Ludwigsburg: 248/1 re. | Masterfile: 292/1 | mauritius images/age footstock: 163, 168/1, 190/1+3, /Alamy: 193/3 re., 318 u., 319/4, /Haag & Kropp: 213/4, /imagebroker/Peuckert: 172/1, /Lukasseck: 306/1, /Nitz: 217/3 li., /Nordic Photos: 191/4, /Perez: 212/2, /Photononstop: 210/1, /Phototake: 165/4, 200/3, 235/3, 260/1, 268/3 li., re., 305/4, 333 u., /Reik: 237/3, /SuperStock: 273/4 | Monsanto Agrar Deutschland GmbH, Düsseldorf: 261/7, 298/1 | National Medical Slide Bank, UK: 200/1 | Nicolaas Hartsoeker, Essai de Dioptrique, 1694, Paris: 198/1li. | Nilsson, L.: 196/1, 198/1re., 204/1-3, 235/4 | Nintendo: 165/5 | Okapia/NAS/Biophoto Associates: 280/1a, 332 o.re., /OSF/Bromhall: 202/1, 204/4, /PR ScienceSou /Giannicchi: 235/5, /Root: 309/4, /Wechsler: 308/1 u. | Ostkreuz/Schoenharting: 223/3 | Peter Arnold: 308/1 o. | Pfohlmann, Christiane, Landsberg am Lerch: 299/3 | photothek.net/Grabowsky: 259 | Picture Press/Raith: 211/4 | picture-alliance/ASA: 169/3, /Bildagentur Huber: 164/1 o., /chromorange: 268/1, /dpa: 197/6, 206/1, 236/1, 252/2, 254/1, 255 o., 261/5, 284/1, 293/4, 296/1, /imagestate/HIP: 319 u., /KPA/TopFoto: 246/1, /Okapia/Neufried: 293/3, /Schroewig/BP: 189/3, /ZB: 176/1, 185/4, 214/1, 219/3, 314 Hintergr. | PIXELIO.de: 312/1 li. | Premium: 206/2, /Martin-Vegue: 261/4 | Project Photos: 211/3 | Röhl, Stephan: 173/4 | Schäfer, N.: 165/2 | STOCK4B/RF: Titel, /unlike by: 166/1, /unlike by/Mammey: 191/5 | Studio-TV-Film: 321/3 | Superbild/Powell: 222/2 | teamwork/Thoelen: 190/2 | The Female Health Company: 232/2 | Universität Frankfurt/M./Müller, S.: 320/2 | VISUM/Ritter: 241/5 | Westend 61: 222/1 li. | Wikimedia/Willow (CC-BY-SA 2.5): 314 u.l. | Wikipedia/Jenny S. Zitzmann (CC-BY-SA): 306/3 | Wikipedia/public domain: 189/4, 318/1, 321/4 | Wildlife/Hosking: 309/5, /Usher: 312/1 re. | www.1000Fragen.de: 270/1, 273/5 | www.organspendeausweis.org: 246/2 | Zentrum für Humangenetik der Universität Bremen: 266/2-3